M. Nötting

Ingo Schamberger studierte Betriebswirtschaftslehre an der Friedrich-Alexander-Universität Erlangen-Nürnberg und schloss sein Studium 1999 als Diplom-Kaufmann ab. Seine beruflichen Stationen umfassen unter anderem McKinsey & Company, Inc. und den Lehrstuhl für Unternehmensführung der Friedrich-Alexander-Universität Erlangen-Nürnberg. Er ist Leiter Synergiemanagement der PUTSCH GmbH & Co. KG und unterstützt deren drei Sparten Keiper, Recaro und Recaro Aircraft Seating bei der Aufdeckung und Nutzung gemeinsamer Potenziale.

Schriftenreihe des Instituts für
Unternehmungsplanung

Band 43

Differenziertes Hochschulmarketing

für High Potentials

Ingo Schamberger

Herausgeber:
Prof. Dr. Harald Hungenberg
Prof. Dr.-Ing. Günther Seliger

Bibliografische Information Der Deutschen Bibliothek:

Die Deutsche Bibliothek verzeichnet diese Publikation in der Deutschen Nationalbibliografie; detaillierte bibliografische Daten sind im Internet über <http://dnb.ddb.de> abrufbar.

© 2006 – Institut für Unternehmungsplanung (IUP)
Herstellung und Verlag: Books on Demand GmbH, Norderstedt
Zugl.: Erlangen-Nürnberg, Univ. Dissertation, 2006
ISBN 3-8334-4993-4

Rerum cognoscere causas

Geleitwort

Der Wettbewerb um hochqualifizierte Nachwuchskräfte, sogenannte „High Potentials", beherrschte Ende der 90er Jahre unter dem Begriff „War for talents" die Schlagzeilen. Auch wenn die Schlagzeilen mittlerweile kleiner geworden sind, deutet vieles darauf hin, dass sich die Bewerberlage aus Sicht der Unternehmen nur vorübergehend entspannt hat. Steigende Nachfrage nach hochqualifizierten Mitarbeitern in Verbindung mit einem aufgrund der demographischen Entwicklung sinkenden Angebot zwingt Unternehmen immer stärker dazu, hochqualifizierte Führungsnachwuchskräfte möglichst frühzeitig zu gewinnen, zu entwickeln und an sich zu binden.

Um dies zu können, müssen Untenehmen die Anforderungen und Erwartungen der High Potentials kennen und berücksichtigen. An dieser Stelle setzt die Arbeit von Ingo Schamberger an. Aus einer Stichprobe von ca. 500 Studenten identifiziert er knapp 150 High Potentials und untersucht ihre Anforderungen an einen zukünftigen Arbeitgeber hinsichtlich Ansprache und Arbeitsplatzgestaltung. Dabei analysiert er – anders als in den bislang vorliegenden Studien – systematisch die Unterschiede innerhalb der Zielgruppe der High Potentials. Basierend auf einer Auswertung ihrer persönlichen Ziele gelingt es dem Verfasser, drei Gruppen von High Potentials mit unterschiedlichen Zielen und Erwartungen an zukünftige Arbeitgeber zu identifizieren.

Die Ergebnisse zeigen, dass im Hochschulmarketing die persönlichen Ziele von Bewerbern im Allgemeinen und High Potentials im Besonderen stärker beachtet werden sollten. Denn obgleich die verschiedenen Gruppen von High Potentials bei der Suche nach einem Arbeitsplatz ähnliche Informationsquellen nutzen, unterscheiden sie sich stark in den Anforderungen, die sie an einen zukünftigen Arbeitgeber stellen.

Die Arbeit richtet sich damit nicht nur an Wissenschaftler an Hochschulen, die sich mit High Potentials und dem Personalmarketing für diese Zielgruppe beschäftigen. Vielmehr ist die Arbeit auch für Führungskräfte und Personalverantwortliche von Interesse, die von den praxisnahen Ergebnissen profitieren können und wertvolle Impulse für ihre tägliche Arbeit erhalten.

Nürnberg, im Juni 2006   Prof. Dr. Harald Hungenberg

Vorwort

Die gezielte Ansprache von hochqualifizierten Nachwuchskräften hat mich als Thema seit meiner Stipendiatenzeit bei der Friedrich-Naumann-Stiftung begleitet, wo ich die Vielfalt unterschiedlichster Persönlichkeiten und Meinungen erleben durfte. Im Gegensatz dazu betrachteten die meisten Studien zum Hochschulmarketing von High Potentials diese Personen meist als homogene Zielgruppe mit gleichen Anforderungen an den späteren Beruf.

Umsomehr bin ich meinem akademischen Lehrer, Herrn Professor Dr. Harald Hungenberg zu Dank verpflichtet, der meine vertiefte Beschäftigung mit diesem Thema weiter angeregt und die Arbeit umfassend gefördert hat, bei dem ich aber auch über diese Arbeit hinaus sehr viel gelernt habe. Weiterhin danke ich Herrn Professor Dr. Dirk Holtbrügge für die Bereitschaft zur Übernahme des Zweitgutachtens.

Eine Vielzahl von weiteren Menschen hat meine Promotionszeit durch anregende Diskussionen, kritische Korrekturen und wertvolle Hilfestellungen begleitet. Danken möchte ich allen meinen Diplomanden am Lehrstuhl für Unternehmensführung, die mit ihren Arbeiten verschiedenste Aspekte des Themengebietes „High Potentials" ausgeleuchtet haben. Danken möchte ich auch den studentischen Mitarbeitern des Lehrstuhls, allen voran Martin Lochner, der die technische Erstellung dieses Buches vorangetrieben hat. Meinen Freunden und Kollegen am Lehrstuhl für Unternehmensführung der Friedrich-Alexander-Universität Erlangen-Nürnberg, Prof. Dr. Torsten Wulf, Dr. Florian Gierke, Erika Gruß, Bianca Rupprecht, Dr. Stephan Stubner, sowie Dr. Stefan Lackner, Dr. Albrecht Enders und Andreas König, danke ich für eine wunderschöne und frohe Zeit in der Frankenmetropole.

Hervorheben möchte ich meine Eltern, Alfred und Greta Schamberger, und meinen Bruder Jens, die mir immer mit Rat und Tat zur Seite standen und stehen. Nicht zuletzt gilt mein ganz besonderer Dank meiner Frau Regina, die nicht nur geduldig den Entstehungsprozess dieser Arbeit begleitet hat, sondern mir durch ihre zahlreichen Anregungen immer wieder neue Impulse gegeben hat.

Neustadt a. d. Aisch, im Juni 2006   Dr. Ingo Schamberger

Inhaltsverzeichnis

Abbildungsverzeichnis

Tabellenverzeichnis

Abkürzungsverzeichnis

Bd.	Band
FAZ	Frankfurter Allgemeine Zeitung
Jg.	Jahrgang
Marketing ZFP	Marketing - Zeitschrift für Forschung und Praxis
Nr.	Nummer
o.V.	ohne Verfasser
WiSt	Wirtschaftswissenschaftliches Studium
ZfB	Zeitschrift für Betriebswirtschaft
zfo	Zeitschrift für Organisation
ZfP	Zeitschrift für Planung
ZWF	Zeitschrift für wirtschaftlichen Fabrikbetrieb

1. Einführung

1.1. Problemstellung und Zielsetzung der Arbeit

Die Bedeutung des Faktors Humankapital für den langfristigen Unternehmenserfolg ist in der betriebswirtschaftlichen Forschung unumstritten.[1] Aus Sicht des Resource-based View des strategischen Managements besitzen Humanressourcen besondere Bedeutung, weil vor allem sie die Entstehung und Aufrechterhaltung von Wettbewerbsvorteilen erklären.[2] Damit kommt auch dem Management der Humanressourcen eine strategische Rolle zu: *„Unless one thinks that neutron bombing will make no difference to business activity, the proposition that the quality of human resource management critically affects firm performance is self-evident truth."*[3]

Der Zusammenhang zwischen der Ressource Personal und dem Unternehmenserfolg ist in zahlreichen Studien überprüft worden.[4] Dabei konnte vor allem für sogenannte „High Performance Work Practices" ein Erfolgszusammenhang nachgewiesen werden.[5] Hiermit sind Arbeitssituationen gemeint, in denen hochqualifizierte und leistungsbereite Mitarbeiter eingebunden sind, die mit entsprechenden Arbeitsbedingungen zu bestmöglicher Leistung befähigt werden sollen. Gerade mit Blick auf Führungsnachwuchskräfte - verstanden als Managementnachwuchs für die oberen Führungsebenen - liegen im Allgemeinen solche Arbeitssituationen vor.[6]

Die Bedeutung dieser hochqualifizierten Führungsnachwuchskräfte, auch „High Potentials" genannt, wird zukünftig noch stärker wachsen.[7] Dafür ist der erhöhte Bedarf der Unternehmen verantwortlich, der durch Veränderungen im Umfeld von Unternehmen, wie z.B. die Globalisierung

---

[1]   Vgl. stellvertretend Höllmüller, M. (2002), S. 26 ff., Hungenberg, H. (1990), S. 5, Pfeffer, J. (1994), S. 14 ff., Ridder, H.-G. et al. (2001), S. 26, Paul, H. (1987), S. 308 f.

[2]   Vgl. Barney, J. (1991), S. 101, Lado, A. A./ Wilson, M. C. (1994), S. 700, Dyer, L./ Reeves, T. (1995), S. 656, Wright, P. M./ McMahan, G. C. (1992), S. 300 ff.

[3]   Boxall, P./ Steeneveld, M. (1999), S. 443.

[4]   Vgl. Metaanalyse der personalwirtschaftlichen Erfolgsfaktorenforschung 1985 - 2002 durch Gmür, M. (2003), S. 21 ff. Zudem Peters, T. J./ Waterman, R. H. (2000), S. 273 ff., Simon, H. (1996), S. 10, Simon, H. (1997), S. 173 ff., Richard, O. C./ Johnson, N. B. (2001), S. 306 f.

[5]   Vgl. Huselid, M. A. (1995), S. 635, MacDuffie, J. P. (1995), S. 199.

[6]   Vgl. Höllmüller, M. (2002), S. 26 ff., Wright, P. M. et al. (1994), S. 314 ff.

[7]   Als High Potentials werden die besten 5 - 10% der Absolventen eines Jahrgangs bezeichnet, die bereits während des Studiums gezeigt haben, dass sie aufgrund ihrer menschlichen und fachlichen Qualifikationen für die Übernahme von Führungsverantwortung besonders geeignet erscheinen. Vgl. Simon, H. et al. (1995), S. 52, Wiltinger, K. (1997), S. 56.

und eine rasante technologische Entwicklung in vielen Branchen, ver-
ursacht wird. Viele Unternehmen sehen sich deshalb mit höherer Kom-
plexität und Dynamik in ihren Märkten konfrontiert. Um diesem Problem
zu begegnen, gehen sie häufig dazu über, kleinere Einheiten zu schaffen
und Entscheidungsstrukturen zu dezentralisieren. Dafür ist jedoch eine
wesentlich höhere Anzahl von qualifizierten Managern erforderlich.[8] Des
Weiteren entwickelt sich unsere Gesellschaft angesichts des Struktur-
wandels, welcher durch die Internationalisierung sowie den Anstieg des
Dienstleistungsanteils am Bruttosozialprodukt bedingt ist, zunehmend zu
einer Wissensgesellschaft. Unternehmen brauchen demzufolge für ihre
immer anspruchsvolleren, komplexeren und wissensintensiveren Aufgaben
verstärkt hochqualifizierte Mitarbeiter.[9] Zudem hat die Mobilität von
Führungskräften stark zugenommen. Während noch vor einigen Jahren
Führungskräfte ihr jeweiliges Unternehmen im Laufe ihrer Karriere kaum
verlassen haben, ist ein heutiger Top-Manager am Ende seiner Berufs-
laufbahn in durchschnittlich fünf Unternehmen tätig gewesen.[10]

Auf der anderen Seite wächst die Bedeutung von High Potentials, weil das
Angebot an qualifizierten Führungskräften nicht mit dem steigenden
Bedarf mithalten kann. Aufgrund der demografischen Entwicklung kommt
es mittelfristig zu einem erheblichen Mangel an Nachwuchskräften.[11]
Während im Jahr 2002 knapp zwei Drittel der Unternehmen von einem
Mangel an Fach- und Führungskräften betroffen waren, so werden es im
Jahr 2007 knapp 80 Prozent sein.[12] Bereits vom Jahr 2005 an ist mit
weniger Schulabgängern zu rechnen, und bis 2010 wird ein Fehlbestand
von rund 250.000 Hochschulabgängern prognostiziert.[13] Bis zum Jahr 2040

---

[8] Vgl. Williams, M. (2000), S. 9 f., Scholz, C. (2000), S. 7 ff., Meffert, H./ Wagner, H.
     (1992), S. 353, Dietmann, E. (1993), S. 10 ff.

[9] Vgl. Tochtermann, T./ Abend, J. (2003), S. 965. Beispielsweise wurden
     hochqualifizierte Mitarbeiter im Rahmen einer Befragung von knapp 1000 CEOs als
     drittwichtigster Erfolgsfaktor im globalen Wettbewerb angegeben. Vgl. Price
     Waterhouse Coopers (2003), S. 11.

[10] Vgl. Chambers, E. G. et al. (1998), S. 48. Zur Mobilität von Nachwuchs-
     führungskräften aus dem technischen Bereich vgl. Bodden, S. et al. (2000), S. 15.

[11] Vgl. Rürup, B./ Sesselmeier, W. (1993), S. 4 ff., Fuchs, J./ Thon, M. (1999), S 3 ff.,
     Fuchs, J. et al. (2000), S. 1 ff., Fuchs, J./ Thon, M. (2001), S. 1 ff., Rumpf, J. (2004),
     S.11.

[12] Vgl. Kirchgeorg, M./ Lorbeer, A. (2002), S. 31 f.

[13] Vgl. Deckstein, D. (2003), S. 3, Struß, N./ Thommen, J.-P. (2004), S. 16. So nimmt z.B.
     die Anzahl der Erwerbspersonen bis 34 Jahre mit Hoch-/ Fachhochschulabschluss
     zwischen 1998 und 2015 um ein Drittel von 1,7 Mio. auf 1,2 Mio. ab. Siehe dazu und
     zur weiteren quantitativen Entwicklung des Arbeitskräfteangebots Reinberg, A./
     Hummel, M. (2003), S. 38 ff. Vgl. auch Simon, H. et al. (1995), S. 26. Dieses
     Talentdefizit ist nicht nur auf Deutschland beschränkt. In den USA wird z.B. damit
     gerechnet, dass der Mangel an talentierten Arbeitskräften bis 2010 auf 5,3 Mio. und bis
     2020 auf 14 Mio. steigen wird. Vgl. Florida, R. (2005), S. 100.

soll die Erwerbsbevölkerung kontinuierlich um insgesamt knapp ein Fünftel sinken.[14] Zudem zeigen diverse Studien aktuell Defizite im allgemeinen Bildungsniveau, was auch zu einer abnehmenden Qualität der verfügbaren Hochschulabsolventen führt.[15]

Eine Folge des zunehmenden Bedarfs an qualifizierten Managern und des gleichzeitig stagnierenden bzw. abnehmenden Angebots ist der sogenannte „War for talents", d.h. ein verstärkter Wettbewerb zwischen Unternehmen aus ganz verschiedenen Branchen um High Potentials, also um hochqualifizierte Führungsnachwuchskräfte. Dieser Kampf um Talente beherrschte vor allem Ende der 90er Jahre die Schlagzeilen, aber vieles deutet darauf hin, dass sich die Bewerbersituation für Unternehmen nur vorübergehend entspannt hat.[16] Denn dem aktuellen "McKinsey Global Survey of Business Executives" zufolge schätzen 73 Prozent der befragten Unternehmen Kosten und Verfügbarkeit von Talenten als das größte Wachstumshindernis für ihre Firmen in den nächsten fünf Jahren ein.[17]

Dieser Wettbewerb um Talente lässt sich nicht dadurch lösen, dass bei Bedarf Führungskräfte extern von Konkurrenten abgeworben werden. Studien zeigen, dass eine sorgfältige Personalauswahl in Verbindung mit einer anhaltenden Personalentwicklung bessere Ergebnisse für den Unternehmenserfolg bringen als das Abwerben erfahrener Führungskräfte von Konkurrenten.[18] Denn vielfach sind abgeworbene Führungskräfte nicht mit dem in der Organisation herrschenden Führungsstil vertraut oder finden keine ausreichende Akzeptanz bei ihren neuen Mitarbeitern. Die Wahrscheinlichkeit des Scheiterns ist oftmals höher als für einen Mitarbeiter, der im Rahmen einer systematischen Karriereentwicklung aus der eigenen Organisation heraus gefördert und über Jahre hinweg auf die Übernahme einer Schlüsselposition vorbereitet wurde.[19] Erfolgreiche Unternehmen müssen demnach Führungsnachwuchskräfte mit einem

---

[14]   Vgl. Endres, G. L. (2000), S. 48, Germis, C. (2004), S. 38, Engelbrech, G. (2002), S. 51., Maassen, O. (2003), S. 80.

[15]   Eine der Studien ist beispielsweise die Pisa-Studie. Vgl. BBDO Consulting (2004), S. 4, Eichhorst, W./ Thode, E. (2002), S. 26 ff. Des Weiteren steht Unternehmen zwar eine große Anzahl an Bewerbern für ausgeschriebene Stellen zur Verfügung, jedoch ist nur ein geringer Anteil dieser Bewerber dem Anforderungsprofil gewachsen. Vgl. Groß, E. (2003), S. 42, Hain, S. (2002), S. 1.

[16]   Vgl. Tulgan, B. (2002), S. 31 ff., Williams, M. (2000), S. 34 ff., Lütgenbruch, U. (2001), S. 104 ff., Johnson, M. (2000), S. 89 ff., o.V. (2004), S. 1f., Axelrod, B. et al. (2001), S. 9, Mikosch, B. (2004), S. 58, Nöcker, R. (2004), S. 55.

[17]   Vgl. Carden, S. D. et al. (2005), S. 24.

[18]   Vgl. Hatch, N. W./ Dyer, J. H. (2004), S. 1173 f., Hus, C. (2003), S. 1, Groysberg, B. et al. (2004), S. 94 ff., Nöcker, R. (2005), S. 53.

[19]   Vgl. Kunz, G. (2004), S. 12.

hohen Potenzial möglichst frühzeitig gewinnen, diese entwickeln, motivieren und an sich binden.[20]

In dieser Arbeit steht aus dem Gesamtaufgabenspektrum der Nachwuchssicherung der gezielte Akquisitionsprozess von Talenten im Mittelpunkt, der angesichts der geschilderten Entwicklungen für Unternehmen immer wichtiger wird. Dabei geht es einerseits darum, diejenigen High Potentials zu identifizieren und zu rekrutieren, welche die Anforderungen des Unternehmens an Wissen und Fähigkeiten zukünftiger Führungskräfte möglichst gut erfüllen. Um erfolgreich am Arbeitsmarkt zu agieren, sollten sich Unternehmen andererseits auf jene High Potentials konzentrieren, deren Erwartungen das Unternehmen besser als andere Unternehmen gerecht werden kann.[21] Unternehmen müssen nämlich zunehmend beachten, dass besonders qualifizierte Bewerber meist eine Auswahl zwischen Angeboten mehrerer potenzieller Arbeitgeber haben und daher sehr selbstbewusst während ihrer Arbeitsplatzwahl agieren können. Sie können die verschiedenen Angebote anhand spezieller Anforderungen bewerten, die sie an ihren bevorzugten Arbeitgeber stellen.[22]

Damit stehen sich auf dem Arbeitsmarkt, zumindest in bezug auf das Segment des kaufmännischen Führungsnachwuchses, tendenziell zwei nahezu gleichberechtigte Partner gegenüber.[23] Die Akquisition dieser High Potentials kann daher nur dann erfolgreich sein, wenn das Unternehmen die Bedürfnisse und Anforderungen dieser Zielgruppe kennt, diesen im Unternehmen gerecht wird und dies auch glaubhaft kommuniziert. Dabei wird eine gezielte Ansprache dadurch erschwert, dass es keine klaren Kriterien gibt, mit deren Hilfe High Potentials identifiziert und von den sonstigen Studenten abgegrenzt werden können.[24] Des Weiteren sind High Potentials keine homogene Zielgruppe. Vielmehr zeigen Studien, dass verschiedene Typen von High Potentials existieren, die über unterschiedliche Charakteristika verfügen und unterschiedliche Anforderungen an ihren zukünftigen Arbeitgeber stellen.[25] Dies erfordert weitere Kriterien, die zur Unterscheidung von High Potentials untereinander geeignet sind. Zudem mangelt es an Kommunikationsstrategien, die auf diese verschiedenen

---

20   Vgl. Kotter, J. P. (1989), S. 106, Böckenholt, I./ Homburg, C. (1990), S. 1160.
21   Vgl. Wolff, G./ Göschel, G. (1990), S. 50 f., Sebastian, K.-H. et al. (1988), S. 1002 ff.
22   Vgl. Nerdinger, F. W. (1994), S. 29.
23   Vgl. Simon, H. et al. (1995), S. 12.
24   Vgl. die unterschiedlichen Abgrenzungskriterien bei Simon, H. et al. (1995), S. 88 f., Wöhr, M. (2002), S. 204, Franke, N. (1999), S. 892, Friedmann, J. et al. (2004), S. 180, Teufer, S. (1999), S. 196, Höllmüller, M. (2002), S. 157.
25   Vgl. Franke, N. (1999), S. 900, Franke, N. (2000), S. 83 ff., Kirchgeorg, M./ Lorbeer, A. (2002), S. 21 ff., Grobe, E. (2003), S. 58 ff.

High Potentials-Segmente zugeschnitten sind und segmentspezifische Anreize und Kommunikationsmaßnahmen beinhalten.

Diese Problemstellung erfordert eine Vorgehensweise, die unübersehbar in Analogie zum Vorgehen des Konsumgütermarketings auf Absatzmärkten steht. Wie im Konsumgütermarketing, so ist auch im Personalmarketing eine fundierte Markt- und „Kunden"forschung unerlässlich. Sie muss mit einer entsprechend differenzierten Marktbearbeitung einhergehen. Dabei sollten Unternehmen gezielt dort aktiv werden, wo sie die akademisch gebildete Zielgruppe High Potentials ohne große Streuverluste antreffen können.[26] Deshalb konzentriert sich die Arbeit im Folgenden auf Hochschulen, wo der größte Teil des Reservoirs für zukünftige Führungskräfte zu finden ist, und auf die Frage, wie die High Potentials unter den Studenten und Absolventen an Hochschulen gewonnen werden können.

Aus der Problemstellung leitet sich zudem die Zielsetzung dieser Arbeit ab. Diese gliedert sich in zwei Teilaspekte. Zum einen soll mit dieser Untersuchung ein Beitrag zur Weiterentwicklung bestehender Erkenntnisse zum Hochschulmarketing geleistet werden. Darüber hinaus sollen die Erkenntnisse aber auch zu praktisch anwendbaren Handlungsempfehlungen führen, die Arbeitgeber bei der Gewinnung von High Potentials an Hochschulen unterstützen sollen. Ausgehend von dieser Zielsetzung ergeben sich die drei grundsätzlichen Fragestellungen dieser Arbeit:

- Wie stark unterscheiden sich High Potentials von sonstigen Studenten in ihren Anforderungen an einen zukünftigen Arbeitgeber und in den Kommunikationsmaßnahmen, mit denen sie angesprochen werden möchten?

- Welche verschiedenen Gruppen von High Potentials gibt es, und welche Unterschiede gibt es zwischen diesen bezüglich der Anforderungen an einen zukünftigen Arbeitgeber und der Kommunikationsmaßnahmen, mit denen sie angesprochen werden möchten?

- Gibt es einen Zusammenhang zwischen den Anforderungen, die High Potentials an einen zukünftigen Arbeitgeber stellen, und den Kommunikationsmaßnahmen, mit denen sie angesprochen werden möchten?

---

[26] Beispielsweise saß im Schweizer Management im Jahr 2002 jeder dritte Akademiker in einer Unternehmensleitung oder hatte eine Vorgesetztenfunktion. Vgl. Thom, N./ Friedli, V. (2003), S. 2.

1.2. Vorgehensweise

Diese Fragestellungen sollen in der vorliegenden Arbeit in zwei Teilschritten beleuchtet werden. Zum einen soll durch Übertragung der Erkenntnisse aus den Bereichen Markt- und Kundenforschung des klassischen Konsumgütermarketings auf das Hochschulmarketing die Zielgruppe der High Potentials erfasst und ein Untersuchungsrahmen zur differenzierten Ansprache von High Potentials entwickelt werden. Zum anderen sollen die einzelnen Hypothesen zum Hochschulmarketing für High Potentials im Rahmen einer empirischen Untersuchung überprüft und Gestaltungsvorschläge für Unternehmen abgeleitet werden.

Um das beschriebene Ziel zu erreichen, ist die Arbeit in insgesamt sechs Kapitel gegliedert. Sie beginnt im zweiten Kapitel mit einer Herleitung des Begriffs „Hochschulmarketing" aus dem übergeordneten Konzept des Personalmarketings. Dabei erfolgt eine Auseinandersetzung mit dem Begriff „Personalmarketing", seiner theoretischen Basis und den zahlreichen Systematisierungsansätzen.

Das dritte Kapitel beschäftigt sich mit der Informationsseite des Hochschulmarketings, deren Ziel die Erfassung des relevanten Bewerbermarkts ist. Deshalb werden zunächst die verschiedenen Situationsanalysen und Zukunftsprognosen vorgestellt, welche die Basis für eine Segmentierung des Arbeitsmarktes bilden. Danach wird die Zielgruppe der High Potentials definiert und beschrieben. Darauf aufbauend werden Segmentierungskriterien zu ihrer Erfassung, Differenzierung untereinander und Abgrenzung zu den übrigen Studenten herausgearbeitet.

Im vierten Kapitel wird die Aktionsseite des Hochschulmarketings beschrieben, deren Ziel die Bearbeitung des Zielsegments der High Potentials ist. In einem ersten Schritt ist die Strategie der Marktbearbeitung festzulegen. Dabei muss geklärt werden, wie vollständig und wie unterschiedlich der Markt bearbeitet wird. Darauf aufbauend werden die operative Ebene und somit die Maßnahmen des Hochschulmarketings genauer erläutert. Dieser Teil beschäftigt sich zum einen mit den Anreizen im Hochschulmarketing, die notwendig sind, um High Potentials zu gewinnen, und zum anderen mit der Kommunikation dieser Anreize. Am Ende des Kapitels sind sämtliche Instrumente, welche das Hochschulmarketing als Maßnahmenpaket umfasst, dargelegt und entsprechend den Hypothesen in den Untersuchungsrahmen eingebunden.

Im Mittelpunkt des fünften Kapitels steht eine empirische Analyse, welche den im vierten Kapitel entworfenen Untersuchungsrahmen und seine

Hypothesen testet. Dazu werden in einem ersten Schritt der Aufbau und die Durchführung der Befragung vorgestellt. Darauf folgen eine Vorstellung, Diskussion und Interpretation der zentralen Ergebnisse der empirischen Untersuchung. Abschließend wird im sechsten Kapitel auf die Implikationen für Unternehmen und für die weitere Forschung hingewiesen (vgl. Abbildung 1).

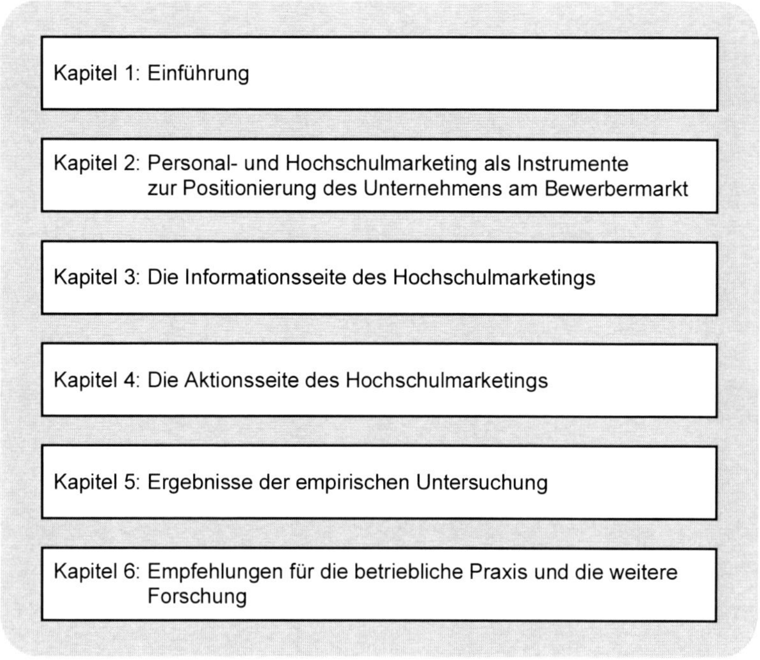

Kapitel 1: Einführung

Kapitel 2: Personal- und Hochschulmarketing als Instrumente
            zur Positionierung des Unternehmens am Bewerbermarkt

Kapitel 3: Die Informationsseite des Hochschulmarketings

Kapitel 4: Die Aktionsseite des Hochschulmarketings

Kapitel 5: Ergebnisse der empirischen Untersuchung

Kapitel 6: Empfehlungen für die betriebliche Praxis und die weitere
            Forschung

Abbildung 1   Aufbau der Arbeit

2. Personal- und Hochschulmarketing als Instrumente zur Positionierung des Unternehmens am Bewerbermarkt

Der Ausgangspunkt dieser Arbeit liegt in der Annahme, dass hochqualifizierte Nachwuchsführungskräfte keine homogene Gruppe sind und deshalb im Rahmen des Hochschulmarketings differenziert angesprochen werden müssen. Die grundsätzliche Ausrichtung des Instruments „Hochschulmarketing" und seine Einordnung in das umfassendere Konzept des Personalmarketings werden im Folgenden dargestellt. Konkret wird zunächst erläutert, wie der Begriff „Personalmarketing" durch Übertragung von Marketingkomponenten auf den Personalbereich entstanden ist und welche Kritik dieser Begriff erfahren hat. Anschließend wird die theoretische Basis des Personalmarketings erläutert, und es wird ein Überblick über verschiedene Versuche gegeben, Personalmarketing-Ansätze zu systematisieren. Dieser verdeutlicht, dass das Verständnis von Personalmarketing keineswegs einheitlich ist. Darauf aufbauend wird eine Personalmarketing-Konzeption entwickelt, in welche das Hochschulmarketing eingeordnet werden kann.

2.1. Entstehungsgeschichte des Personalmarketings und Begriffskritik

2.1.1. Entstehungsgeschichte

Die Personalmarketing-Diskussion reicht als wissenschaftliche Fragestellung bis in die frühen 60er Jahre zurück[27]. Dabei brachte *Schubart* 1962 den Begriff „Personalmarketing" erstmals in die betriebswirtschaftliche Diskussion ein.[28] Es folgten Veröffentlichungen von *Berger/Geißler* und *Overbeck*.[29] Sie läuteten eine erste Hochphase der Veröffentlichungen zum Personalmarketing und den zugrundeliegenden Konzepten ein, welche Mitte der 70er Jahre abflaute. Seit Mitte der 80er Jahre hat die Diskussion zum Personalmarketing wieder an Fahrt gewonnen.[30] Neben einem kontinuierlichen Strom an nicht-wissenschaftlichen Veröffentlichungen in

---

[27]   Vgl. Wunderer, R. (1991), S. 120 f.
[28]   Vgl. Schubart, M. (1962), S. 430, Bleis, T. (1992), S. 8, Reich, F. (1995), S. 5.
[29]   Vgl. Berger, R./ Geissler, J. (1968), S. 26, Moll, M. (1992), S. 18, Overbeck, J.-F. (1968), S. 18 ff., Kolter, E. R. (1991) 8.
[30]   Zu vergleichenden Analysen und Überblicksdarstellungen siehe Bleis, T. (1992), S. 10 ff. und S. 38 ff., Dietmann, E. (1993), S. 101 ff., Moll, M. (1992), S. 18 ff., Kolter, E. R. (1991), S. 8 ff., Zehetner, K. (1994), S. 97 ff., Wunderer, R. (1999), S. 118 f., Fröhlich, W. (2003), S. 17 ff., Nawrocki, J. (2003), S. 51 ff.

„Praktiker-Zeitschriften"[31] haben auch immer mehr Wissenschaftler Personalmarketing als Forschungsgegenstand entdeckt.[32]

Ende der 60er Jahre war der Personalbereich mit vergleichbaren Problemen wie der Absatzbereich konfrontiert. Beide Bereiche hatten mit der Verschiebung von Wertmaßstäben bei Konsumenten und Mitarbeitern, der generell abnehmenden Marken- und Firmentreue von Individuen und dem Wandel vom Verkäufer- zum Käufermarkt zu kämpfen.[33] Auf dem Arbeitsmarkt konnte fast von einer Umkehr der üblichen Verhältnisse gesprochen werden: aufgrund des enormen Wirtschaftswachstums bewegte sich die Arbeitslosenquote bei rund einem Prozent bei anhaltender Nachfrage nach Arbeitskräften, und der Mangel an Arbeitskräften stellte ein ernsthaftes Wachstumshindernis für die Firmen dar.[34] Um diesen Engpass zu überwinden, war es notwendig, in der Personalbeschaffung „Verkaufsmethoden" anzuwenden.[35] Da lag es nahe, von Forschungs-erkenntnissen aus dem Marketing zu profitieren, welches einen zeitlichen und inhaltlichen Vorsprung bei der Bewältigung ähnlicher Schwierigkeiten besaß.[36]

Anknüpfen konnte der Personalbereich am „Generic Concept of Marketing", welches Marketing auf die Förderung von Transaktionen ausdehnte, unabhängig davon, ob diesen Güter oder Dienstleistungen zugrunde lagen.[37] Alle Marktbeziehungen konnten nun als Austausch-vorgänge zwischen sozialen Einheiten - seien dies Organisationen, Personengruppen oder Einzelpersonen - angesehen werden:[38] *„Exchange is a central concept in marketing and it may serve as the foundation for what elusive general theory of marketing."*[39] Dabei zielen die Austauschprozesse darauf ab, Bedürfnisse und Wünsche zu erfüllen. Durch ein derart weites Grund-verständnis von Marketing ist es möglich, sowohl organisationsexterne als

---

[31] Beispielhaft seien einige neuere Veröffentlichungen genannt. Beuscher, B./ Vinzent, M. (2004), Christen, D. et al. (2002), Farren, C. (2001), Dean, V. (2001), Schmutte, B. (2000), John, J./ Österdickhoff, C. (2000), Böck, R. (2000), Mühlbauer, K. (1999), Kern, K./ Scheer, A. (1999).

[32] Vgl. Wöhr, M. (2002), Stachon, D. (2002), Schmidtke, C. (2002), Höllmüller, M. (2002), Köchling, A. (2000), Teufer, S. (1999), Steinmetz, F. (1997), Stickel, D. L. (1995), Süß, M. (1996).

[33] Vgl. Weibler, J. (1996), S. 305, Weber, W. et al. (1997), S. 214, Strutz, H. (2003), S. 1593 f., Ahlers, F. (1994), S. 110 ff.

[34] Vgl. Gaugler, E. (1990), S. 77.

[35] Vgl. Hunziker, P. (1973), S. 6.

[36] Vgl. Kreklau, C. (1974a), S. 748, Weibler, J. (1996), S. 305.

[37] Vgl. Kotler, P. (1972), S. 46 ff., Kotler, P./ Bliemel, F. (1995), S. 4, Kotler, P./ Levy, S. J. (1969), S. 10 ff.

[38] Vgl. Kotler, P./ Levy, S. J. (1985), S. 43 ff.

[39] Bagozzi, R. P. (1975), S. 73.

auch organisationsinterne Austauschprozesse zu betrachten, die nicht nur rein wirtschaftliche Tatbestände sondern auch soziale Tauschvorgänge umfassen.[40]

Aufgrund dieses erweiterten Grundverständnisses scheint eine Übertragung des Marketinggedankens auf den Personalbereich gerechtfertigt. Denn auch auf dem Arbeitsmarkt finden ähnlich dem Gütermarkt Austauschvorgänge statt. An diesen Austauschvorgängen sind mindestens zwei soziale Einheiten, nämlich Unternehmen als Anbieter von Arbeitsplätzen und Bewerber als deren Nachfrager, beteiligt. Beide Tauschpartner verbinden spezifische Nutzenerwartungen mit der Arbeitsbeziehung:[41] denn auf der einen Seite suchen Unternehmen nach Merkmalen wie Kompetenz, Einsatzbereitschaft, Arbeitsleistung etc. ,und auf der anderen Seite verfolgen Bewerber mit ihrem Arbeitsangebot weitergehende persönliche und berufliche Ziele, wie z.B. Einkommenserzielung, Arbeitszufriedenheit oder Selbstverwirklichung (vgl. Tabelle 1).[42] Deshalb ist anfänglich nicht eindeutig festgelegt, ob tatsächlich ein Austausch zwischen dem Unternehmen und dem Bewerber zustande kommt.

	Angebot	Nachfrage
Unternehmen	Einkommen Tätigkeitsmerkmale Unternehmenskultur	Zeit Kompetenz Arbeitsleistung Einsatzbereitschaft
Bewerber	Zeit Kompetenz Arbeitsleistung Einsatzbereitschaft	Einkommen Arbeitszufriedenheit Selbstverwirklichung

Tabelle 1   Angebot und Nachfrage von Unternehmen und Bewerbern am Arbeitsmarkt

[40]   Vgl. Kotler, P. (1972), S. 46 ff.
[41]   Vgl. Dietmann, E. (1993), S. 99.
[42]   Vgl. Simon, H. (1984), S. 324 f., Bröckermann, R./ Pepels, W. (2002), S. 7 f., Reich, K.-H. (1992), S. 14, Hunziker, P. (1973), S. 6.

Der Grundgedanke des Personalmarketings besteht darin, das Unternehmen samt dem Produkt „Arbeitsplatz" an aktuelle sowie potenzielle Mitarbeiter (=Zielgruppe) zu „verkaufen", wobei die Unternehmenskultur als Ausdruck der Produkteigenschaften eine entscheidende Rolle spielt.[43] Damit dies erfolgreich gelingt, werden im Marketing verwendete Strategien und Instrumente auf die Personalpolitik übertragen (vgl. Tabelle 2).[44]

	Produktmarketing	Personalmarketing
Gegenstand	Produkt	Arbeitsplatz
Zielgruppen	Neukunden, Altkunden	Zukünftige Mitarbeiter, gegenwärtige Mitarbeiter
Strategien	Produktbezogene Positionierung, Marktstrategien	Positionierung auf dem Arbeitsmarkt, Personal-imagestrategien
Instrumente	Absatz-Marktforschung, Marktsegmentierung, Produktmarketing-Mix, After Sales Service	Arbeitsmarktanalyse, Bewerbermarkt-segmentierung, Personal-marketing-Mix, Mitarbeitergespräche

Tabelle 2   Exemplarischer Vergleich zwischen Produkt- und Personalmarketing[45]

2.1.2. Kritik am Begriff „Personalmarketing"

In der Literatur erfährt der Begriff „Personalmarketing" immer wieder Kritik aus vier verschiedenen Richtungen.

Am Begriff „Personalmarketing" selber setzt **semantische Kritik** an. Die Bezeichnung „Personalmarketing" erwecke den Eindruck, dass Personal vermarktet würde.[46] Um diese falsche Assoziation zu vermeiden und zu verdeutlichen, dass die Vermarktung des Unternehmens und seiner

---

[43] Vgl. Eckardstein, D. v./ Schnellinger, F. (1971), S. 14 ff., Kreklau, C. (1974a), S. 749, Scholz, C. (2000), S. 419.
[44] Vgl. Simon, H. (1984), S. 325, Simon, H. et al. (1995), S. 13 f.
[45] In Anlehnung an Scholz, C. (2000), S. 419.
[46] Vgl. Berger, R./ Salcher, E. F. (1973), S. 21, Lauterburg, C. (1972), S. 1.

Arbeitsbedingungen im Mittelpunkt steht,[47] fordern einige Autoren Begriffe wie „Arbeitsplatzmarketing" oder „Personalbeschaffungs-marketing".[48]

Ethische Bedenken knüpfen häufig an überspitzten Interpretationen des Marketing-Begriffs an. Marketing wird dann vor allem mit der Manipulation von Menschen und unlauteren Absichten des Marketing-treibenden verbunden.[49] Eine Übertragung von Marketingkonzepten und Instrumenten, die für den Verkauf von Sachgütern entwickelt wurden, könne zu einer Verstärkung der Objektivierung und Verdinglichung des Personals führen.[50] In letzter Konsequenz funktionalisiere Personal-marketing den Menschen, betrachte ihn als Produktionsfaktor und Mittel zum Zweck und ignoriere dabei seinen Selbstwert.[51] Solche Assoziationen verkennen allerdings, dass die eigentliche Absicht des Personalmarketings in der Zuwendung zu den Bewerber- und Mitarbeiteranforderungen und somit einer Orientierung an den Bedürfnissen der Kunden liegt.[52]

Kennzeichnend für die beiden Kritikpunkte ist, dass sie sich sehr paradig-menhaft mit begrifflichen Missverständnissen des Konzepts „Personal-marketing" beschäftigen, das Konzept als solches aber nicht angreifen.[53] Andererseits zeigen zahlreiche Veröffentlichungen die Popularität und Etablierung des Begriffs „Personalmarketing" in Theorie und Praxis.[54] Dies liegt auch darin begründet, dass alternative Begriffe häufig zu kurz greifen.[55]

Ein weiterer Kritikpunkt besagt, dass mit dem Begriff „Personalmarketing" **keine neuen Erkenntnisse** gewonnen würden.[56] Anstelle der einge-führten Begriffe des Personalwesens wie Personalwerbung,[57] Personal-beschaffung[58] oder Personalpolitik[59] würde ein Modewort geschaffen, welches vor allem dem Zeitgeist geschuldet sei. Findige Werbeleute trieben

---

[47]   Vgl. Ridder, H.-G. (1994), S. 150.
[48]   Vgl. Moser, K. (1993), S. 6, Reich, K.-H. (1992), S. 13, Weibler, J. (1996), S. 305, Fröhlich, W. (1987b), S. 42.
[49]   Vgl. Süß, M. (1996), S. 15.
[50]   Vgl. Bleis, T. (1992), S. 142.
[51]   Vgl. Staffelbach, B. (1986), S. 138 f.
[52]   Vgl. Scholz, C. (2000), S. 419, Wagner, P. (1984), S. 14.
[53]   Vgl. Zehetner, K. (1994), S. 6.
[54]   Vgl. Scholz, C. (2000), S. 417 ff., Strutz, H. (1992), S. 1 ff.
[55]   Vgl. Seiwert, L. (1985), S. 349.
[56]   Vgl. Strutz, H. (1992), S. 1 f.
[57]   Vgl. Eckardstein, D. v./ Schnellinger, F. (1975), S. 1593.
[58]   Vgl. Arnold, U. (1975), S. 33 ff.
[59]   Vgl. Zimmer, D. (1979), S. 253.

den Begriff voran, um sich ein neues Geschäftsfeld zu erschließen.[60] Dabei ist vollkommen richtig, dass die mit den eingeführten Begriffen des Personalwesens angesprochenen Instrumente auch im Personalmarketing ihre Verwendung finden. Allerdings ist es Anspruch des Personalmarketings, diese Bereiche zusammen mit weiteren Teilbereichen auf Grundlage einer langfristigen Konzeption untereinander abgestimmt zu realisieren. Ein „Ad hoc"-Charakter personalwirtschaftlicher Maßnahmen soll vermieden werden.[61]

Die **zweifelhafte Analogie von Güter- und Arbeitsmarkt** steht im Mittelpunkt des letzten Kritikpunktes. Denn die grundsätzliche Gleichartigkeit von Arbeits- und Absatzmarkt ist Voraussetzung, um Marketingkonzepte und -instrumente auf das Personalwesen übertragen zu können. Andererseits bestehen nach Meinung mancher Kritiker Unterschiede zwischen Arbeits- und Absatzmarkt, die einen Erkenntnisfortschritt durch Analogieschlüsse verhindern.[62] Beispielsweise wird angeführt, dass die Teilnahme am Arbeitsmarkt aufgrund ökonomischer Zwänge nur begrenzt freiwillig ist. Zudem ist die Preisbildung auf Arbeitsmärkten im Gegensatz zu Gütermärkten weitestgehend reguliert. Zwar spielen Tarifverträge im Bereich der Führungsnachwuchskräfte nur eine geringe Rolle, dafür hemmt aber das interne Gehaltsgefüge des Arbeitgebers eine freie Verhandlung.[63] Das Verhältnis von Angebot und Nachfrage tendiert auf Gütermärkten zum Ausgleich, während auf Teilarbeitsmärkten ein Missverhältnis bestehen kann. Dies kann dazu führen, dass Kunden am Arbeitsmarkt abgelehnt werden, was am Gütermarkt normalerweise nicht passiert. Des Weiteren ist die Transparenz auf Arbeitsmärkten wesentlich niedriger als auf Gütermärkten. So werden am Arbeitsmarkt oft nicht klar spezifizierte Objekte, wie z.B. Arbeitsplatz gegen Qualifikation, getauscht. Dies erfordert einen beiderseitigen Vertrauensvorschuss, was für andere Kaufentscheidungen nicht in gleichem Maße gilt. Außerdem sind Entscheidungen der Arbeitsplatznachfrager auf dem Arbeitsmarkt relativ selten, so dass Lernmöglichkeiten aus Fehlentscheidungen kaum möglich sind. Andererseits ist die Tragweite der individuellen Entscheidung bei der

---

[60]   Vgl. Fischer, G. (1973), S. 220, Kreklau, C. (1974b), S. 242, Goossens, F. (1973), S. 45.

[61]   Vgl. Süß, M. (1996), S. 19 f., Wöhr, M. (2002), S. 15 ff., Scholz, C. (2000), S. 418.

[62]   Vgl. im Folgenden Moser, K. (1992), S. 110 f., Moser, K. (1993), S. 6 ff., Ahlers, F. (1994), S. 110 ff., Reich, K.-H. (1992), S. 14 f., Bleis, T. (1992), S. 82 ff., Wiegran, G. (1993), S. 16 ff., Ridder, H.-G. (1994), S. 150 ff., Weibler, J. (1996), S. 309, Rastetter, D. (1996), S. 105 f.

[63]   Vgl. Steinmetz, F. (1997), S. 36.

Arbeitsplatzwahl wesentlich gravierender, weil sie sich auf die gesamte Lebensführung auswirkt.[64]

Dennoch wird die Diskussion und Verwendung des Personalmarketing-Ansatzes überwiegend als sinnvoll eingeschätzt. Denn gegenüber klassischen verwaltungsorientierten Personalkonzepten berücksichtigt Personalmarketing auch explizit die Arbeitsmarktseite und das Markt-denken.[65] Deshalb hat Personalmarketing das Potenzial zu einem ganzheitlichen Ansatz, welcher sowohl vorhandene (interne Sicht), als auch potenzielle Mitarbeiter (externe Sicht) berücksichtigt.[66] Zudem lieferte die Diskussion des Personalmarketing-Ansatzes,[67] trotz seiner „schiefen"[68] Analogie zum Gütermarkt, wertvolle Anregungen für die Arbeit im Personalbereich. Dabei wurden erfolgreich erprobte Marketing-Methoden auf den Personalbereich angewendet. Eine solche Übertragung findet im Moment zum Beispiel beim Konzept des Employer Branding statt, welches sich dem Aufbau und der Führung einer Arbeitgebermarke widmet.[69]

2.2. Theoretische Basis des Personal- und Hochschul-marketings

2.2.1. Theoretische Grundlagen

Im Bereich des Personalmarketing dominieren soziologische, sozial-psychologische und verhaltenswissenschaftliche Ansätze als Bezugsrahmen für die in der Literatur diskutierten Konzepte.[70] Nur wenige Autoren versuchen abweichend davon, Personalmarketing ökonomisch mittels der Transaktionskosten- oder der Signalling-Theorie zu fundieren.[71] Auch im Rahmen dieser Arbeit dient die verhaltenswissenschaftliche Anreiz-

---

[64]   Vgl. Reich, K.-H. (1992), S. 14 f.

[65]   Vgl. Wunderer, R. (1991), S. 122.

[66]   Vgl. Thom, N./ Zaugg, R. (1996), S. 30.

[67]   Vgl. Bleis, T. (1992), S. 144, Staffelbach, B. (1986), S. 140 f.

[68]   Vgl. Weibler, J. (1996), S. 309.

[69]   Vgl. Schulze, R. et al. (2005), Gmür, M. et al. (2002), Lutje, F. (2002), Zaugg, R. J. (2002), Schweizer, M. (2001).

[70]   Vgl. Dietmann, E. (1993), S. 131 für einen Überblick über den theoretischen Bezugsrahmen der in der Literatur hauptsächlich diskutierten Personalmarketing-Konzepte. Gaebler, J. K. C. (1997) prüft die Bedeutung von verhaltenswissenschaftlichen Theorien für ein effizientes Personalmarketing.

[71]   Vgl. Wiegran, G. (1993) für die Transaktionskostentheorie und Schmidtke, C. (2002) bzw. Schmidtke, C./ Backes-Gellner, U. (2002) für die Signalling-Theorie als Grundlage ihrer Personalmarketing-Konzeption.

Beitrags-Theorie[72] als Fundierung und Grundlage für die zu erarbeitenden Gestaltungsempfehlungen.[73]

Die Anreiz-Beitrags-Theorie betrachtet jede Organisation als eine Koalition, in der sich die Teilnehmer aufgrund sozialer Verhaltensweisen wechselseitig beeinflussen.[74] Während der Zugehörigkeit erhält jeder Teilnehmer von der Organisation Anreize materieller und immaterieller Art zur Bedürfnisbefriedigung und leistet dafür Beiträge.[75] Dabei wird jeder Teilnehmer seine Beziehung zur Organisation so lange aufrechterhalten und entsprechend Beiträge erbringen, wie er die Differenz zwischen Anreizen und Beiträgen subjektiv als größer empfindet, als wenn er die Organisation verlassen würde.[76] Die Teilnehmer machen also Eintritt bzw. Verbleib in Organisationen und ihren produktiven Beitrag dort abhängig von der Befriedigung ihrer Anreizerwartungen.[77] Je größer die Differenz zwischen gebotenen Anreizen und zu leistenden Beiträgen ist, desto zufriedener ist der Arbeitnehmer. Die Messung dieses Verhältnisses erfolgt subjektiv auf Basis der momentanen Nutzenpräferenzen.[78] Für das Personalmarketing ergibt sich aus diesem Ansatz, dass „zumindest so viele Anreize mit [...] [dem] Produkt [Arbeitsplatz] verbunden werden, dass die vom Unternehmen geforderten Beiträge von den potenziellen Mitarbeitern zumindest nicht zu einer subjektiv empfundenen Negativbilanz führen [...]".[79] Falls ein solches Ungleichgewicht zu Lasten der Mitarbeiter entsteht, sinkt die Arbeitszufriedenheit und die Bereitschaft steigt, nach Arbeitsalternativen zu suchen und die Organisation zu verlassen.[80]

Ein erfolgreiches Personalmarketing muss also bei der Gestaltung der Anreize (des Unternehmens) und der Beiträge (der Bewerber/Mitarbeiter) ansetzen. In Analogie zum Wettbewerb um Kunden gilt: „Entscheidend für den Erfolg eines Unternehmens als Arbeitgeber ist, dass es die wichtigsten Anforderungen der potenziellen [und der bereits eingestellten]

---

[72] Vgl. March, J. G./ Simon, H. (1958), S. 83 ff. Bei dieser handelt es sich um eine Weiterentwicklung der Koalitionstheorie von *Barnard* und *Simon/Smithburg/Thompson*. Vgl. Barnard, C. I. (1938), Simon, H. A. et al. (1950). Zur Entstehung und Verwendung der Anreiz-Beitrags-Theorie vgl Ende, W. (1982), S. 125 f.

[73] Vgl. Blumenstock, H. (1994), S. 53. Erstmals verwandt wurde die Anreiz-Beitrags-Theorie als Basis eines Personalmarketing-Ansatzes von *Eckardstein/Schnellinger*. Vgl. Eckardstein, D. v./ Schnellinger, F. (1975), Sp. 1596 f.

[74] Vgl. Cyert, R. M./ March, J. G. (1992), S. 31, Dietmann, E. (1993), S. 139 ff.

[75] Vgl. Staehle, W. (1991), S. 399 f.

[76] Vgl. March, J. G./ Simon, H. (1958), S. 84, Wiegran, G. (1993), S. 11.

[77] Vgl. Blumenstock, H. (1994), S. 55 f.

[78] Vgl. March, J. G./ Simon, H. (1958), S. 85.

[79] Weibler, J. (1996), S. 305.

[80] Vgl. March, J. G./ Simon, H. (1958), S. 86.

Mitarbeiter besser erfüllt als die konkurrierenden Arbeitgeber; in diesem Fall hat es Wettbewerbsvorteile."[81] Dieser Grundgedanke kommt im Strategischen Dreieck zum Ausdruck (vgl. Abbildung 2). [82]

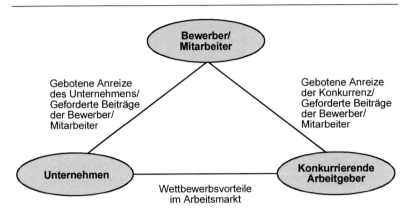

Abbildung 2   Strategisches Dreieck im Personalmarketing

Das Strategische Dreieck zeigt das Zusammenspiel von Bewerbern bzw. Mitarbeitern, dem eigenen Unternehmen und der Konkurrenz am Arbeitsmarkt auf. Um in diesem Zusammenspiel erfolgreich zu sein, muss ein Unternehmen die Bedürfnisse von Bewerbern und Mitarbeitern erforschen sowie angemessene Anreize entwickeln und kommunizieren. Damit ist eine bewusste Positionierung des Unternehmens am Markt verbunden.[83] Die Anreize müssen von Bewerbern und Mitarbeitern wahrgenommen werden, sie müssen sich von den Angeboten der anderen Unternehmen abheben, sie dürfen nicht von anderen Unternehmen leicht einhol- oder imitierbar sein und sie müssen für die Bewerber und Mitarbeiter bedeutsam sein.[84]

Obwohl viele Ansätze des Personalmarketings dieses Grundverständnis teilen, sind die daraus abgeleiteten Einzelansätze sehr heterogen. Im

---

[81]   Simon, H. et al. (1995), S. 16.
[82]   Vgl. Simon, H. et al. (1995), S. 16, Sebastian, K.-H. et al. (1988), S.1002, Sebastian, K.-H. (1987). S. 35, Hungenberg, H. (2004), S. 79 f. Dabei handelt es sich um eine Übertragung der Arbeit von Simon, H. (1988) auf das Personalwesen.
[83]   Vgl. Stachon, D. (2002), S. 30, Blumenstock, H. (1994), S. 60, Gaugler, E. (1990), S. 77, Drumm, H. J. (2000), S. 335 f.
[84]   Vgl. Sebastian, K.-H. et al. (1988), S. 1000 f.

Folgenden soll ein Überblick über die verschiedenen Strömungen gegeben werden.

2.2.2. Entwicklung einer Personalmarketing-Konzeption

Zahlreiche Autoren haben versucht, die unterschiedlichen Personalmarketing-Ansätze zu systematisieren. Die einzelnen Veröffentlichungen werden im Folgenden chronologisch dargestellt. Innerhalb der jeweiligen Systematik werden zuerst die Konzepte mit dem weitesten Geltungsanspruch dargestellt, danach verringert sich der Geltungsanspruch schrittweise. Für jede Konzeption werden ihre Hauptaussage bzw. ihr Verständnis von Personalmarketing kurz dargestellt sowie die jeweiligen Vertreter genannt.

Mit der Darstellung der verschiedenen Ansätze werden zwei Ziele verfolgt. Zum einen soll gezeigt werden, dass keine eindeutige Definition von Personalmarketing existiert, sondern mit dem Begriff „Personalmarketing" viele verschiedene Facetten verbunden werden. Zum anderen wird bei der Betrachtung der verschiedenen Systematiken deutlich, dass sie implizit auf ähnliche Kriterien zurückgreifen. Deshalb wird im Anschluss an die Überblicksdarstellung ein Bezugsrahmen aufgezeigt, in welchen sich die beschriebenen Ansätze einordnen lassen. In diesen Bezugsrahmen wird dann das Verständnis von Hochschulmarketing, welches dieser Arbeit zugrunde liegt, eingebettet.

Kategorie	Hauptaussage/Verständnis von Personalmarketing	Vertreter u.a.
Systematik nach (Bleis 1992)		
"Neues" Verständnis (ab 1987)	Gewinnung neuer bzw. Bindung bestehender Mitarbeiter durch langfristige, nutzenorientierte und systematische Strategie.	(Fröhlich 1987b), (Sebastian 1987), (Strutz 1989), (Töpfer/ Poersch 1989), (Baldus/ Holling 1989).
"Klassisches" Verständnis (1968 - 1975)	Ausrichtung an den Bedürfnissen der Arbeitskräfte mittels mitarbeiterorientierter Personalpolitik.	(Eckardstein/ Schnellinger 1971), (Schmidbauer 1975), (Ruhleder 1978), (Wagner 1984).
Systematik nach (Bartscher/ Fritsch 1992)		
Arbeitsmarktorientierte Führung aller Unternehmensbereiche	Orientierung an Mitarbeitern aufgrund der Dienstleistungsfunktion des Unternehmens.	(Eckardstein/ Schnellinger 1975).
Orientierungsrahmen für personalpolitische Aufgaben	Spezifische Ausrichtung von personalpolitischen Instrumenten an Mitarbeiterbedürfnissen.	(Zimmer 1979).
Arbeitsplatz-Marketing	Vermittlung der Attraktivität des Arbeitsplatzes mittels Personalwerbung an derzeitige und potenzielle Mitarbeiter.	(Hunziker 1973), (Fischer 1973), (Schmidbauer 1975).
Internal Marketing	Instrumentarium zur Bildung von absatzmarktstrategisch erwünschtem Personal.	(Stauss/ Schulze 1990), (Grönroos 1981).

Tabelle 3   Systematisierung von Personalmarketing-Ansätzen (1. Teil)

Kategorie	Hauptaussage/Verständnis von Personalmarketing	Vertreter u.a.
Systematik nach (Dietmann 1993)		
Management-Funktion in modernen Unternehmen	Führungsaufgabe des Betriebes und umfassendes personalpolitisches Konzept.	(Rippel 1973).
Strategisches Personalmarketing nach Staude	Attraktive Beurteilung bei potenziellen und vorhandenen Mitarbeitern.	(Staude 1989).
Strategisches Personalmarketing nach Fröhlich	Gewinnung, Qualifizierung und Erhaltung von geeigneten Mitarbeitern.	(Fröhlich 1987b).
Geistiges Rüstzeug zur Lösung von Personalproblemen	Orientierung an den Bedürfnissen der Arbeitskräfte unter Beachtung der Wirtschaftlichkeit.	(Eckardstein/ Schnellinger 1971).
Fokus auf Personalbeschaffung	Personalwirtschaftliche Denk- und Handlungskonzeption mit Bezug auf neue Mitarbeiter.	(Seiwert 1985).
Integrale Bearbeitung des außerbetrieblichen Personalmarktes	Maßnahmen und Instrumente zur Werbung und Beschaffung von Personal.	(Hunziker 1973).
Internal Marketing	Normative Ausrichtung unternehmerischer Entscheidungen an Bedürfnissen der Mitarbeiter und Instrumente zur Sicherstellung eines kundengerechten Personalverhaltens.	(Berry et al. 1976), (George 1977), (Grönroos 1981), (Berry 1981), (Berry 1983), (Berry 1984).

Tabelle 4   Systematisierung von Personalmarketing-Ansätzen (2. Teil)

Kategorie	Hauptaussage/Verständnis von Personalmarketing	Vertreter u.a.
Systematik nach (Staffelbach 1995)		
Wettbewerbsposition auf Arbeitsmärkten	Gestaltung von Beschäftigungsbedingungen zur besseren Abdeckung von Bedürfnissen und Werthaltungen potenzieller Arbeitnehmer im Vergleich zur Konkurrenz.	(Drumm 1992), (Scholz 1992), (Scholz 1993).
Personal-Marketing-Mix	Systematische Gestaltung eines optimalen, an den Bedürfnissen der Mitarbeiter orientierten Maßnahmen-Mixes.	(Wunderer 1991).
Personalwerbung	Unterstützung Personalsuche/-anwerbung durch Beschaffungsaktivitäten.	(Hunziker 1973).
Systematik nach (Scholz 1995)		
Heuristisches Personalmarketing	Verständnis der Determinanten der Arbeitsplatzwahl/ des Arbeitsverhaltens und Umsetzung in Handlungsstrategien.	(Staffelbach 1986).
Generelles Orientierungsprinzip	Schaffung einer positiven Einstellung bei gegenwärtigen und zukünftigen Mitarbeitern durch zielgerichteten Einsatz personalpolitischer Instrumente.	(Gaugler 1990), (Scholz 1993).
Umfassendes Personalmarketing	Personalforschung und Profilierung auf dem internen und externen Arbeitsmarkt.	(Eckardstein/ Schnellinger 1971), (Kreklau 1974a).
Externes Personalmarketing	Erschließung des externen Arbeitsmarktes.	(Hunziker 1973), (Drumm 1992).

Tabelle 5   Systematisierung von Personalmarketing-Ansätzen (3. Teil)

Kategorie	Hauptaussage/Verständnis von Personalmarketing	Vertreter u.a.
Systematik nach (Simon et al. 1995)		
Personalmarketing im weiten Sinne	Mitarbeiterorientierte Personalpolitik zur Gewinnung, Qualifizierung und Erhaltung von geeigneten Mitarbeitern.	(Scholz 1992), (Scholz 1994), (Strutz 1993a).
Personalmarketing im engen Sinne	Erschließung des externen Arbeitsmarktes.	(Hunziker 1973), (Drumm 1995).
Systematik nach (Thom/ Zaugg 1996)		
Umfassendes Denk- und Handlungskonzept	Ausrichtung auf Bedürfnisse vorhandener und potenzieller Mitarbeiter.	(Fröhlich 1987a), (Staude 1989), (Strutz 1989), (Wunderer 1991), (Bartscher/ Fritsch 1992).
Operatives Instrument	Gewinnung von Arbeitskräften am externen Arbeitsmarkt.	(Seiwert 1985), (Drumm 1995).
Kein eigenständiges Untersuchungsfeld	Lediglich Umschreibung für bedürfnisgerechte Personalpolitik.	(Staffelbach 1986).
Systematik nach (Süß 1996)		
Unternehmensführungs-Ansatz	Ausrichtung sämtlicher Unternehmensaktivitäten an den Vorstellungen und Bedürfnissen der vorhandenen und potenziellen Mitarbeiter.	(Eckardstein/ Schnellinger 1975), (Ruhleder 1978).
Personalmanagement-Ansatz	Betrachtung des gesamten Personalwesens aus Perspektive des Personalmarketings.	(Berger/ Geissler 1968), (Schmidbauer 1975), (Fröhlich 1987b), (Staude 1989), (Grönig/ Schweihofer 1990).
Subfunktion des Personalmanagements	Gewinnung neuer Mitarbeiter durch Personalwerbung und -beschaffung.	(Hunziker 1973), (Wagner 1984), (Seiwert 1985).

Tabelle 6   Systematisierung von Personalmarketing-Ansätzen (4. Teil)

Kategorie	Hauptaussage/Verständnis von Personalmarketing	Vertreter u.a.
Systematik nach (Scholz 2000)		
Heuristisches Personalmarketing	Orientierung des Unternehmens an Interessen und Erwartungen der (potenziellen) Mitarbeiter.	(Eckardstein/ Schnellinger 1975), (Dietmann 1993).
Explizites Personalmarketing	Zielgerichteter Einsatz personalpolitischer Instrumente zur Schaffung einer positiven Einstellung bei gegenwärtigen und zukünftigen Mitarbeitern.	(Strutz 1989).
Operatives Instrument	Gewinnung von Arbeitskräften am externen Arbeitsmarkt.	(Drumm 1995).
Implizites Personalmarketing	Kein eigenständiger Begriff, aber dennoch handlungsbezogene Konsequenzen.	(Staffelbach 1986).
Systematik nach (Wöhr 2002)		
Unternehmensführungs-Ansatz	Ausrichtung sämtlicher Unternehmensaktivitäten an den Vorstellungen und Bedürfnissen der vorhandenen und potenziellen Mitarbeiter.	(Rippel 1973), (Ruhleder 1978), (Meyer 1988).
Personalpolitische Konzeption	Transformation des Personalmanagements zu einem mitarbeiterorientierten Dienstleistungsmanagement.	(Eckardstein/ Schnellinger 1975), (Schmidbauer 1975), (Fröhlich 1987b), (Strutz 1992), (Strutz 1993b), (Hummel/ Wagner 1996), (Zaugg 1996).
Personalbeschaffungsmarketing	Langfristige Erschließung und Bindung externer Mitarbeiterpotenziale.	(Moser 1992), (Ahlers 1994), (Simon et al. 1995), (Süß 1996).
Personalwerbung	Kurzfristige Deckung des Personalbedarfs auf dem externen Arbeitsmarkt.	(Overbeck 1968), (Hunziker 1973), (Seiwert 1985).

Tabelle 7   Systematisierung von Personalmarketing-Ansätzen (5. Teil)

Kategorie	Hauptaussage/Verständnis von Personalmarketing	Vertreter u.a.
Systematik nach (Stachon 2002)		
Marktbezogene Denk- und Handlungskonzeption	Ausrichtung der Unternehmens- und Personal-politik an den Vorstellungen und Bedürfnissen der vorhandenen und potenziellen Mitarbeiter.	(Rippel 1974), (Schmidbauer 1975), (Eckardstein/ Schnellinger 1975), (Fröhlich 1987b), (Meyer 1988).
Unternehmenspolitisches Instrumentarium	Konsequente Umsetzung des Marketinggedankens im Personalbereich.	(Comelli 1970), (Schredl 1972).
Kein eigenständiges Untersuchungsfeld	Lediglich Umschreibung für bedürfnisgerechte Personalpolitik.	(Lauterburg 1972), (Staffelbach 1986).
Systematik nach (Bröckermann/ Pepels 2002)		
Ansatz der Mitarbeiterorientierung	Orientierung an Mitarbeitern aufgrund der Dienstleistungs-funktion des Unternehmens.	(Eckardstein/ Schnellinger 1975).
Orientierungsrahmen für die Personalwirtschaft	Zielgerichteter Einsatz personalpolitischer Instrumente zur Schaffung einer positiven Einstellung bei gegenwärtigen und zukünftigen Mitarbeitern.	(Scholz 2000).
Arbeitsplatz-Marketing	Vermittlung der Attraktivität des Arbeitsplatzes mittels Personalwerbung an derzeitige und potenzielle Mitarbeiter.	(Schanz 1993), (Krieg/ Ehrlich 1998).
Internal Marketing	Ausrichtung von Beschäftigten und Arbeitsplätzen an Kundenwünschen.	(Bruhn 1995).

Tabelle 8   Systematisierung von Personalmarketing-Ansätzen (6. Teil)

Die verschiedenen Systematiken greifen bei der Ordnung der bestehenden Ansätze implizit auf bestimmte Kriterien zurück. Mehrfach werden Ansätze beispielsweise nach dem Kriterium unterschieden, ob auf internes/bestehendes oder externes/anzuwerbendes Personal Bezug genommen wird.[85] Andere Kriterien, welche bei der Systematisierung Berücksichtigung finden, sind die verschiedenen Zielsetzungen (Mit-

---

[85]   Vgl. Bartscher, T./ Fritsch, S. (1992), Dietmann, E. (1993), Staffelbach, B. (1995), Scholz, C. (1995), Scholz, C. (2000).

arbeiterorientierung vs. Nutzenorientierung),[86] der Zeitbezug (langfristig vs. kurzfristig)[87] oder die „Konkretheit" (Handlungskonzept vs. Denkhaltung)[88]. Diese Kriterien lassen sich logisch zu einem Bezugsrahmen des Personalmarketings ordnen (vgl. Abbildung 3).

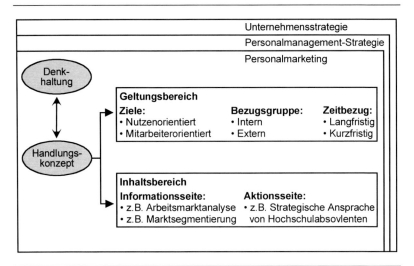

Abbildung 3   Bezugsrahmen des Personalmarketings89

Personalmarketing ist Bestandteil des Personalmanagements und somit der Unternehmensstrategie untergeordnet.[90] Aufgrund der Übertragung des Generic Concept of Marketing auf den Personalbereich und der Fundierung auf der Anreiz-Beitrags-Theorie kann es als austauschorientierte Denkhaltung bzw. Handlungskonzeption verstanden werden.[91]

Personalmarketing als Denkhaltung wirkt als Leitbild und Denkweise in den Köpfen der Entscheidungsträger auf allen Ebenen des Unternehmens. Gerade eine Verankerung in den Köpfen der Führungskräfte ist wichtig, um sicherzustellen, dass Personalmarketing-Grundsätze als generelles

---

86   Vgl. Bleis, T. (1992), Bröckermann, R./ Pepels, W. (2002), Blumenstock, H. (1994).

87   Vgl. Süß, M. (1996), Wöhr, M. (2002).

88   Vgl. Thom, N./ Zaugg, R. (1996), Stachon, D. (2002), Blumenstock, H. (1994).

89   In Anlehnung an Franke, N. (2000), S. 77. Vereinfachende Darstellung der Elemente der Informations- und Aktionsseite zur Erstellung des Bezugsrahmens, wobei die Konkretisierung in den folgenden Kapiteln erfolgt.

90   Vgl. Scholz, C. (1995), S. 2005, Ahlers, F. (1994), S. 114 f., Blumenstock, H. (1994), S. 68.

91   Vgl. Dietmann, E. (1993), S. 146 ff.

Orientierungsprinzip für alle Teilbereiche des Personalmanagements festgeschrieben werden.[92]

Personalmarketing als Handlungskonzept wiederum bedeutet, dass die Leitsätze des Personalmarketings auch umgesetzt werden müssen. Dazu wird im Geltungsbereich der zugrundeliegende Begriff konkretisiert, indem Ziele, Bezugsgruppen und der Zeitbezug näher erläutert werden. Der Inhaltsbereich beschreibt die konkreten Inhalte einer zielführenden Konzeption. Dazu müssen zuerst die benötigten Informationen über die Austauschbedingungen besorgt und analysiert werden, um darauf aufbauend konkrete Aktionen zur Tauschanbahnung und Durchführung abzuleiten.[93]

2.3. Einordnung des Hochschulmarketings in die Personal-marketing-Konzeption

Die hier vorliegende Arbeit begreift Hochschulmarketing[94] als denjenigen Teil des Personalmarketings, der sich mit der externen Bezugsgruppe der Hochschulstudenten bzw. -absolventen befasst. Es handelt sich um eine fokussierte Form der Nachwuchsgewinnung, bei der die Marketinganstrengungen auf Hochschulen konzentriert werden. Überträgt man den allgemeinen Bezugsrahmen des Personalmarketings auf den spezifischen Bereich des Hochschulmarketings, so kann auch das Hochschulmarketing durch seinen Geltungs- und Inhaltsbereich beschrieben werden.

Im Geltungsbereich des Hochschulmarketings soll in dieser Arbeit von einem nutzenorientierten Gestaltungsziel mit strategischer Perspektive ausgegangen werden. Der primäre Nutzen liegt in der Suche und Gewinnung von High Potentials für Unternehmen. Damit dies gelingt, müssen im Rahmen des Hochschulmarketings Attraktivitätsvorteile gegenüber konkurrierenden Unternehmen geschaffen, optimiert und kommuniziert werden.[95] Neben diesem Aspekt der Nachwuchskräfterekrutierung kommen als sekundäre Nutzenpotenziale Wissens- und Technologietransfer von der Hochschule zu den Unternehmen sowie die Beeinflussung von zukünftigen betrieblichen Entscheidungsträgern oder

---

[92]   Vgl. Strutz, H. (1992), S. 9 f., Staude, J. (1989), S. 176, Wunderer, R. (1991), S. 127 f.
[93]   Vgl. Wunderer, R. (1975), S. 1689 ff., Eckardstein, D. v./ Schnellinger, F. (1975), S. 1592 ff.
[94]   Im Gegensatz zu dieser Arbeit wird teilweise auch die Nutzung von Marketingprinzipien durch die öffentliche Institution Hochschule als „Hochschul-Marketing" bezeichnet. Vgl. Topf, C. (1986), Wangen-Goss, M. (1983).
[95]   Vgl. Schanz, G. (1993), S. 284.

potenziellen Kunden in Betracht.[96] Die langfristige, strategische Perspektive des Hochschulmarketings zeigt sich an zwei Punkten. Zum einen setzt Hochschulmarketing bereits frühzeitig beim Studenten an und nicht erst nach erfolgreichem Studienabschluss beim Absolventen. Zum anderen soll auch in Zeiten verringerter Nachfrage nach Arbeitskräften die Kontinuität im Hochschulmarketing gewahrt werden, um nicht an Attraktivität als Arbeitgeber zu verlieren.[97] Ein kontinuierlicher Zustrom an qualifizierten Bewerbern lässt sich nur durch ein langfristig angelegtes und permanent gepflegtes Hochschulmarketing sicherstellen.[98]

Im Inhaltsbereich des Hochschulmarketings sind die Maßnahmen abgedeckt, mit deren Hilfe die verfolgten Ziele erreicht werden sollen.[99] Dazu zählt ein Maßnahmenpaket auf der Informationsseite, welche mit der Gewinnung von Arbeitsmarkt- und Zielgruppeninformationen sowie der Marktsegmentierung die Grundlage für alle Hochschulmarketingaktivitäten bereitet. Hierauf baut die Aktionsseite auf, welche aus zielgerichteten, aufeinander inhaltlich abgestimmten Einzelmaßnahmen ein Maßnahmen-paket für das Hochschulmarketing erstellt. Dabei müssen diese Maß-nahmen den Anforderungen der Zielgruppe entsprechen und gemäß deren Bedürfnissen kommuniziert werden. [100]

Als Vorteile eines fokussierten Hochschulmarketings im Vergleich zu breitgefächerten, herkömmlichen Rekrutierungswegen, wie z.B. Personal-anzeigen in Zeitungen, werden ein besseres beiderseitiges Kennenlernen von Unternehmen und Student, geringere Streuverluste, eine frühzeitige Bindung geeigneter Studenten sowie niedrigere Kosten genannt.[101] Von herausgehobener Bedeutung ist der Vorteil, dass sich beide Seiten im Rahmen des Hochschulmarketings besser kennenlernen können. Denn nicht nur das Unternehmen bildet sich ein Urteil über den Studenten, auch der Student über das Unternehmen. Dies trägt auf Seite des Studenten zu einer wohlüberlegten Arbeitgeberwahl bei, die letztlich auch im Interesse des Unternehmens ist. Auf der anderen Seite kann das Unternehmen die Möglichkeit schaffen, den Studenten über einen längeren Zeitraum unter realen Arbeitsbedingungen im Rahmen von Praktika oder Diplomarbeiten zu beobachten. [102] Geringe Streuverluste sind ein weiterer großer Vorteil

---

[96]   Vgl. Ahlers, F. (1994), S. 67 f., Söhnholz, D. (1986), S. 364.
[97]   Vgl. Bokranz, R./ Stein, S. (1989), S. 176, Fornefeld, M. (1991), S. 25.
[98]   Vgl. Freimuth, J. (1987), S. 145.
[99]   Vgl. Hunziker, P. (1973), S. 7, Zaugg, R. (1996), S. 182 f.
[100] Vgl. Teufer, S. (1999), S. 16.
[101] Vgl. Freimuth, J. (1987), S. 146, Thom, N./ Friedli, V. (2003), S. 5, Höllmüller, M. (2002), S. 70 f.
[102] Vgl. Reich, K.-H. (1990), S. 399, Ahlers, F. (1994), S. 75 f., Moll, M. (1992), S. 39 ff.

von Hochschulmarketing, da das Unternehmen dort aktiv wird, wo die Zielgruppe präsent ist.[103] Beispielsweise reduzieren im Printmedienbereich zahlreiche spezielle Publikationen für Studenten und Absolventen (z.B. FAZ Hochschulanzeiger, Handelsblatt Junge Karriere, Unicum) die Streuverluste.[104] Die Möglichkeit einer frühzeitigen Bindung von sehr qualifizierten Studenten ist kritisch zu betrachten. Denn gerade High Potentials haben eine geringe frühzeitige Bindungsbereitschaft, da sie zum Studienende keine Probleme bei der Arbeitsplatzsuche haben und sich somit zunächst ein breiteres Spektrum an potenziellen Arbeitgebern offen halten wollen.[105] Auch das Kostenargument zählt eher zu den vermeintlichen Vorteilen, da es nur sehr schwer verifizierbar bzw. falsifizierbar ist.[106]

---

[103]   Vgl. Freimuth, J. (1987), S. 146, Kolter, E. R. (1991), S. 52, Hauer, G. et al. (2002), S. 73 f.

[104]   Vgl. Simon, H. et al. (1995), S. 179 f.

[105]   Vgl. Ahlers, F. (1994), S. 73.

[106]   Vgl. Ahlers, F. (1994), S. 74.

3.   Die Informationsseite des Hochschulmarketings

Im vorangegangenen Kapitel wurde der Geltungsbereich des Hochschulmarketings genauer dargestellt. Es wurde herausgearbeitet, dass sich Hochschulmarketing an die externe Bezugsgruppe Hochschulstudenten bzw. -absolventen richtet und dabei ein nutzenorientiertes Gestaltungsziel mit strategischer Perspektive verfolgt. Damit auf der Aktionsseite strategische Hochschulmarketing-Konzepte und operative Maßnahmen entwickelt werden können, ist es unabdingbar, über ausreichend fundierte Informationen vom Arbeitsmarkt zu verfügen.[107] Personalmarketing sollte deshalb stets mit der Erfassung und Verarbeitung von Daten beginnen. In einem ersten Schritt sind dazu vor allem Informationen zusammenzutragen und auszuwerten, welche zum Verständnis des Personalmarkts beitragen und Zieldefinition, Entscheidungsfindung sowie Handeln im Personalmarketing ermöglichen.[108] Deshalb werden im folgenden Abschnitt über die Informationsgewinnung für das Hochschulmarketing diese benötigten Informationen vorgestellt und Methoden aufgezeigt, mit deren Hilfe diese Informationen gewonnen werden können.[109] Aufgrund der Heterogenität der Bezugsgruppe Hochschulstudenten bzw. -absolventen und der Ausrichtung der Arbeit auf die Zielgruppe High Potentials ist anschließend eine Segmentierung des Arbeitsmarkts notwendig.[110] Diese erfordert eine klare Definition und Beschreibung der Zielgruppe High Potentials, um darauf aufbauend Segmentierungskriterien zu ihrer Erfassung, Differenzierung untereinander und Abgrenzung zu den übrigen Studenten herauszuarbeiten. Diese Markterfassung bildet den Ausgangspunkt für die Aktionsseite, in welcher die Marktbearbeitung der einzelnen Segmente strategisch und operativ geplant wird.[111]

3.1.   Informationsgewinnung für das Hochschulmarketing

Die große Relevanz der Informationsgewinnung für das Hochschulmarketing ergibt sich aus der Tatsache, dass unzutreffende Informationen im Rahmen der Marktsegmentierung zu einer fehlerhaften Auswahl oder Bearbeitung der Zielgruppen und letztendlich zu Fehleinstellungen führen

---

[107]   Vgl. Scherm, E. (1990), S. 1, Eisele, D./ Horender, U. (1999), S. 27, Overbeck, J.-F. (1968), S. 28 f.

[108]   Vgl. Wöhr, M. (2002), S. 36, Ahlers, F. (1994), S. 118 f., Zaugg, R. J. (2002), S. 14 f., Giesen, B. (1998), S. 88.

[109]   Vgl. Fröhlich, W. (1987b), S. 57.

[110]   Vgl. Drumm, H. J. (2000), S. 340.

[111]   Vgl. Schmidtke, C./ Backes-Gellner, U. (2002), S. 323 f., Schmidtke, C. (2002), S. 35.

können.[112] Dabei ermöglichen die im Rahmen der Informationsgewinnung durchgeführten Analysen eine erste, grobe Abgrenzung des relevanten Arbeitsmarktes. Eine solche Einschränkung erlaubt gezieltere Analysen, die in eine Segmentierung des Arbeitsmarktes münden.[113] Im Kontext der vorliegenden Arbeit interessieren vor allem solche Aktivitäten der Informationsgewinnung, mit deren Hilfe Informationen zusammengetragen und ausgewertet werden, die Aussagen und Schlussfolgerungen zur Vorbereitung von Hochschulmarketingentscheidungen liefern können.[114] Aufbauend auf dem Ansatz des Strategischen Dreiecks[115] müssen Informationen über das Unternehmen, die Bewerber sowie die konkurrierenden Unternehmen beschafft werden.[116]

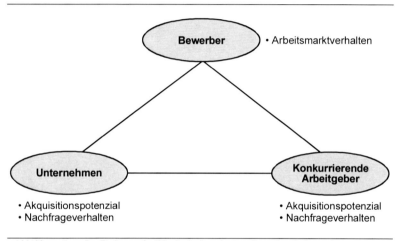

Abbildung 4   Im Rahmen des Hochschulmarketings benötigte Informationen

Dabei sollen Informationen über das Akquisitionspotenzial und das Nachfrageverhalten am Arbeitsmarkt des eigenen Unternehmens und der konkurrierenden Arbeitgeber gewonnen werden. Des Weiteren sind Informationen über das Arbeitsmarktverhalten der Bewerber wesentlich,

---

112 Vgl. Zaugg, R. (1996), S. 157, Kühn, R. (1995), S. 17.
113 Vgl. Stickel, D. L. (1995), S. 42, Zaugg, R. (1996), S. 155 ff., Kotler, P. et al. (2003), S. 442 ff., Seiwert, L. (1985), S. 350, Dietmann, E. (1993), S. 201.
114 Vgl. Thom, N./ Zaugg, R. (1994), S. 73, Strutz, H. (1993b), S. 8.
115 Vgl. Kap. 2.2.1.
116 Vgl. Reich, K.-H. (1989), S. 10 f.

um weitere Schritte des Hochschulmarketings planen zu können (vgl. Abbildung 4).[117]

3.1.1. Ermittlung des Akquisitionspotenzials der Unternehmen

Das Akquisitionspotenzial eines Unternehmens bezeichnet seine Fähigkeit, Bewerber zum Eintritt ins eigene Unternehmen zu bewegen. Dabei treten Bewerber nur dann in ein Unternehmen ein, wenn mit dieser Entscheidung Vorteile verbunden sind, welche von konkurrierenden Arbeitgebern nicht in gleichem Maße erfüllt werden. Deshalb muss das Akquisitionspotenzial sowohl für das eigene Unternehmen als auch für konkurrierende Arbeitgeber ermittelt werden, damit eine Abgrenzung des eigenen Beschäftigungsangebots zum Wettbewerb möglich ist.[118] Dabei sollte die Auswahl der Referenzwettbewerber aus Sicht der potenziellen Bewerber erfolgen, so dass beispielsweise der Hauptwettbewerber auf dem Absatzmarkt nicht notwendigerweise der geeignete Vergleichsmaßstab ist.[119] Zur Ermittlung des Akquisitionspotenzials sollten die folgenden Punkte analysiert werden, welche eine Differenzierung zwischen Unternehmen ermöglichen:[120]

- die Unternehmensziele und -strategie,

- die Unternehmenskultur, z.B. die Werthaltungen im Unternehmen gegenüber ökologischen Problemen,

- die Organisationsstruktur ,

- die wirtschaftliche Entwicklung des Unternehmens, z.B. die erwartete zukünftige Ertragslage,

- die Arbeitszufriedenheit der Mitarbeiter,

- die Personalführung und Einbindung der Mitarbeiter, z.B. der Grad der Autonomie der Mitarbeiter,

- die Personalentwicklung, z.B. die Ausbildung und der Aufstieg von Berufsanfängern,

---

[117] Vgl. Drumm, H. J. (2000), S. 337, Stachon, D. (2002), S. 78, Zaugg, R. (1996), S. 143 ff., Dietmann, E. (1993), S. 199, Reich, K.-H. (1993), S. 167 ff.
[118] Vgl. Drumm, H. J. (2000), S. 334 ff.
[119] Vgl. Kotler, P. et al. (2003), S. 571 f., Birker, K. (2002), S. 25, Dietmann, E. (1993), S. 252.
[120] Vgl. Zaugg, R. (1996), S. 149 f., Giesen, B. (1998), S. 87, Drumm, H. J. (2000), S. 335 f., Blumenstock, H. (1994), S. 90 ff.

- die Personalvergütung, z.B. durch Erfolgs- und Vermögensbeteiligung oder mittels Sozialeinrichtungen bzw. sonstiger Sozialpolitik,

- die Arbeitszeitmodelle, z.B. im Rahmen von Perioden- oder Lebensarbeitszeit,

- der Unternehmensstandort, z.B. die Einkaufsmöglichkeiten, die Betreuung von Kleinkindern oder die Schul- und Freizeitangebote einschließlich kultureller Angebote,

- die Wahrnehmung des Unternehmens durch Bewerber, z.B. das Arbeitgeberimage.

3.1.2. Ermittlung des Nachfrageverhaltens der Unternehmen

Im Nachfrageverhalten kommen die Anstrengungen eines Unternehmens zum Ausdruck, am unternehmensexternen Arbeitsmarkt neue Mitarbeiter zu gewinnen. Je ausgeprägter das Nachfrageverhalten sowohl des eigenen als auch der konkurrierenden Unternehmen ist, desto größer ist die Intensität des Wettbewerbs um qualifizierte Bewerber und desto entscheidender ist das Akquisitionspotenzial des Unternehmens.[121] Um diese Intensität einschätzen zu können, sollten folgende Punkte in bezug auf das eigene Unternehmen und seine Konkurrenten untersucht werden:[122]

- der Personalbestand und die Personalfluktuation, z.B. durch Strukturdaten zu Anzahl und Qualifikation der Mitarbeiter,

- der Personalbedarf in den verschiedenen Personalkategorien, z.B. mittels quantitativer und qualitativer Angaben zum Personalbedarf,

- die konjunkturellen und technologischen Einflüsse auf die Arbeitskräfte-nachfrage,

- die Einflussabsichten des Staates zu einer Veränderung der Struktur des Arbeitsmarktes, z.B. durch die Arbeitszeit- und Beschäftigungspolitik.

3.1.3. Ermittlung des Arbeitsmarktverhaltens der Bewerber

Damit Unternehmen am Arbeitsmarkt erfolgreich agieren, müssen sie ihr Akquisitionspotenzial nicht nur mit konkurrierenden Unternehmen vergleichen, sondern auch auf die Verhaltensweisen und Anforderungen

---

[121]   Vgl. Drumm, H. J. (2000), S. 85 ff.
[122]   Vgl. Zaugg, R. (1996), S. 144 ff., Drumm, H. J. (2000), S. 92 ff., Fröhlich, W. (1987b), S. 60.

von Bewerbern abstimmen.[123] Diese spiegeln sich im Arbeitsmarktverhalten der Bewerber wider. Um Bewerber besser einschätzen und
somit das Arbeitsplatzangebot besser auf sie zuschneiden zu können,
sollten folgende Punkte untersucht werden:[124]

- die Anforderungen an Arbeitgeber und Arbeitsplatz sowie die
  Einstellungen der Bewerber,

- die demographische Entwicklung, z.b. die Entwicklung des Arbeits-
  kräfteangebots in bestimmten Arbeitsmarktsegmenten,

- die Entwicklung von Berufsbildern, z.b. die Entstehung neuer Berufe
  bzw. Tätigkeitsfelder (z.b. im e-Business) oder die Entwicklung des
  Prestiges, welches mit einem Beruf verbunden ist,[125]

- die Mobilität der Bewerber, z.b. die Bereitschaft zum Wechsel des
  Wohnorts oder des Arbeitgebers.[126]

3.1.4.   Methoden der Informationsgewinnung

Im Rahmen der Untersuchung des Akquisitionspotenzials sowie des
Arbeitsmarkt- und Nachfrageverhaltens werden sowohl unternehmensinterne als auch unternehmensexterne Informationen benötigt. Dabei
stehen als Methoden der Informationsgewinnung grundsätzlich Primär-
oder Sekundärerhebungen zur Verfügung.[127]

Unternehmensinterne Daten können größtenteils durch Primärerhebungen
bei den eigenen Mitarbeitern oder Fachabteilungen beschafft werden.
Dabei kommen Instrumente, wie z.B. Mitarbeiterbefragungen oder
Gruppendiskussionen, zum Einsatz.[128] Nichtsdestotrotz können auch
Sekundärerhebungen bei der Beschaffung von unternehmensinternen

---

[123]   Vgl. Zaugg, R. (1996), S. 150.
[124]   Vgl. Wöhr, M. (2002), S. 38,. Scholz, C. (2000), S. 393, Zaugg, R. (1996), S. 147 f.,
        Giesen, B. (1998), S. 87, Blumenstock, H. (1994), S. 91.
[125]   Vgl. Thom, N./ Zaugg, R. (1994), S. 73, Wöhr, M. (2002), S. 39.
[126]   Im Rahmen einer Absolventenstudie des managermagazins halten es 56% der
        Befragten für denkbar, sich im Ausland eine Existenz aufzubauen. Des Weiteren
        erwarten 58% der Absolventen den einen oder anderen Berufswechsel. Vgl. Werle, K.
        (2005), S. 114 ff. Knapp 50 Prozent der im Rahmen des „McKinsey Global Survey of
        Business Executives" befragten Unternehmer gehen davon aus, dass die verstärkte
        Mobilität von Bewerbern und Arbeitskräften ein wichtiger Trend in den nächsten fünf
        Jahren ist. Vgl. Carden, S. D. et al. (2005), S. 19.
[127]   Vgl. Drumm, H. J. (2000), S. 90 ff., Blumenstock, H. (1994), S. 90 ff., Dietmann, E.
        (1993), S. 220 ff.
[128]   Vgl. Drumm, H. J. (2000), S. 90.

Daten nützlich sein, z.b. bei der Verwendung von Kennzahlensystemen oder Personalstatistiken.[129]

Die Erhebung von unternehmensexternen Daten wiederum stützt sich hauptsächlich auf Sekundärerhebungen. Beispielsweise können so Informationen über das Akquisitionspotenzial und Nachfrageverhalten der Wettbewerber beschafft werden. In Frage kommt das Studium von Publikationen in der Fach- und Wirtschaftspresse, von Stellenanzeigen, Prospekten sowie Rankings in Zeitschriften.[130] Geschäftsberichte von Kapitalgesellschaften sind als Informationsquellen vor allem dann interessant, wenn sie einen ausführlichen Personal- und Sozialbericht enthalten.[131] Sonstige unternehmensexterne Daten werden weitgehend mittels der Auswertung von Statistiken erfasst. Dabei werden Informationen vom Institut für Arbeitsmarkt- und Berufsforschung, dem Bundesamt für Statistik, den Statistischen Landesämtern oder lokalen Arbeitsämtern aufbereitet. Weitere Quellen für Sekundärerhebungen sind Berichte der Industrie- und Handelskammern sowie der Berufs- und Fachverbände.[132] Andererseits können auch Primärerhebungen einen Beitrag zur Erfassung von unternehmensexternen Daten leisten. So können die Erfahrungen der eigenen Mitarbeiter auf externen Arbeitsmärkten mittels Mitarbeiterbefragungen oder Gruppendiskussionen genutzt werden.[133] Auch Untersuchungen des Arbeitgeberimages, die meistens von Marktforschungsinstituten durchgeführt werden, stützen sich auf Befragungen.[134]

3.2. High Potentials als Zielgruppe des Hochschulmarketings

Die im Rahmen der Informationsgewinnung durchgeführten Analysen liefern ein besseres Verständnis des Personalmarkts und unterstützen den Entwurf eines Hochschulmarketingkonzepts auf der Aktionsseite. Damit die Maßnahmen der Aktionsseite zielgerichtet wirken, ist die Erfassung der Zielgruppe High Potentials mit Hilfe einer Marktsegmentierung notwendig. Bei dieser Marktsegmentierung werden nicht nur die Unterschiede zwischen High Potentials und normalen Bewerbern untersucht, sondern die Gruppe der High Potentials wird zudem als differenzierte Einheit mit

---

[129] Vgl. Blumenstock, H. (1994), S. 93.
[130] Vgl. Kotler, P. et al. (2003), S. 402, Link, U. (1988), S. 147.
[131] Vgl. Drumm, H. J. (2000), S. 339.
[132] Vgl. Blumenstock, H. (1994), S. 93, Drumm, H. J. (2000), S. 90 ff.
[133] Vgl. Dietmann, E. (1993), S. 222.
[134] Ein Beispiel für Untersuchungen privater Anbieter sind die Arbeiten des Trendence Instituts.

verschiedenen Merkmalen, Verhaltensaspekten und Anforderungen wahrgenommen.[135]

Um diese Unterschiede herauszuarbeiten, ist ein klares Verständnis der Zielgruppe High Potentials notwendig. In der betriebswirtschaftlichen Literatur wird aber oft auf eine nähere Charakterisierung von High Potentials verzichtet und auf ein intuitives Begriffsverständnis des Lesers vertraut.[136]

Abweichend davon sollen im Folgenden Kennzeichen von High Potentials, die sich aus ihrer Rolle als Potenzialträger ergeben, herausgearbeitet werden. Anschließend werden Ansatzpunkte aufgezeigt, um diese Potenzialträger zu identifizieren. Diese Ausführungen bilden dann die Basis für die Vorstellung und Diskussion von Segmentierungskriterien, welche für die Erfassung und Beschreibung der Zielgruppe High Potentials herangezogen werden können.[137]

3.2.1. High Potentials als Potenzialträger

High Potentials spiegeln als Potenzialträger zwei unterschiedliche Aspekte wider. Zum einen besitzen sie ein hohes Potenzial und differenzieren sich durch diese Eigenschaft von den anderen Bewerbern. Zum anderen baut auf diesem hohen Potenzial auch ein hervorgehobener Status auf, der Mitarbeitern im Unternehmen verliehen wird und an den sich bestimmte Erwartungen von Seiten des Unternehmens knüpfen.

Der Begriff Potenzial geht auf das lateinische „potentialis" zurück und bedeutet „nach Vermögen". Bei High Potentials steht ein schon bestehendes (und noch ausbaubares) bzw. generell ein hohes zu erwartendes Leistungspotenzial im Mittelpunkt.[138] Das Leistungspotenzial gibt Auskunft darüber, in welchem Maß eine Person aktuell in der Lage ist, eine bestimmte Leistung gemäß entsprechenden Anforderungen zu

---

135   Vgl. Stickel, D. L. (1995), S. 19.
136   Im Sammelband von Thiele, A./ Eggers, B. (1999) zum Personalmarketing für High Potentials findet nur in den Beiträgen von Eggers, B./ Ahlers, F. (1999) und Scholz, C. (1999) eine explizite Auseinandersetzung mit Merkmalen von High Potentials statt. Alle anderen Autoren vertrauen dagegen auf ein intuitives Verständnis des Lesers. Vgl. auch Eisele, D./ Horender, U. (1999), Kinkel, A. (1998). Teilweise wird auch zwischen High Potentials, Young Professionals, High Flyers und Talenten unterschieden, ohne klare Differenzierungsmerkmale herauszuarbeiten. Vgl. Winsen, C. v. (1999), S. 14 ff.
137   Vgl. Stickel, D. L. (1995), S. 43.
138   Vgl. Ulbrich, M. (2004), S. 34, Eggers, B./ Ahlers, F. (1999), S. 39.

erbringen.[139] Dabei richtet sich das Leistungspotenzial nach der maximal möglichen Kompetenzausprägung einer Person in einer Anforderungssituation. Je höher diese Ausprägung ist, um so größer ist die Chance, dass gestellte Anforderungen mühelos bewältigt werden.[140]

Unternehmen rekrutieren bzw. fördern gezielt solche hochqualifizierten Mitarbeiter und verleihen ihnen den Status eines „High Potentials". Dies kennzeichnet die Mitarbeiter als Nachwuchskräfte[141], die dafür vorgesehen sind, Führungspositionen[142] zu übernehmen und die momentan dabei sind, sich für diese Positionen zu qualifizieren.[143]

Ein Hochschulstudium ist im Allgemeinen eine wichtige erste Qualifizierungsmaßnahme für Führungspositionen. Hochschulabsolventen bzw. Studenten stellen somit das Reservoir für zukünftige Führungskräfte dar.[144] Konzentriert man sich auf diese Zielgruppe, so werden High Potentials in frühen Karrierephasen betrachtet. Nach ihrer Rekrutierung sollen sie durch spezifische Personalentwicklungsmaßnahmen dabei gefördert werden, ihr Leistungspotenzial zu aktivieren. Diese Maßnahmen zielen darauf ab, High Potentials für Management-Positionen vorzubereiten, für welche sie eher (und schneller) als ihre Altersgenossen geeignet sind. Für die Entfaltung ihres vollen Leistungspotenzials steht ihnen aber nur eine begrenzte Zeit zur Verfügung. Falls sie den Anforderungen nicht gewachsen sind und nicht ihr volles Leistungspotenzial aktivieren, kann ihr Status als High Potential eines Unternehmens auch widerrufen werden.[145]

---

[139] Vgl. Ulbrich, M. (2004), S. 30. Neben diesem grundsätzlichen Potenzialbegriff werden in der Literatur weitere Begriffe verwendet, die in einem bestimmten Anwendungszusammenhang entstanden sind. In der Literatur über Führungskräfte und deren Entwicklung z.B. die Begriffe „Führungspotenzial" (Eberle, W./ Hartwich, E. (1995)), „Mitarbeiterpotenzial" (Kratz, H.-J. (1998)), „Inneres Potenzial" (Zopf, R./ Peters, R. (2002), Houston, J. (1999)), „Kreatives Potenzial" (Franke, R. (1997)), „Psychologisches Potenzial" (Dürr, V. (1998)), „Management-Potenzial" (Bleicher, K./ Hahn, B. (1995)) oder „Qualifikationspotenzial" (Hungenberg, H. (1990)).

[140] Vgl. Weidemann, A./ Paschen, M. (2002), S. 23.

[141] Vgl. Kirchgeorg, M./ Lorbeer, A. (2002), S. 3, Grobe, E. (2003), S. 9, Franke, N. (1999), S. 890, Simon, H. et al. (1995), S. 89, Franke, N. (2000), S. 83, Scholz, C. (1999), S. 30, Kienbaum, C. I. (2002), S. 6 f.

[142] Vgl. Derr, C. B. et al. (1988), S. 275, Eggers, B. et al. (1999), S. 198, Kirchgeorg, M./ Lorbeer, A. (2002), S. 3, Chambers, E. G. et al. (1998), S. 47, Simon, H. et al. (1995), S. 89 ff., Franke, N. (1999), S. 905, Wulf, T./ Lackner, S. (2001), S. 585.

[143] Vgl. Widmaier, S. (1991), S. 20.

[144] Vgl. Rosenstiel, L. v. et al. (1989), S. 20 ff.

[145] Vgl. Scholz, C. (1999), S. 30, Kirchgeorg, M./ Lorbeer, A. (2002), S. 3, Viney, C. et al. (1996), S. 174, Burke, L. (1997), S. 18, Kunz, G. (2004), S. 41 f.

Diese Begriffsfassung deckt sich mit den Ergebnissen einer Befragung von 33 US-Konzernen. Dort wurden High Potentials ähnlich definiert: *„"Potential" was operationally defined as the ability to move up into specific managerial positions to which the corporation attaches value. Some additional elements of the respondents` definition of HIPOs were: (1) they advance and change roles faster than their peers; (2) their careers are carefully monitored and managed by senior line executives, human resource professionals and management review committees; (3) because of such close scrutiny and career management, HIPOs are a small and elite group; [...] (5) HIPOs are healthy and dedicated, and the company can count on their stamina and their willingness to make the necessary personal sacrifices to continue in their fast-paced career paths."*[146]

Das Hochschulmarketing, das im Rahmen dieser Arbeit im Blickpunkt steht, dient dazu, eine Ansprache und Rekrutierung von High Potentials in frühen Karrierephasen zu ermöglichen. In diesem Sinne werden hier unter High Potentials Studenten bzw. Hochschulabsolventen vor dem Berufseinstieg verstanden.

Sie zeichnen sich zusammenfassend durch folgende drei Kriterien aus:

- Es handelt sich um **Studenten bzw. Hochschulabsolventen**[147], welche eine **Anfangstätigkeit als Nachwuchsführungskraft** anstreben.

- Ein erfolgreicher Berufseinstieg wird ihnen durch ihr **latent vorhandenes, aber noch nicht oder nur teilweise aktiviertes Leistungspotenzial** ermöglicht.

- Um ihr Leistungspotenzial voll zu entfalten, sind Sie in ein **spezifisches Personalentwicklungssystem** eingebunden, in welchem sie sich für **höhere Management-Positionen empfehlen** sollen. Ansonsten kann **nach einer bestimmten Zeit der Status als High Potential widerrufen** werden.

3.2.2.   Ansatzpunkte zur Identifikation von High Potentials

3.2.2.1. Grundsätzliche Vorgehensweisen zur Potenzialanalyse

Um Bewerber als High Potentials zu identifizieren, müssen Ansatzpunkte gefunden werden, welche Hinweise auf ein hohes Leistungspotenzial und

---

[146]   Derr, C. B. et al. (1988), S. 275.
[147]   Wenn in den folgenden Ausführungen von Studenten die Rede ist, sind Hochschulabsolventen immer automatisch mit eingeschlossen.

die Eignung als Nachwuchsführungskraft geben. Dafür stehen drei
Möglichkeiten zur Verfügung:[148]

Erstens kann überprüft werden, ob Bewerber in der Vergangenheit hohe
Leistungen gezeigt und sich bei Führungsaufgaben, z.B. im Rahmen von
Praktika oder außeruniversitärem Engagement, bewährt haben. Diese
Vorgehensweise betont im Kern das biographische Prinzip, welches sich
auf überprüfbare Fakten über die Vergangenheit des Bewerbers stützt.
Dieses fußt auf der Überlegung, dass derjenige in Zukunft die bessere
Führungskraft sein wird, der auch schon in der Vergangenheit
Führungsqualität bewiesen und entsprechende Leistungen gezeigt hat.[149]
Der beste Prädiktor für zukünftiges Verhalten wird im vergangenen
Verhalten gesehen.[150]

Eine Identifikation von High Potentials, die sich auf das biographische
Prinzip stützt, erhebt systematisch und standardisiert Daten zum
Lebensweg und den gemachten Lebenserfahrungen des Kandidaten.[151]
Einfachere Formen begnügen sich mit der Analyse von quasi-objektiven
Daten des Lebenslaufs, wie sie in Bewerbungsunterlagen zu finden sind.
Aufwändigere Formen erheben subjektive Stellungnahmen, Emotionen,
Einstellungen etc. im Rahmen von biographischen Fragebögen.[152] Aus den
biographischen Daten werden Schlüsse sowohl auf die kognitiven
Fähigkeiten und das Leistungspotenzial des Bewerbers als auch auf dessen
Führungskompetenz, Motivation etc. gezogen.[153] Die Analyse der
biographischen Daten ermöglicht darüber hinaus die Feststellung der
fachlichen Eignung eines Bewerbers. Diese zeigt sich in den Ab-
schlussnoten der Bildungseinrichtungen, in den Schwerpunkten und in der
Gewichtung der Ausbildungsinhalte.[154]

Zweitens kann man den Bewerber mit anforderungsspezifischen
Situationen konfrontieren und beobachten, wie er die dort gestellten
Aufgaben bewältigt. Auf Grundlage der Beobachtung des aktuellen
Verhaltens wird auf zukünftiges Verhalten an einem konkreten

---

[148] Vgl. Schuler, H. (2000), S. 64 ff., Moser, K./ Zempel, J. (2000), S. 181 ff.
[149] Vgl. Kunz, G. (2004), S. 47 f.
[150] Vgl. Ulbrich, M. (2004), S. 32, Moser, K. (2000), S. 46 f., Schmidt, F. L./ Hunter, J. E.
       (2000), S. 29.
[151] Vgl. Jäger, R. S. (1992), S. 351.
[152] Vgl. Lang-von Wins, T./ Rosenstiel, L. v. (2000), S. 88, Schmidt, F. L./ Hunter, J. E.
       (2000), S. 31 f., Scholz, C. (2000), S. 467 ff., Hollmann, H./ Reitzig, G. (1995), S. 466,
       Hossiep, R. (1995), S. 35 f.
[153] Vgl. Schuler, H./ Marcus, B. (2001), S. 182.
[154] Vgl. Lang-von Wins, T./ Rosenstiel, L. v. (2000), S. 74.

Arbeitsplatz geschlossen. Arbeitsproben oder Rollenspiele sind somit praktische Simulationen eines Teilbereichs oder des gesamten Bereichs einer Tätigkeit.[155] Dem liegt die Annahme zugrunde, dass heutiges Verhalten in Zukunft bei ähnlichen Situationen wieder ähnlich vorkommen wird.[156] Schlussfolgerungen sind dabei um so besser, je repräsentativer und aktueller die Anforderungen der späteren Zielposition nachgebildet wurden.[157]

Die dritte Vorgehensweise betont die Bedeutung von Dispositionen oder psychologischen Konstrukten. Mittels Beobachtungen und Schlussfolgerungen kann man die Persönlichkeit des Bewerbers analysieren und prüfen, ob Merkmale vorhanden sind, die man als Voraussetzungen erfolgreichen Führens versteht.[158] Da die wichtigsten Personenmerkmale von Beschäftigten im Laufe ihres Arbeitslebens relativ stabil bleiben, wird so auf das Potenzial des Betroffenen geschlossen, Führungsaufgaben erfolgreich zu bewältigen.[159] Dabei ist zu beachten, dass auch die beiden anderen Vorgehensweisen auf psychologische Konstrukte Bezug nehmen. Denn wenn man von vergangenem bzw. aktuellem Verhalten auf zukünftiges Verhalten schließt, so steht auch hier die Annahme im Hintergrund, dass Verhalten auf nicht direkt beobachtbaren persönlichen Eigenschaften basiert, welche das erfolgreiche berufliche Handeln begünstigen sollen. Dabei wird unterstellt, dass Bewerber, welche diese stabilen persönlichen Merkmale besitzen, auch erfolgversprechende stabile Verhaltensweisen zeigen werden.[160] Die Potenzialanalyse mit Hilfe psychologischer Konstrukte setzt diese Idee lediglich konsequent um. Da zukünftige berufliche Situationen jedoch nicht vollständig bekannt sind, greift man auf mehr oder weniger allgemeine Persönlichkeitsprofile zurück. Neben spezifischen Verfahren, welche die für entsprechende Berufe oder berufliche Gruppen relevanten Merkmale erfassen,[161] existieren allgemeine Persönlichkeitstests, welche grundlegende Facetten der Persönlichkeit erfassen und auf dieser Basis zu Eignungsaussagen gelangen.[162]

[155]   Vgl. Hossiep, R. (1995), S. 38 f., Petersen, R. (2002), S. 38 f.
[156]   Vgl. Moser, K. (2000), S. 47 f., Schuler, H. (2000), S.64.
[157]   Vgl. Schuler, H. (1998), S. 83.
[158]   Vgl. Moser, K. (2000), S. 46, Lang-von Wins, T./ Rosenstiel, L. v. (2000), S. 85.
[159]   Vgl. Schmidt, F. L./ Hunter, J. E. (2000), S. 17, Schuler, H. (2000), S. 64, Frieling, E./ Sonntag, K. (1999), S. 151 f.
[160]   Vgl. Moser, K. (2000), S. 48 f., Rastetter, D. (1999), S. 38 f.
[161]   Das California Personality Inventory (Gough, H. G. (1984)) erfasst spezifische Konstrukte, die mit „Managementerfolg" in Beziehung stehen sollen.
[162]   Der 16-Persönlichkeits-Faktoren-Test (Cattell, R. B. et al. (1970), Cattell, R. B. (1980)) wiederum gilt als Breitbandverfahren, welches 16 Persönlichkeitsfaktoren ermittelt und

Im Rahmen dieser Arbeit soll eine grundsätzliche Erfassung und Segmentierung von High Potentials vorgenommen werden, die ohne Beschränkung auf bestimmte Branchen oder Situationen ist. Die Verwendung von Arbeitsproben ist folglich für den Zweck dieser Arbeit nicht geeignet, weil sie an die spätere Arbeitssituation des Bewerbers angepasst werden müssten und deshalb differenzierte Arbeits- und Anforderungsanalysen der jeweiligen Stelle erforderten.[163] Demgegenüber können allgemeine biographische Daten, die z.B. auf der Analyse des Lebenslaufs beruhen, und psychologische Konstrukte in dieser Arbeit durchaus als Indikatoren für ein hohes Leistungspotenzial verwendet werden.[164] Aufgrund der geringeren Stellenspezifität eignen sie sich allerdings lediglich als ein Instrument der Vorauswahl von Bewerbern, welches in einem folgenden Schritt durch weitere Auswahlverfahren ergänzt werden muss, wie es auch bei den meisten Unternehmen üblich ist.[165]

Für biographische Daten und psychologische Konstrukte wird deshalb im folgenden Kapitel vertieft diskutiert, welche Indikatoren für Aussagen über das Verhalten von Studenten und speziell zur Vorhersage eines hohen Leistungspotenzials verwendet werden können. Dies ist notwendig, um High Potentials zu identifizieren und von den übrigen Personen abzugrenzen. Zum besseren Verständnis wurde dabei der große Bereich der biographischen Daten in die zwei Teilbereiche der sozio-demographischen und qualifikationsbezogenen Kriterien unterteilt.

3.2.2.2. Identifikation von High Potentials durch soziodemographische Kriterien

Im Folgenden werden die gebräuchlichsten soziodemographischen Merkmale, nämlich Alter, Bildungsniveau, Geschlecht, Familienstand, soziale Schicht, Nationalität, Konfession sowie Parteizugehörigkeit, daraufhin untersucht, ob sie zur Vorhersage eines hohen Leistungs-

---

das individuelle Bewerberprofil mit Persönlichkeitsprofilen erfolgreicher Vertreter bestimmter Berufe vergleicht.

[163] Vgl. Lang-von Wins, T./ Rosenstiel, L. v. (2000), S. 75, Schuler, H. (1998), S. 83, Hungenberg, H. (1990), S. 170.

[164] Vgl. Schmidt, F. L./ Hunter, J. E. (2000), S. 23 ff., Schuler, H./ Marcus, B. (2001), S. 180 f.

[165] Eine Befragung dieser ergab, dass Führungsnachwuchskräfte im Rahmen des Auswahlprozesses einen Mittelwert von 4,6 Verfahren zu durchlaufen haben. Vgl. Schuler, H. et al. (1993), S. 36, Rastetter, D. (1999), S. 37, Schuler, H./ Marcus, B. (2001), S. 177.

potenzials und somit zur Identifikation von High Potentials geeignet sind.[166]

Durch die Definition von High Potentials als Studenten bzw. Hochschulabsolventen ergibt sich zwangsläufig eine Fokussierung auf eine Altersgruppe zwischen 23 und 27 Jahren. Zudem verwenden Unternehmen häufig Altershöchstgrenzen, die Bewerber nicht überschreiten dürfen.[167] Daher kann das Alter kaum als differenzierendes Merkmal verwendet werden. Des Weiteren ist zu beachten, dass das **Alter** keine Validität zur Vorhersage von Leistungspotenzial besitzt. Vielmehr hängt es so wenig mit Arbeitsleistung zusammen, wie es nur überhaupt bei einem Maß sein kann.[168] Eine Identifikation von High Potentials mit Hilfe des Alters ist somit nicht möglich.

Auch **Bildungsniveau** und Schulabschluss sind durch die Definition von High Potentials als Studenten bzw. Hochschulabsolventen weitestgehend einheitlich. Eine Abgrenzung von High Potentials von den übrigen Studenten aufgrund des Bildungsniveaus ist somit nicht möglich.

Studien von Hochschulabsolventen zeigen, dass keinerlei **geschlechtsspezifische Unterschiede** in den Studienleistungen hinsichtlich Studiendauer und Examensnote bestehen.[169] Auch hinsichtlich der Leistungsmotivation gibt es keine Geschlechtsunterschiede.[170] Andererseits zeigen Studien, dass Frauen bei gleicher Ausbildung weniger als Männer verdienen und somit objektiv weniger erfolgreich in ihrem Beruf sind.[171] Dieser Unterschied im Berufserfolg ist aber eher auf hinderliche Umweltbedingungen zurückzuführen.[172] Daher sind geschlechtsspezifische Unterschiede nicht geeignet, Unterschiede im Leistungspotenzial zu erklären.

---

[166] Vgl. Stickel, D. L. (1995), S. 75, Berndt, R. (1996), S. 310, Blackwell, R. D. et al. (2001), S. 42, Kotler, P. et al. (2003), S. 454 f.

[167] 85 Prozent der Unternehmen geben an, dass Führungsnachwuchskräfte jünger als 28 Jahre sein sollten. Vgl. Kirsch, A. (1995), S. 189. Beispielsweise liegt die Altersgrenze für Hochschulabsolventen, welche am internationalen Führungsnachwuchsprogramm der Siemens AG (Siemens Graduate Program) teilnehmen wollen, bei 28 Jahren.

[168] Vgl. Schmidt, F. L./ Hunter, J. E. (2000), S. 36, Tett, R. P. et al. (1991), S. 708 f., Hunter, J. E./ Hunter, R. F. (1984), S. 90.

[169] Vgl. Abele, A. (2002), S. 115, Abele-Brehm, A./ Stief, M. (2004), S. 10, Hadler, A. (1996), S. 164.

[170] Vgl. Rappensberger, G. (1996), S. 15 f.

[171] Vgl. Stief, M. (2001), S. 120 ff.

[172] In einer Längsschnittstudie zum Berufserfolg von Hochschulabsolventen geht z.B. nur ein Drittel der Mütter einer Berufstätigkeit nach, Väter dagegen sind zu 100% beschäftigt. Insofern ist Elternschaft für Mütter eine hinderliche Umweltbedingung, da institutionelle Kinderbetreuungsmöglichkeiten knapp sind. Vgl. Abele-Brehm, A./ Stief, M. (2004), S. 13.

Das Geschlecht ist also kein zur Identifikation von High Potentials dienliches Merkmal.

Ausgehend vom **Familienstand** werden zahlreiche Rückschlüsse auf Persönlichkeitseigenschaften gezogen. So sollen Ledige unbeständig, aber beruflich und regional mobil sein. Verheiratete Männer seien stabil in ihrem Verhalten, angewiesen auf ein festes Einkommen und sozial angepasst. Verheiratete Frauen wiederum zeigten mangelnde regionale Mobilität und hätten erhöhte familiäre Verpflichtungen.[173] Eine Überprüfung dieser auf Stereotypen basierenden Hypothesen steht aus. Zudem existieren neben dem offiziellen Familienstand zahlreiche weitere Lebensmodelle, die mit den bisherigen Kriterien nicht erfassbar sind. Insofern ist der Familienstand kein geeignetes Kriterium, da sein Bezug zum Verhalten von Studenten und ihrem Leistungspotenzial unklar ist und des Weiteren nicht sämtliche Lebensmodelle erfasst werden.[174]

Soziale Schichten oder Klassen stellen relativ dauerhafte, wesentliche und homogene Gesellschaftsgruppen mit ähnlichen Wertvorstellungen, Interessen, Lebensstilen und Verhaltensmustern dar. Abgeleitet vom Beruf des Vaters lassen sich z.B. die drei Klassen Arbeiterklasse/Mittelschicht, gehobenes Bürgertum und Großbürgertum unterscheiden.[175] Trotz einer Ausweitung und gesellschaftlichen Öffnung des Bildungssystems ist die Wahrnehmung von Aufstiegschancen noch stark durch die soziale Herkunft geprägt.[176] Untersuchungen zur Besetzung von Führungs-positionen in der Wirtschaft zeigen, dass die Bedeutung der sozialen Herkunft noch immer groß ist. Betrachtet man z.B. lediglich die Spitzenunternehmen der deutschen Wirtschaft,[177] dann haben von den Promovierten, die aus der Arbeiterklasse bzw. der Mittelschicht stammen, nur zwei Prozent eine hohe Führungsposition inne, aus dem gehobenen Bürgertum sind es mit immerhin 3,9 Prozent beinahe doppelt und unter denen aus dem Großbürgertum mit über sechs Prozent sogar dreimal so viele.[178] Allerdings erhöht die Zugehörigkeit zu sozialen Schichten lediglich die Wahrscheinlichkeit, später eine Führungsposition zu besetzen - eine Garantie ist sie nicht. Insofern eignet sich das Merkmal soziale Herkunft vor allem dazu, Auskunft über den Verteilungsprozess gesellschaftlicher

---

[173] Vgl. Rastetter, D. (1999), S. 41.
[174] Vgl. Stickel, D. L. (1995), S. 80.
[175] Vgl. Hartmann, M. (2002), S. 31 ff.
[176] Vgl. Stickel, D. L. (1995), S. 80, Hartmann, M. (2001), S. 32.
[177] Darunter werden all jene Firmen verstanden, die in der jährlich erscheinenden FAZ-Liste der 100 größten deutschen Unternehmen aufgelistet sind. Vgl. Hartmann, M. (2001), S. 37.
[178] Vgl. Hartmann, M. (2001), S. 31 ff., Hartmann, M. (2002), S. 85 ff.

Chancen zu geben.[179] Sie lässt aber keine hinreichenden Rückschlüsse auf das individuelle Arbeitsmarktverhalten und Leistungspotenzial zu.[180]

Nationalität als Segmentierungskriterium ist zwei gegenläufigen Strömungen ausgesetzt. Zum einen führen Globalisierungstendenzen zu einem Denken in größeren geographischen Kultur- und Wirtschaftsräumen, was eine Angleichung des Verhaltens von Studenten verschiedener Nationalitäten nach sich ziehen könnte. Zum anderen führen Regionalisierungs- und Zersplitterungstendenzen zu einer Fragmentierung und expliziten gegenseitigen Abgrenzung. Insofern liefert Nationalität keinen Beitrag zur eindeutigen Identifikation und Segmentierung nach Verhalten und Leistungspotenzial.[181]

Auch **Konfessions- und Parteizugehörigkeit** haben als Segmentierungskriterien allgemein ihre Bedeutung verloren. Dies liegt zum einen an der weit vorangeschrittenen gesellschaftlichen Säkularisierung, welche sich etwa an der großen Zahl der Kirchenaustritte zeigt. Zum anderen wird dies durch den Trend der Auflösung starrer Parteiverbundenheit und den Rückzug ins Private verdeutlicht.[182]

Insgesamt bleibt festzuhalten, dass die genannten soziodemographischen Kriterien keine Beziehungen zum Verhalten von Studenten und vor allem ihrem Leistungspotenzial aufweisen. Somit sind sie zur Erfassung von High Potentials ungeeignet.

3.2.2.3. Identifikation von High Potentials durch qualifikationsbezogene Kriterien

Qualifikationsbezogene Kriterien haben im Rahmen der biographischen Daten eine große reale Bedeutung als Selektionskriterien.[183] Beispiele qualifikationsbezogener Merkmale sind die Schul- und Studienleistungen, das Ausmaß an Berufs- und Auslandserfahrung, Arbeitszeugnisse und Referenzen sowie außeruniversitäre Aktivitäten.[184] Für diese Kriterien muss nun überprüft werden, ob sie zur Identifikation von High Potentials verwendet werden können.

---

[179]   Vgl. Hartmann, M. (2001), S. 33.

[180]   Vgl. Dietmann, E. (1993), S. 228.

[181]   Vgl. Stickel, D. L. (1995), S. 80.

[182]   Vgl. Stickel, D. L. (1995), S. 80 f.

[183]   Vgl. Bankhofer, U. et al. (1994), S. 6 ff., Rastetter, D. (1999), S. 38 ff., Lang-von Wins, T./ Rosenstiel, L. v. (2000), S. 78 f.

[184]   Vgl. Schuler, H./ Marcus, B. (2001), S. 178 ff.

Schul- und Studienleistungen, wie z.b. Abitur-, Vordiploms- und Examensnote, stellen wichtige Kriterien für Unternehmen bei der Auswahl von Nachwuchsführungskräften dar.[185] Dabei konnte in Studien ein Zusammenhang zwischen Schulnoten und dem späteren Ausbildungserfolg, d.h. den Noten in den jeweiligen universitären bzw. beruflichen Abschlussprüfungen, nachgewiesen werden.[186] Für eine darüber hinausgehende Vorhersage des Leistungsverhaltens von Studenten, z.b. einer Prognose des späteren Berufserfolgs, mit Hilfe von Schul- oder Examensnoten konnten frühere Studien keine Bestätigung finden.[187] In diesen Studien wurde aber nicht beachtet, dass Noten ihre Vorhersagekraft für das Leistungsverhalten umso stärker verlieren, je später im Leben sie zur Prognose von Berufsleistung herangezogen werden.[188] Neuere Studien, welche die Zeitspanne zwischen dem Examen und der Messung des Berufserfolgs berücksichtigen, zeigen, dass gerade bei Berufsanfängern Zeugnisnoten valide Aussagen zum Leistungspotenzial von Studenten liefern.[189] Da High Potentials Berufsanfänger sind, können Noten völlig unproblematisch zur Erfassung ihres Leistungspotenzials und Prognose des Berufserfolgs herangezogen werden.[190] Insofern zählen Zeugnisnoten zu den validesten Einzelkomponenten der Bewerbungsunterlagen und sind eng mit dem Leistungsverhalten von Studenten verknüpft.[191]

Die **Berufserfahrung** bezieht sich auf die vorhandene Erfahrung in demselben oder einem ähnlichen Beruf und gibt Auskunft über die berufliche Qualifikation einer Person. Bei Studenten besteht die Berufserfahrung normalerweise aus zeitlich begrenzten Praktika oder studienbegleitenden Werkstudenten- bzw. Lehrstuhltätigkeiten als hilfswissenschaftlicher Mitarbeiter. Darüber hinaus haben einige Studenten vor ihrem Studium eine Ausbildung abgeschlossen. Grundsätzlich wirken sich berufliche Erfahrungen auf viele Bereiche der Persönlichkeit aus. *„Es ist offensichtlich, dass Arbeit und Beruf als „soziale Orte" über verschiedene Wege die*

---

[185] Vgl. Höllmüller, M. (2002), S. 157.
[186] Vgl. Lang-von Wins, T./ Rosenstiel, L. v. (2000), S. 79, Kuncel, N. R. et al. (2001), S. 174 f., Friese, M./ Cierpka, R. (1996), S. 356 ff.
[187] Vgl. Hollmann, H./ Reitzig, G. (1995), S. 467, Althoff, K. (1986), S.77 ff., Lang-von Wins, T./ Rosenstiel, L. v. (2000), S. 79, Hörschgen, H. et al. (1993), S. 110, Friese, M./ Cierpka, R. (1996), S. 361.
[188] Vgl. Hossiep, R. (2000), S. 86 f., Roth, P. L. et al. (1996), S. 548 ff.
[189] Für eine Zusammenfassung mehrerer in- und ausländischer Metaanalysen vgl.Schuler, H. (1998), S. 167, Schuler, H. (2001), S. 501 ff. Zudem Roth, P. L. et al. (1996), S. 550 ff., Hunter, J. E./ Hunter, R. F. (1984), S. 90.
[190] Vgl. Roth, P. L. et al. (1996), S. 550 ff., Abele, A. (2002), S. 114, Abele, A. et al. (1999), S.99, Abele-Brehm, A./ Stief, M. (2004), S. 11.
[191] Vgl. Schuler, H./ Marcus, B. (2001), S. 180 f.

Persönlichkeit, Lebensführung und Wertorientierung der Individuen beeinflussen."[192] Insofern besteht eine allgemeine Beziehung zwischen beruflichen Erfahrungen und der Persönlichkeit von Studenten, die sich wiederum auf das Verhalten auswirkt.[193] Konkret konnte in Studien gezeigt werden, dass bei einer Berufserfahrung von weniger als fünf Jahren, wie sie typisch bei Studenten ist, ein großer Zusammenhang zwischen der Berufserfahrung und der Leistung im späteren Beruf besteht.[194] Denn vor allem in den ersten fünf Jahren erwerben die Beschäftigten durch ihre Berufserfahrung zusätzliches Wissen und zusätzliche Fertigkeiten, die ihre beruflichen Leistungen verbessern. Gegen Ende der fünf Jahre ist dieser Prozess nahezu abgeschlossen, so dass eine weitere Zunahme an Berufserfahrung in demselben oder einem ähnlichen Aufgabenfeld nur eine geringe Leistungssteigerung, d.h. einen geringen Zuwachs an Berufswissen und Fertigkeiten, bewirkt.[195] Insofern ist Berufserfahrung, ausgedrückt durch Ausbildung, studienbegleitende Tätigkeiten oder Praktika, ein geeignetes Merkmal zur Identifikation des Leistungspotenzials von Studenten.

Arbeitszeugnisse sind Wertungen des Verhaltens in früheren beruflichen Stellungen - im Grunde also eine Art Leistungsbeurteilung. Dabei gilt die Beschreibung der bisherigen beruflichen Tätigkeit als wichtige Informationsquelle für das zukünftige Verhalten des Bewerbers.[196] Andererseits ist die Interpretation der Zeugnisbeurteilungen sehr fehleranfällig, denn Arbeitszeugnisse bestehen aus frei formulierten Texten. Dies führt zu mangelnder Vergleichbarkeit und ist schwer zu deuten, da die Fähigkeiten und Formulierungsgewohnheiten des Zeugnisschreibers nicht bekannt sind. Des Weiteren steht die Aussagekraft von Arbeitszeugnissen unter der Einschränkung, dass aufgrund des in Deutschland geltenden Arbeitsrechts kaum ausdrücklich Nachteiliges über den Mitarbeiter ausgesagt wird. Dies hat die Entwicklung einer „Zeugnissprache" begünstigt, deren kodierte Formulierungen nicht von allen gleichermaßen interpretiert werden.[197] Dabei ist nicht auszuschließen, dass der Zeugnisaussteller eigene Ziele verfolgt, welche den Zielen des einstellenden Betriebs zuwiderlaufen, z.B. Erstellung eines positiven

---

[192]   Edinsel, K. (1994), S. 23.
[193]   Vgl. Ulbrich, M. (2004), S. 45.
[194]   Vgl. Schmidt, F. L. et al. (1986), S. 436 ff., Friese, M./ Cierpka, R. (1996), S. 361 f., Hunter, J. E./ Hunter, R. F. (1984), S. 90.
[195]   Vgl. Schmidt, F. L./ Hunter, J. E. (2000), S. 31.
[196]   Vgl. Rastetter, D. (1999), S. 42.
[197]   Im Rahmen einer Studie wurde ein einheitlich formuliertes Arbeitszeugnis mit der Bitte um Analyse an eine größere Zahl von Personalberatern geschickt. Im Ergebnis wurden die Zeugnisaussagen teilweise sehr unterschiedlich interpretiert. Vgl. Weuster, A. (1994), S. 181 ff.

Zeugnisses, um sich vom Beurteilten konfliktfrei zu trennen.[198] Somit ist nicht sichergestellt, dass der Leser eines Arbeitszeugnisses die wahre Botschaft, welche mit dem Zeugnis verbunden ist, entschlüsselt. Insofern können von Arbeitszeugnissen nur begrenzt Schlüsse auf das Leistungspotenzial gezogen werden.

Bei höheren Positionen, etwa ab dem mittleren Management, werden oft zusätzliche **Referenzen** eingeholt. Mit *reference check* wird im Englischen neben der Überprüfung auch das aktive Einholen zusätzlicher Beurteilungsinformationen von früheren Arbeitgebern bezeichnet. Auch bei Referenzen sind lediglich wohlwollende Aussagen zulässig, so dass auch bei diesen die Beurteilungen des früheren Arbeitgebers interpretiert werden müssen.[199] Man geht davon aus, dass die mündliche Form der Einholung von Referenzen informativer ist, da sie offener ist als die schriftliche Form.[200] Studien zur Überprüfung von Referenzen zeigen, dass sie durchaus geeignet sind, das Leistungsverhalten der Bewerber zu beschreiben.[201] Referenzen spielen jedoch bei Nachwuchsführungskräften aufgrund der geringen Berufserfahrung keine Rolle. Sie kommen erst bei gehobenen Positionen zum Einsatz und sind somit zur Beschreibung des Leistungsverhaltens von Studenten nicht relevant.[202]

Auslandserfahrung wird während des Studiums vor allem durch einen Studienaufenthalt oder ein Praktikum im Ausland gesammelt. Vor dem Studium kann diese durch Au Pair-Tätigkeiten oder ein Schuljahr im Ausland erworben werden. Unternehmen messen Auslandsaufenthalten und der Kenntnis von Fremdsprachen, die durch Auslandsaufenthalte vertieft wird, eine hohe Bedeutung bei der Auswahl von Bewerbern zu.[203] Dies liegt daran, dass aus Auslandsaufenthalten auf persönliche Eigenschaften, wie z.B. Selbstständigkeit, Mobilität oder Selbstsicherheit, geschlossen wird.[204] Zudem zeigen Studien, dass Auslandsaufenthalte sowohl das Verhalten von Studenten im Bewerbungsprozess als auch ihren späteren Berufserfolg positiv beeinflussen.[205] Insofern eignen sich

---

[198] Vgl. Rastetter, D. (1996), S. 186 f., Hollmann, H./ Reitzig, G. (1995), S. 467 ff., Schuler, H./ Marcus, B. (2001), S. 183.

[199] Vgl. Schuler, H. et al. (1993), S. 14 f.

[200] Vgl. Schuler, H./ Marcus, B. (2001), S. 183, Rastetter, D. (1999), S. 42 f.

[201] Vgl. Schmidt, F. L./ Hunter, J. E. (2000), S. 30, Hunter, J. E./ Hunter, R. F. (1984), S. 90 ff.

[202] Vgl. Schuler, H. et al. (1993), S. 32 f.

[203] Vgl. Kienbaum, C. I. (2003), S. 11, Kienbaum, C. I. (2002), S. 12, Kienbaum, C. I. (2000), S. 8, Meffert, H./ Wagner, H. (1992), S. 359 ff.

[204] Vgl. Hollmann, H./ Reitzig, G. (1995), S. 466.

[205] Vgl. Friese, M./ Cierpka, R. (1996), S. 361 f., Hörschgen, H. et al. (1993), S. 110.

Auslandsaufenthalte als Indikator für das Leistungspotenzial von Studenten.

Unter dem Sammelbegriff der **außeruniversitären Aktivitäten** wird die Mitarbeit in einem Verein, einer Partei, einer studentischen Organisation oder einer Stipendiatengruppe verstanden. Ähnlich der Auslandserfahrung wird aus diesen Aktivitäten auf persönliche Eigenschaften geschlossen, wie z.B. Durchsetzungs- und Entscheidungsfähigkeit.[206] Zudem zeigen sich Einsatzbereitschaft und Engagement, welche auch die Leistung und den Erfolg im späteren Berufsleben beeinflussen, in diesen außeruniversitären Aktivitäten.[207] Dies wurde durch Studien bestätigt, welche einen Zusammenhang zwischen außeruniversitären Aktivitäten und Berufserfolg nachweisen konnten.[208] Insofern können außeruniversitäre Aktivitäten als Indikator für das Leistungspotenzial von Studenten verwendet werden.

Insgesamt bleibt festzuhalten, dass Schul- und Studienleistungen, Berufserfahrung, Auslandserfahrung und außeruniversitäre Aktivitäten eine Beziehung zum Verhalten von Studenten und vor allem ihrem Leistungs-potenzial aufweisen. Während diese qualifikationsbezogenen Kriterien zur Erfassung von High Potentials geeignet sind, trifft dies auf Arbeits-zeugnisse und Referenzen nicht zu.

3.2.2.4. Identifikation von High Potentials durch psychologische Konstrukte

Die Möglichkeiten zur Beschreibung von High Potentials mittels psychologischer Konstrukte sind vielfältig. Die Persönlichkeitspsychologie stellt dazu eine Reihe von Ansätzen bereit, die grob nach ihrem Vollständigkeitsanspruch eingeteilt werden können. Dabei gibt es Messansätze, die versuchen, möglichst alle Facetten einer Persönlichkeit zu beschreiben. Beispiele sind der 16-Persönlichkeits-Faktoren-Test oder das Freiburger Persönlichkeitsinventar.[209] Diese Verfahren zeichnen sich durch einen hohen Erhebungsaufwand, da weit über 100 Items erfragt werden, und eine stärker psychologische denn ökonomische Zielsetzung aus.[210] Insofern kommen derartige Ansätze für das weitere Vorgehen nicht in Betracht.

---

206   Vgl. Hollmann, H./ Reitzig, G. (1995), S. 466.
207   Vgl. Hörschgen, H. et al. (1993), S. 90.
208   Vgl. Friese, M./ Cierpka, R. (1996), S. 361 f., Hörschgen, H. et al. (1993), S. 110.
209   Vgl. Cattell, R. B. et al. (1970), Cattell, R. B. (1980) für den 16-Persönlichkeits-
       Faktoren-Test und Fahrenberg, J. et al. (1989) für das Freiburger
       Persönlichkeitsinventar. Für eine Überblicksdarstellung weiterer Verfahren vgl.
       Hossiep, R. et al. (2000).
210   Vgl. Weinert, A. B. (1995), S. 533 f.

Alternativen zu diesen umfassenden Persönlichkeitsbeschreibungen sind Ansätze, die sich auf einzelne intervenierende Variablen beschränken. Diese untersuchen zumeist Gefühle/Emotionen, Images/Einstellungen, Werte, Motive und persönliche Ziele.[211] Dabei sind Images/Einstellungen immer auf ein Einstellungsobjekt gerichtet und damit sehr spezifisch.[212] Gefühle/Emotionen wiederum richten sich nach innen, auf das eigene Erleben und die Interpretation eines Sachverhalts.[213] Insofern widersprechen beide Ansätze dem Ziel der Arbeit, ein allgemeines Hochschulmarketingkonzept zu entwickeln, unabhängig von spezifischen Objekten oder Sachverhalten. Deshalb wird in den folgenden Ausführungen nur für Werte, Motive und persönliche Ziele überprüft, ob sie zur Vorhersage des Leistungspotenzials von Studenten geeignet sind.

Werte - verstanden als Auffassungen vom Wünschenswerten - bringen zum Ausdruck, was eine Person für gut oder schlecht, für wünschenswert oder ablehnenswert hält.[214] Dabei haben sie eine zentrale Position im psychischen System und zeichnen sich durch zeitliche Stabilität aus, so dass sie bei einer Person im Zeitablauf konstant bleiben bzw. sich nur sehr langsam verändern.[215] Dabei gibt es zwei grundsätzliche Systematiken von Werten. Die eine Systematik baut auf der These auf, dass ein Wertewandel in der Gesellschaft von materialistischen Werten, wie z.B. Sicherheit oder physiologischen Bedürfnissen, hin zu postmaterialistischen Werten, wie z.B. Selbstverwirklichung oder sozialen Bedürfnissen, herrscht. Beide Werthaltungen werden als Extrempunkte auf einer Dimension verortet, so dass eine Person entweder den Materialisten oder den Postmaterialisten zugeordnet werden kann.[216] Die andere Systematik verwendet zwei voneinander unabhängige Wertdimensionen, nämlich Pflicht- und Akzeptanzwerte sowie Selbstentfaltungswerte.[217] Werte können als grundlegende, abstrakte Konstrukte betrachtet werden, welche dem Leben eine allgemeine Richtung geben.[218] Als langfristige Verhaltensdispositionen beeinflussen sie Verhaltensmuster in Entscheidungssituationen mit relativ großer Reichweite.[219] Dabei wirken Werte auf das individuelle Handeln vor

---

[211] Für einen Überblick über Gefühle/ Emotionen, Images/ Einstellungen, Motive und Werte vgl. Trommsdorff, V. (2004), S. 67 ff., Kroeber-Riel, W./ Weinberg, P. (2003), S. 100 ff. Für einen Überblick über Ziele vgl. Maier, G. W. (1996), S. 6 ff., Weerda, K. (2003), S. 7 ff.
[212] Vgl. Trommsdorff, V. (2004), S. 159.
[213] Vgl. Kroeber-Riel, W./ Weinberg, P. (2003), S. 55, Meffert, H. (1998), S. 108.
[214] Vgl. Pöhlmann, K./ Brunstein, J. C. (1997), S. 64, Kluckhohn, C. (1951), S. 12.
[215] Vgl. Silberer, G. (1983), S. 539 f.
[216] Vgl. Inglehart, R. (1977), S. 22 f., Staehle, W. (1991), S. 156 f.
[217] Vgl. Klages, H. (1984), S. 22 ff.
[218] Vgl. Rosenstiel, L. v./ Nerdinger, F. W. (2000), S. 152 f.
[219] Vgl. Rappensberger, G./ Maier, G. W. (1998), S. 90, Nerdinger, F. W. (1984), S. 104 f.

allem mittelbar, indem sie sich in Einstellungen oder persönlichen Zielen konkretisieren und dadurch das Verhalten beeinflussen.[220] Dabei zeigen Studien den Einfluss von Werten auf den Berufswunsch,[221] die Stellenwahl von Bewerbern[222], das Verhalten im Beruf und den dadurch eintretenden beruflichen Erfolg.[223]

Als **Motive** werden Wertungsdispositionen bezeichnet, die für Individuen charakteristisch sind. Dabei ist ein Motiv der isolierte, noch nicht aktivierte Beweggrund menschlichen Verhaltens.[224] Motive erklären, wie Menschen zeitlich überdauernd auf bestimmte Merkmale von Situationen reagieren.[225] Anhand ihrer verschiedenen Reaktionen können Menschen mit unterschiedlichen Motivationsstrukturen unterschieden werden.[226] Motive müssen durch äußere Stimuli oder Mangelgefühle erst aktiviert werden, bevor sie sich auswirken können. Aktivierte Motive sind sehr gut geeignet, körperliche und psychische Aktivitäten in bestimmter Richtung und Stärke anzutreiben und menschliches Verhalten zu erklären.[227] Mögliche Motivinhalte können Leistung, Macht oder Aggression sein.[228] Dabei ist die absolute Zahl der Inhaltsklassen bis heute umstritten.[229] Studien konnten zeigen, dass Leistungs- und Machtmotive einen großen Einfluss auf das berufliche Verhalten und den dadurch bedingten beruflichen Erfolg haben.[230] Insofern sind Motive zur Erfassung von High Potentials geeignet.

Bei **persönlichen Zielen**[231] handelt es sich um Anliegen, Projekte und Bestrebungen, die eine Person im Alltag verfolgt und in Zukunft realisieren möchte. Sie bringen zum Ausdruck, wonach eine Person in ihrer gegenwärtigen Lebenssituation strebt und was sie im Einzelnen erreichen

---

[220]   Vgl. Rappensberger, G./ Maier, G. W. (1998), S. 91, Rosenstiel, L. v./ Nerdinger, F. W. (2000), S. 153, Wittmann, A./ Maier, G. W. (1998), S. 28.
[221]   Vgl. Seifert, K. H./ Bergmann, C. (1983), S. 169 f.
[222]   Vgl. Judge, T. A./ Bretz, R. D. J. (1992), S. 269 f., Rolfs, H. (2001), S. 70.
[223]   Vgl. Einsiedler, H. E. (1987), S. 592 f.
[224]   Vgl. Bisani, F. (1983), S. 643.
[225]   Vgl. Kehr, H. M. (2001), S. 21, Maier, G. W. (1996), S. 21 f.
[226]   Vgl. Nerdinger, F. W. (2001), S. 350.
[227]   Vgl. Trommsdorff, V. (2004), S. 37, Zimbardi, P. G. (1992), S. 344 ff., Hungenberg, H./ Wulf, T. (2005), S. 261 ff.
[228]   Vgl. Heckhausen, H. (1989), S. 16 f.
[229]   Vgl. Hentze, J. et al. (2005), S. 105.
[230]   Vgl. Eckardt, H. H./ Schuler, H. (1995), S. 539, Rosenstiel, L. v. (1995b), S. 201 ff., Atkinson, J. W. (1978), S. 221 ff., Schuler, H./ Frintrup, A. (2000), S. 73, Jenkins, S. R. (1994), S. 159 ff., Winter, D. G. (1988), S. 515 ff.
[231]   Das Konzept der persönlichen Ziele wird durch vier Ansätze (personal projects, personal strivings, life tasks und current concerns) konkretisiert. Vgl. Maier, G. W. (1996), S. 10 ff.

oder vermeiden möchte.[232] Ziele geben dem Handeln Richtung und Energie und erhöhen die Bereitschaft, mit Schwierigkeiten umzugehen.[233] Persönliche Ziele können in berufliche und allgemeine Ziele unterteilt werden.[234] Im Gegensatz zu Werten sind persönliche berufliche Ziele sehr viel konkreter und werden aktiv angestrebt. Dabei sollten persönliche Ziele so gewählt werden, dass sie mit den individuellen Wertorientierungen, die dem Leben eine allgemeine Richtung vorgeben, in Einklang stehen.[235] Im Gegensatz zu Motiven beruhen Ziele auf dem Erreichen von antizipierten Zuständen und Ereignissen, die von einer Person bewusst angestrebt werden.[236] Motive wiederum sind nicht-verbal repräsentiert und entziehen sich dem Bewusstsein der Person.[237] Motive und persönliche Ziele repräsentieren zwei relativ autonome Motivationssysteme, die in unterschiedlichem Maße aufeinander abgestimmt sein können.[238] Dabei liegen Ziele zwischen Motiven und konkreten, alltäglichen Handlungen. Deshalb stellen sie ein geeignetes Konstrukt dar, um Verhaltens-unterschiede zu erklären.[239] Dies zeigt sich in Studien, in welchen persönliche Ziele als eine zentrale Prädiktorvariable von beruflichen Entscheidungen, Berufserfolg und Zufriedenheit gesehen werden.[240] Darüber hinaus sind persönliche berufliche Ziele geeignet, den Erfolg beim Berufseinstieg und im Beruf vorherzusagen.[241] Deshalb können per-sönliche Ziele zur Erfassung von High Potentials genutzt werden.

Zusammenfassend kann festgehalten werden, dass sich Werte, Motive und persönliche Ziele zur Erfassung von High Potentials eignen. Gefühle und Einstellungen sind aufgrund der Zielsetzung dieser Arbeit nicht relevant.

3.3. Segmentierungskriterien zur Erfassung der Zielgruppe High Potentials

Im vorangegangenen Kapitel wurde die Zielgruppe High Potentials definiert, und die Eignung von biographischen Daten sowie psycho-

---

[232]   Vgl. Brunstein, J. C./ Maier, G. W. (1996), S. 146, Emmons, R. A. (1986), S. 1059.

[233]   Vgl. Bandura, A. (1997), S. 121 ff., Abele, A. et al. (2002), S. 195,

[234]   Vgl. Abele, A. et al. (2002), S. 195.

[235]   Rosenstiel, L. v./ Nerdinger, F. W. (2000), S. 152 f., Rosenstiel, L. v. (2003), S. 238.

[236]   Vgl. Pöhlmann, K./ Brunstein, J. C. (1997), S. 64.

[237]   Vgl. McClelland, D. C. (1987), S. 21 f.

[238]   Vgl. Maier, G. W. (1996), S. 20 ff.

[239]   Vgl. Cantor, N./ Zirkel, S. (1990), S. 148 ff., Weerda, K. (2003), S. 10 f., Kleinbeck, U. (2004), S. 221.

[240]   Vgl. Abele, A. (2002), S. 111, Rosenstiel, L. v. et al. (1989), S. 77 ff., Stief, M. (2001), S. 96 ff.

[241]   Vgl. Abele, A. et al. (2002), S. 200, Rosenstiel, L. v. et al. (1989), S. 77 ff., Wittmann, A./ Maier, G. W. (1998), S. 28, Weerda, K. (2003), S. 153 ff., Abele-Brehm, A./ Stief, M. (2004), S. 13.

logischen Konstrukten zur Identifikation von High Potentials wurde unter-
sucht. Dabei stellte sich heraus, dass die qualifikationsbezogenen Kriterien
Schul- und Studienleistungen, Berufserfahrung, Auslandserfahrung sowie
außeruniversitäre Aktivitäten und die psychologischen Konstrukte Werte,
Motive sowie persönliche Ziele einen Beitrag zur Erfassung des
Leistungspotenzials von Studenten und somit zur Abgrenzung von High
Potentials von den übrigen Studenten leisten. Damit diese Kriterien zur
Bildung von Segmenten im Rahmen des Hochschulmarketings und der
sich darauf stützenden Segmentbearbeitung verwendet werden können,
müssen sie aber noch weitere Anforderungen erfüllen. Diese zusätzlichen
Anforderungen stellen die Verbindung zwischen der Markterfassung und
der Marktbearbeitung her. Insofern berücksichtigen die im Anschluss
vorgestellten Anforderungen Aspekte der Bildung sowie der Bearbeitung
von Segmenten. Danach wird überprüft, ob die herausgearbeiteten
Segmentierungskriterien diese Anforderungen erfüllen. Die Aufgabe
besteht darin, mit diesen Kriterien Segmente zu bilden, die in sich
möglichst homogen, untereinander aber heterogen sind. Denn
Marktsegmentierung teilt einen Gesamtmarkt in homogene Teilmärkte auf,
wobei auf die Unterschiede in den Reaktionen von Individuen oder
Gruppen auf Marketing-Mix-Variablen abgestellt wird.[242]

3.3.1. Anforderungen an die Segmentierungskriterien

Die vergleichende Beurteilung der Marktsegmentierungskriterien erfolgt
anhand von fünf Beurteilungsfaktoren:[243]

1. Relevanz der Kriterien für die Gestaltung der Hochschulmarketing-
Instrumente

Die anhand der Kriterien gebildeten Segmente müssen von Bedeutung für
die Ausgestaltung des Hochschulmarketings sein. Durch die Ausprägungen
der Segmentierungskriterien sollen Ansatzpunkte für den gezielten und
differenzierten Einsatz der Instrumente des Hochschulmarketings
geschaffen werden, um High Potentials bestmöglich anzusprechen. Die
Kriterien sollen die Bildung von Segmenten ermöglichen, die sich
hinsichtlich ihrer Anforderungen an zukünftige Arbeitgeber und deren
Hochschulmarketing-Instrumenten unterscheiden.

---

[242]   Vgl. Green, P. E./ Tull, D. S. (1982), S. 507, Nieschlag, R. et al. (1997), S. 1060.

[243]   Vgl. im Folgenden Stickel, D. L. (1995), S. 44 ff., Freter, H. (1983), S. 43 ff., Kotler, P.
        et al. (2003), S. 475 f., Blackwell, R. D. et al. (2001), S. 44 f., Meffert, H. (1998), S. 178
        ff.

2. Operationalität der Kriterien

Die ausgewählten Kriterien sollen eine Erfassung von Segmenten mit den vorhandenen Marktforschungsmethoden erlauben. Mit Hilfe der Kriterien müssen die Eigenschaften von Studenten messbar und dementsprechend die gebildeten Segmente definierbar und identifizierbar sein. Die Anforderung der Erfassbarkeit spielt vor allem bei der praktischen Anwendung der Marktsegmentierung, speziell beim Einsatz mathematisch-statistischer Verfahren, eine große Rolle.

3. Erreichbarkeit der gebildeten Segmente

Die Segmentierungskriterien sollen gewährleisten, dass die mit ihrer Hilfe abgegrenzten Segmente für die Instrumente des Hochschulmarketings zugänglich sind. Damit wird insbesondere das Ausmaß angesprochen, in dem diese Instrumente auf das gewählte Segment ausgerichtet werden können.

4. Zeitliche Stabilität der gebildeten Segmente

Die Kriterien sollen eine Aussagefähigkeit über einen längeren Zeitraum hinweg besitzen. Dafür müssen die Kriterien die zeitliche Stabilität der Gruppen über einen längeren Zeitraum hinweg gewährleisten. Denn sowohl die Planung von segmentspezifischen Maßnahmen als auch die Durchdringung eines Segments beansprucht Zeit.

5. Wirtschaftlichkeit der Segmentierungsmaßnahmen

Die Segmentierungskriterien sollen Segmente abzugrenzen helfen, deren Bearbeitung lohnt. Durch Segmentierungsmaßnahmen können Kosten der Informationsgewinnung und -verarbeitung, sowie Kosten einer differenzierten Marktbearbeitung entstehen. Diese Kosten müssen durch den Nutzen, welchen die Segmentierung durch eine gezieltere Ansprache und eine bessere Wettbewerbsposition liefert, kompensiert werden.

3.3.2. Segmentierung von High Potentials mittels qualifikations-bezogener Kriterien

3.3.2.1. Relevanz der qualifikationsbezogenen Kriterien für die Gestaltung der Hochschulmarketing-Instrumente

Aufgrund ihrer Relevanz für das Verhalten von Studenten werden die qualifikationsbezogenen Kriterien **Schul- und Studienleistungen,**

Berufs- und Auslandserfahrung, sowie **außeruniversitäre Aktivitäten**
in zahlreichen Studien zur Erfassung von High Potentials und zur
Segmentierung des Marktes herangezogen.[244] Dabei zeigt sich, dass durch
solche Kriterien erfasste High Potentials andere Anforderungen an ihre
zukünftigen Arbeitgeber stellen als die übrigen Studenten.[245] Insofern sind
die Kriterien relevant für die Gestaltung der Kommunikationsinhalte,
welche im Rahmen des Hochschulmarketings vermittelt werden.

3.3.2.2. Operationalität der qualifikationsbezogenen Kriterien

Schul- und Studienleistungen stellen ebenso wie die Anzahl und Dauer
der **Beruf- bzw. Auslandserfahrung** objektive, quantifizierbare Informationen dar, die sehr einfach zu operationalisieren sind.[246]

Auch die Teilnahme an **außeruniversitären Aktivitäten** ist leicht zu
identifizieren und operationalisieren. Andererseits sind die möglichen
Inhalte dieser außeruniversitären Aktivitäten sehr vielfältig und
normalerweise keinen Zugangsbeschränkungen unterworfen. Insofern
kann aus der Teilnahme an solchen Aktivitäten nicht automatisch auf ein
höheres Leistungspotenzial geschlossen werden. Hier sind weitere
Prüfungen hinsichtlich des Umfanges der ausgeübten Tätigkeiten, des
Ausmaßes des Engagements und der getragenen Verantwortung
notwendig. Eine Ausnahme bilden Stipendiatenarbeitskreise, deren
Teilnehmer vorher durch die jeweilige Stiftung anhand von Leistungskriterien ausgewählt wurden.

3.3.2.3. Erreichbarkeit der mittels qualifikationsbezogener Kriterien
gebildeten Segmente

Segmente, die mittels **Schul- und Studienleistungen** gruppiert wurden,
sind durch die Kopplung an die entsprechende Bildungsinstitution leicht
zu erreichen. Da es sich bei High Potentials um Studenten handelt, sind sie
über die Institution Hochschule leicht zu erfassen. Segmente, die durch
Auslandserfahrung gekennzeichnet sind, können an Hochschulen über
das Akademische Auslandsamt erreicht werden, falls es sich um ein
Studium im Ausland handelt. Eine Zielgruppenbildung anhand von
Berufserfahrung im In- und Ausland ist hinsichtlich der Erreichbarkeit
ambivalent einzuschätzen. Zwar ist eine Koppelung an Institutionen der

---

244   Vgl. Franke, N. (1999), S. 892, Simon, H. et al. (1995), S. 88, Wöhr, M. (2002), S. 204.
245   Vgl. Franke, N. (1999), S. 902 ff., Simon, H. et al. (1995), S. 89 ff., Wöhr, M. (2002), S.
        218 ff.
246   Vgl. Stickel, D. L. (1995), S. 99.

Berufsausbildung oder an Praktikantenvermittlungen denkbar, doch entziehen sich dann die meisten selbstständig organisierten Praktika einer Erfassung.[247] Segmente, welche durch **außeruniversitäre Aktivitäten** in einem Verein, einer Partei, einer studentischen Organisation oder einer Stipendiatengruppe gekennzeichnet sind, können wegen ihrer Verbindung zur jeweiligen Organisation leicht erreicht werden.

3.3.2.4. Zeitliche Stabilität der mittels qualifikationsbezogener Kriterien gebildeten Segmente

Schul- und Studienleistungen sowie **Auslands- und Berufserfahrungen** sind Zertifikate von Bildungsabschlüssen und Berufsausbildungen, die zu zeitlich stabilen Segmenten führen. Dabei muss aber berücksichtigt werden, dass durch die Änderung von Lehr- und Studienplänen sowie Berufsbildern diese Stabilität lediglich formaler Natur ist, deren tatsächlicher Inhalt wesentlich instabiler ist. **Außeruniversitäre Aktivitäten** und die Segmente, welche damit gebildet werden, geben Auskunft über Sozialkompetenzen und Schlüsselqualifikationen der Studenten.[248] Diese Sozialkompetenzen und Schlüsselqualifikationen fußen wiederum auf den Charaktereigenschaften und der Persönlichkeitsstruktur der Studenten und zeichnen sich deshalb durch eine höhere zeitliche Stabilität aus.[249]

3.3.2.5. Wirtschaftlichkeit der Segmentierung mittels qualifikationsbezogener Kriterien

Gerade die Kombination von qualifikationsbezogenen Kriterien zur Erfassung von High Potentials führt zur Bildung von kleinen Segmenten.[250] Durch eine zielgerichtete Auswahl und Ansprache dieser Segmente kann der Mitteleinsatz optimiert und die Wirtschaftlichkeit des Hochschulmarketings sichergestellt werden.

3.3.2.6. Fazit der Segmentierung mittels qualifikationsbezogener Kriterien

Qualifikationsbezogene Kriterien zeichnen sich durch ihre hohe Relevanz für die Gestaltung des Hochschulmarketing-Instrumentariums und ihre Wirtschaftlichkeit aus. Während diese Kriterien zumeist eine gute Operationalität und Erreichbarkeit aufweisen, zeigen sie im Bereich

---

[247]   Vgl. Stickel, D. L. (1995), S. 101.
[248]   Vgl. Hollmann, H./ Reitzig, G. (1995), S. 466, Hörschgen, H. et al. (1993), S. 90.
[249]   Vgl. Stickel, D. L. (1995), S. 101 f.
[250]   Simon, H. et al. (1995), S. 52 rechnen mit 5 - 10% der Absolventen eines Jahrgangs, die als High Potential in Frage kommen.

zeitliche Stabilität kleinere Schwächen. Für die Erfassung und Segmentierung von High Potentials können aber dennoch sämtliche
qualifikationsbezogenen Kriterien verwendet werden (vgl. Tabelle 9).

	Gestaltungs-bezug	Opera-tionalität	Erreich-barkeit	Stabilität	Wirtschaft-lichkeit
Schul-/ Studien-leistungen	●	●	●	◖	●
Berufs-erfahrung	●	●	◖	◖	●
Auslands-erfahrung	●	●	●	◖	●
Außer-universitäre Aktivitäten	●	◖	●	●	●

Tabelle 9   Wertung der qualifikationsbezogenen Kriterien

3.3.3.   Segmentierung von High Potentials mittels psychologischer Konstrukte

3.3.3.1.   Relevanz der psychologischen Konstrukte für die Gestaltung der Hochschulmarketing-Instrumente

In einigen Studien wurden bereits **Werte**,[251] **Motive**[252] und **Ziele**[253] für die
Beschreibung von High Potentials und Hochschulabsolventen
herangezogen. Dabei konnten Zusammenhänge zwischen Werten bzw.
Motiven (einerseits) und Anforderungen an den zukünftigen Arbeitgeber[254]
(andererseits) sowie zwischen Motiven (einerseits) und qualifikationsbezogenen und soziodemographischen Kriterien[255] (andererseits)
aufgedeckt werden. Zudem konnten mit Hilfe der Motive unterschiedliche

---

[251]   Vgl. Kirchgeorg, M./ Lorbeer, A. (2002), S. 13 ff., Grobe, E. (2003), S. 53 ff.
[252]   Vgl. Franke, N. (1999), S. 898 ff. , Franke, N. (2000), S. 81 ff.
[253]   Vgl. Abele-Brehm, A./ Stief, M. (2004), S. 12, Abele, A. et al. (2002), S. 199.
[254]   Vgl. Kirchgeorg, M./ Lorbeer, A. (2002), S. 15, Grobe, E. (2003), S. 60 f., Franke, N. (2000), S. 82 ff.
[255]   Vgl. Franke, N. (1999), S. 900.

Persönlichkeitstypen von High Potentials gebildet werden.[256] In bezug auf Ziele konnten Zusammenhänge mit Instrumenten des Hochschulmarketings wie dem Gehalt sowie mit dem Berufseinstieg in bestimmten Branchen nachgewiesen werden.[257] Diese Studien stützen die These, dass High Potentials keine homogene Zielgruppe sind, sondern sich in ihren Werten, Motiven und Zielen unterscheiden und deswegen auch unterschiedliche Anforderungen an das Hochschulmarketing stellen. Insofern sollten psychologische Konstrukte in der Lage sein, nicht nur Unterschiede in den Inhalten des Hochschulmarketings, sondern auch in der Art und Weise der Informationsvermittlung zu erklären.

3.3.3.2. Operationalität der psychologischen Konstrukte

Zur Messung von psychologischen Konstrukten wurde eine Vielzahl von Verfahren entwickelt. Diese reichen vom Tiefeninterview und der psychologischen Exploration über die Gruppendiskussion bis hin zu Fragebögen mit offenen und geschlossenen Antwortmöglichkeiten.[258] Die Erfassung der untersuchten Phänomene wird dadurch erschwert, dass nur verbal klar bewusste Phänomene identifiziert werden und „unbewusste" Gründe des Verhaltens zumeist keine Beachtung finden. Zudem werden teilweise qualitative, sprachliche Reaktionen mittels offener Fragestellungen erfasst. Dies führt zu einer geringen Quantifizierbarkeit der Daten und erfordert die Interpretation durch Experten, was wiederum kleine Stichprobengrößen zur Folge hat.[259] Zudem geben die Ratingskalen, welche bei standardisierten Befragungen meist verwendet werden, keine Auskunft über die relative Stärke der verschiedenen Komponenten zueinander.[260] Trotz der existierenden Messverfahren ist somit die Operationalität von psychologischen Konstrukten ambivalent zu beurteilen.

3.3.3.3. Erreichbarkeit der mittels psychologischer Konstrukte gebildeten Segmente

Grundsätzlich sind Segmente, die mit Hilfe von psychologischen Konstrukten gebildet wurden, aufgrund ihrer problematischen Identifikation auch schwer für Hochschulmarketing-Instrumente erreichbar.[261] Doch besteht die Möglichkeit, Segmente, welche mit Hilfe von

---

[256] Vgl. Franke, N. (1999), S. 900 f.
[257] Vgl. Abele-Brehm, A./ Stief, M. (2004), S. 12, Abele, A. et al. (2002), S. 199.
[258] Vgl. Kroeber-Riel, W./ Weinberg, P. (2003), S. 150 ff., Trommsdorff, V. (2004), S. 206 ff., Weerda, K. (2003), S. 80 ff., Graumann, C. F./ Willig, R. (1983), S. 331 ff.
[259] Vgl. Freter, H. (1983), S. 62 f., Bisani, F. (1983), S. 652.
[260] Vgl. Kroeber-Riel, W./ Weinberg, P. (2003), S. 151.
[261] Vgl. Freter, H. (1983), S. 62.

psychologischen Konstrukten gebildet wurden, anhand von soziodemographischen Kriterien zu beschreiben. So kann z.b. ein
soziodemographisches Profil der einzelnen Segmente erstellt werden,
welches sich aus den Kriterien Alter, Geschlecht, Bildungsniveau, soziale
Schicht etc. zusammensetzt.[262] Da es sich bei soziodemographischen
Kriterien um objektive, gesellschaftlich festgehaltene und zugängliche
Daten handelt, ist dadurch eine gute Erreichbarkeit des Segments
gewährleistet. Somit wird im Nachhinein eine soziodemographische
Zuordnung der Segmente, welche mit Hilfe von psychologischen
Konstrukten gebildet wurden, möglich.[263] Dabei ist zu beachten, dass die
soziodemographischen Kriterien keine segmentbildende sondern lediglich
eine segmentbeschreibende Funktion übernehmen.

3.3.3.4. Zeitliche Stabilität der mittels psychologischer Konstrukte gebildeten Segmente

Obgleich sich **Werte** durch eine große zeitliche Stabilität auszeichnen, ist
seit den 70er Jahren ein Wandel der Werte hin zu postmaterialistischen
Werten bzw. Selbstentfaltungswerten zu beobachten.[264] Dabei ist dies mehr
auf eine veränderte Stellung von Werten in der Wertehierarchie der
einzelnen Generationen als auf eine Änderung des Wertegefüges einzelner
Personen zurückzuführen.[265] Deshalb können Werte als relativ stabil
angesehen werden.[266] Auch als relativ zeitstabil werden **Leistungs-,
Macht-** und **Anschlussmotiv** betrachtet.[267] Die konkreteren beruflichen
Ziele wiederum sind einem sehr viel schnelleren Wandel unterworfen, so
etwa aufgrund der im Moment schwierigeren Arbeitsmarktsituation. So
führt der gesteigerte Leistungsdruck am Arbeitsmarkt dazu, dass viele
Hochschulabsolventen ihre Freizeitorientierung beim Wechsel von
Hochschule in den Beruf zugunsten einer Karriereorientierung aufgeben.[268]
Dies zeigt, dass persönliche Ziele nicht kurzfristig orientiert sind, um dem
Handeln Stabilität und Konsistenz zu verleihen, sich aber über die Zeit

---

262   Vgl. Stickel, D. L. (1995), S. 145 f.
263   Vgl. Raffée, H./ Wiedmann, K.-P. (1987), S. 1203 f.
264   Vgl. Rosenstiel, L. v./ Nerdinger, F. W. (2000), S. 146, Inglehart, R. (1977), S. 23,
       Klages, H. (1984), S. 17.
265   Vgl. Stickel, D. L. (1995), S. 146, Rosenstiel, L. v. (1995a), S. 330 ff., Bisani, F. (1983),
       S. 683 f., Flegel, S. (2003), S. 148 ff.
266   Vgl. Silberer, G. (1991), S. 77, Nerdinger, F. W. (1984), S. 100.
267   Vgl. Nachreiner, F./ Müller, G. F. (1995), S. 272.
268   Vgl. Rosenstiel, L. v./ Nerdinger, F. W. (2000), S. 155 f., Rosenstiel, L. v. (2003), S. 236
       f.

verändern können. Sie können verwirklicht, reformuliert, aufgegeben oder durch andere Ziele ersetzt werden.[269]

3.3.3.5. Wirtschaftlichkeit der Segmentierung mittels psychologischer Konstrukte

Die Wirtschaftlichkeit der Messung von psychologischen Konstrukten und darauf basierender Segmentierung ist ambivalent zu beurteilen. Falls die Datenerhebung und Interpretation nur durch Experten vorgenommen werden kann (z.B. bei Tiefeninterviews oder offener Zielerfassung), ist mit einem hohen finanziellen Aufwand bei gleichzeitig kleineren Stichproben zu rechnen. Andererseits stehen für die Erfassung von **Werten, Motiven** und **Zielen** auch standardisierte Fragebögen zur Verfügung, welche die Wirtschaftlichkeit wesentlich verbessern.[270]

	Gestaltungsbezug	Operationalität	Erreichbarkeit	Stabilität	Wirtschaftlichkeit
Werte	●	◐	◐	●	◐
Motive	●	○	◐	●	◐
Ziele	●	◐	◐	◐	◐

Tabelle 10   Wertung der Segmentierung mittels psychologischer Konstrukte

3.3.3.6. Fazit der Segmentierung mittels psychologischer Konstrukte

Psychologische Konstrukte besitzen eine hohe Relevanz für die Gestaltung des Hochschulmarketings und zeichnen sich durch eine hohe zeitliche Stabilität aus. Nur bei Zielen ist aufgrund ihrer starken Handlungsorientierung die Möglichkeit der Veränderung im Zeitablauf größer. In den Bereichen Operationalität, Erreichbarkeit und Wirtschaftlichkeit sind bei allen psychologischen Konstrukten die Einschätzungen ambivalent, da

---

[269]   Vgl. Brunstein, J. C./ Maier, G. W. (1996), S. 152, Pöhlmann, K./ Brunstein, J. C. (1997), S. 64.
[270]   Vgl. Freter, H. (1983), S. 63.

aufwendige Messmethoden die Identifikation erschweren und verteuern (vgl. Tabelle 10).

Für die Erfassung und Segmentierung von High Potentials sind grundsätzlich alle drei Konstrukte geeignet.

3.3.4. Darstellung des vorläufigen Untersuchungsrahmens

Ein Ziel dieser Arbeit liegt darin, High Potentials von sonstigen Studenten abzugrenzen und Unterschiede in ihren Anforderungen an einen zukünftigen Arbeitgeber und in den Kommunikationsmaßnahmen, mit denen sie angesprochen werden möchten, herauszuarbeiten. Diese zentralen Annahmen kommen in der folgenden Hypothese zum Ausdruck:

Hypothese 1 (H1):

a) High Potentials unterscheiden sich in ihren Anforderungen an einen zukünftigen Arbeitgeber von den sonstigen Studenten.

b) High Potentials möchten durch andere Kommunikationsmaßnahmen über ihren zukünftigen Arbeitgeber informiert werden als die sonstigen Studenten.

Um diesen Hypothesen nachzugehen muss zunächst eine Grobsegmentierung erfolgen, in welcher das Segment der High Potentials innerhalb der Gruppe der Studenten erfasst wird. Dazu sollten qualifikationsbezogene Kriterien verwendet werden, vor allem **Schul- und Studienleistungen, Berufs- und Auslandserfahrung** sowie **außeruniversitäre Aktivitäten**, die für das Verhalten von Studenten und die Gestaltung des Hochschulmarketing-Instrumentariums relevant sind und gut operationalisiert werden können.

In einem weiteren Schritt soll gezeigt werden, dass es sich bei High Potentials um eine heterogene Zielgruppe handelt. Verschiedene Gruppen von High Potentials stellen wahrscheinlich unterschiedliche Anforderungen an einen zukünftigen Arbeitgeber und die Kommunikationsmaßnahmen, mit denen sie angesprochen werden möchten. Es ist zu vermuten, dass sich High Potentials vor allem hinsichtlich ihrer Persönlichkeitsmerkmale wie Werte, Motive oder persönliche Ziele unterscheiden

- insofern bietet sich eine Feinsegmentierung der Gruppe der High Potentials mit Hilfe von psychologischen Konstrukten an.

Dabei ist zu beachten, dass Werte aufgrund ihres grundlegenden Charakters und ihrer mittelbaren Wirkung eine geringere Relevanz zur Erklärung des unmittelbaren Verhaltens haben.[271] Deshalb sollten für die Bildung von Segmenten innerhalb der High Potentials aufgrund des stärkeren Verhaltensbezugs entweder Motive oder persönliche Ziele verwendet werden. Dabei ist zu beachten, dass Motive, speziell das Leistungsmotiv, sehr stark mit qualifikationsbezogenen Kriterien in Beziehung stehen, während es zwischen persönlichen Zielen und Studienleistungen nur einen geringen Zusammenhang gibt.[272] Durch die Verwendung von persönlichen Zielen würde somit eine mehrfache Messung des gleichen Sachverhalts vermieden und eine breitere Perspektive der Untersuchung ermöglicht. Des Weiteren hat die geringere zeitliche Stabilität von Zielen im Vergleich zu Motiven den Vorteil, dass Ziele ein sehr viel aktuelleres Bild von den tatsächlichen Handlungsabsichten als Motive vermitteln. Zudem zeigen Studien, dass Berufsanfänger in einem Unternehmen ihre persönlichen Ziele realisieren möchten. Je günstiger sie die Chancen zur Verwirklichung dieser Ziele einschätzen, desto größer sind die Identifikationsbereitschaft mit diesem Unternehmen und ihre spätere Arbeitszufriedenheit.[273] Anwerbung und Bindung von High Potentials mit Hilfe des Hochschulmarketings setzen somit die Kenntnis von deren persönlichen Zielen und die Abstimmung der Hochschulmarketingmaßnahmen mit diesen Zielen voraus.[274] Aufgrund dieser Punkte werden in dieser Arbeit persönliche Ziele als psychologisches Segmentierungskriterium der Gruppe der High Potentials verwendet.

Insgesamt kommen die Annahmen über die Heterogenität von High Potentials sowie die Unterschiede in den Anforderungen und Kommunikationsmaßnahmen in der folgenden Hypothese zum Ausdruck:

---

271 Vgl. Raffée, H./ Wiedmann, K.-P. (1989), S. 559 f.
272 Vgl. Abele, A. (2002), S. 114, Franke, N. (1999), S. 900 f., Franke, N. (2000), S. 83 ff.
273 Vgl. Brunstein, J. C./ Maier, G. W. (1996), S. 155.
274 Vgl. Rosenstiel, L. v./ Nerdinger, F. W. (2000), S. 147, Rosenstiel, L. v. et al. (1998), S. 208, Lang, T. (1994), S. 216 f.

Hypothese 2 (H2):

a) High Potentials sind keine homogene Zielgruppe.
Vielmehr können mit Hilfe von persönlichen Zielen
verschiedene Typen von High Potentials identifiziert
werden.

b) Diese Persönlichkeitstypen unterscheiden sich
untereinander in den Anforderungen, die sie an einen
zukünftigen Arbeitgeber stellen.

c) Diese Persönlichkeitstypen unterscheiden sich
untereinander in den Kommunikationsmaßnahmen,
die sie zur Information über ihren zukünftigen
Arbeitgeber nutzen.

Unterschiede zwischen High Potentials müssen nicht alleine auf psychologischen Konstrukten fußen, sondern können auch durch andere Merkmale erklärbar sein. Vor allem das Geschlecht eines High Potentials scheint hier eine wichtige Rolle zu spielen. So kann aufgrund zahlreicher Studien vermutet werden, dass in der Gruppe der High Potentials **geschlechtsspezifische Unterschiede** hinsichtlich der Anforderungen an den zukünftigen Arbeitgeber existieren. Auch wenn sich die Anforderungsmerkmale von Frauen an einen potenziellen Arbeitgeber nur geringfügig von denen der Männer unterscheiden, zeigen Frauen in manchen Studien höhere und komplexere Ansprüche als Männer.[275] Darauf aufbauend wird gefordert, dass auch die Hochschulmarketing-Instrumente geschlechtsspezifisch auszurichten seien.[276] Daraus ergibt sich die folgende Hypothese:

---

[275]   Vgl. Kirchgeorg, M./ Lorbeer, A. (2002), S. 20, Simon, H. et al. (1995), S. 94 ff., Lieber, B. (1995), S. 144 f., Sandberger, J.-U. (1992), S. 155.
[276]   Vgl. Simon, H. et al. (1995), S. 96. Beispielsweise gestalten Unternehmensberatungen spezielle Rekrutierungsveranstaltungen für weibliche High Potentials. Vgl. o.V. (2005), S. 42.

Hypothese 3 (H3):

a) Weibliche High Potentials unterscheiden sich in ihren Anforderungen an einen zukünftigen Arbeitgeber von männlichen High Potentials.

b) Weibliche High Potentials möchten durch andere Kommunikationsmaßnahmen über ihren zukünftigen Arbeitgeber informiert werden als männliche High Potentials.

Zusammenfassend ergibt sich aus diesen Überlegungen ein vorläufiger Untersuchungsrahmen, in welchen die erläuterten Zusammenhänge und Hypothesen integriert wurden (vgl. Abbildung 5).

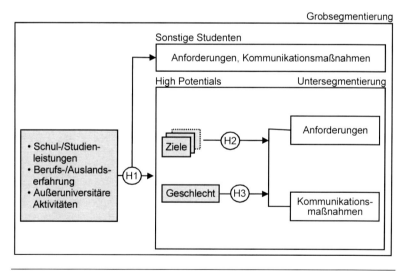

Abbildung 5   Darstellung des vorläufigen Untersuchungsrahmens

4.   Die Aktionsseite des Hochschulmarketings

Im vorangegangenen Kapitel wurde die Informationsseite des Hochschulmarketings genauer erläutert. Zuerst wurden die verschiedenen Elemente
der Informationsgewinnung anhand des Strategischen Dreiecks aufgezeigt
und anschließend beschrieben. Danach wurde die Zielgruppe der High
Potentials definiert und Segmentierungskriterien herausgearbeitet, welche
geeignet sind, das hohe Leistungspotenzial von High Potentials zu
erfassen. Die qualifikationsbezogenen Kriterien ermöglichen es, High
Potentials von den sonstigen Studenten abzugrenzen. Untereinander
können High Potentials anhand des Konstrukts der persönlichen Ziele
differenziert werden. Diese Marktaufteilung in High Potentials und
sonstige Studenten bildet den Ausgangspunkt für die Aktionsseite, in
welcher die Marktbearbeitung der einzelnen Segmente strategisch und
operativ geplant wird.[277]

In einem ersten Schritt ist die Strategie der Marktbearbeitung festzulegen.
Dabei muss geklärt werden, wie vollständig und wie unterschiedlich der
Markt bearbeitet werden soll. Auf der operativen Ebene werden die
Maßnahmen des Hochschulmarketings genauer erläutert.[278] In Anlehnung
an das Strategische Dreieck beschäftigt sich dieser Teil zum einen mit den
Anreizen im Hochschulmarketing, die notwendig sind, um High Potentials
zu gewinnen, und zum anderen mit der Kommunikation dieser Anreize.
Am Ende des Kapitels werden sämtliche Instrumente dargelegt, welche das
Hochschulmarketing als Maßnahmenpaket umfasst und in den endgültigen
Untersuchungsrahmen eingebunden. Dieser Untersuchungsrahmen bildet
dann den Ausgangspunkt für die empirische Analyse.

4.1.   Strategische Marktbearbeitung der Zielgruppe High Potentials

Auf die Arbeitsmarktsegmentierung folgt normalerweise die Auswahl der
Zielgruppen, welche vom Unternehmen angesprochen werden sollen.[279]
Dabei wird die Auswahl der Zielgruppen grundsätzlich durch den
quantitativen und qualitativen Personalbedarf des Unternehmens
bestimmt. Weitere Kriterien, die zur Auswahl von Zielgruppen
herangezogen werden können, sind die Wettbewerbssituation im jeweiligen
Teilmarkt oder der für eine Ansprache des Teilmarktes notwendige
Ressourceneinsatz.[280] Um die Frage der Marktbearbeitung zu klären, muss

---

277   Vgl. Schmidtke, C./ Backes-Gellner, U. (2002), S. 323 f., Schmidtke, C. (2002), S. 35.
278   Vgl. Stickel, D. L. (1995), S. 53 ff., Simon, H. et al. (1995), S. 15 ff.
279   Vgl. Dietmann, E. (1993), S. 202 ff.
280   Vgl. Höllmüller, M. (2002), S. 68 f.

das Unternehmen grundsätzliche Entscheidungen hinsichtlich der Anzahl der abzudeckenden Marktsegmente und der Art der Segmentbearbeitung treffen (vgl. Abbildung 6).[281]

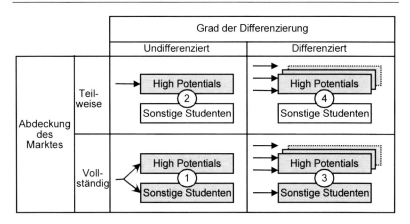

Abbildung 6   Segmentspezifische Hochschulmarketingstrategien

Die Art der Segmentbearbeitung drückt sich vor allem darin aus, ob unternehmensweit ein einziger oder mehrere Hochschulmarketingansätze erarbeitet werden („Grad der Differenzierung"). Demgegenüber ermöglicht die Dimension „Abdeckung des Marktes" eine Unterscheidung danach, ob sämtliche identifizierten Segmente bearbeitet werden sollen oder nur ausgewählte Teile. Im Rahmen einer undifferenzierten Marktbearbeitungsstrategie (Feld 1) werden mit einem Hochschulmarketingansatz die Marktsegmente der High Potentials und der sonstigen Studenten gemeinsam angesprochen. Auf jeden Bewerber werden also die gleichen Inhalte und Instrumente angewandt. Eine Segmentierung ist hinfällig, da die Unterschiede zwischen den Segmenten als niedrig eingeschätzt und die Gemeinsamkeiten der verschiedenen Gruppen betont werden. Bei einem konzentrierten Hochschulmarketing (Feld 2) fokussiert sich das Unternehmen auf eine der Zielgruppen und kann sich somit auf deren Anforderungen einstellen. Das andere Arbeitsmarktsegment wird nicht bearbeitet, so dass Unternehmensressourcen eingespart werden. Mittels eines differenzierten Hochschulmarketings (Feld 3) versucht das Unternehmen, sowohl High Potentials als auch sonstige Studenten mit unterschiedlichen, jeweils an deren Anforderungen angepassten Hoch-

---

[281]   Vgl. hierzu und zu den folgenden Ausführungen Meffert, H. (1998), S. 208 ff., Simon, H. et al. (1995), S. 151 f., Kotler, P. et al. (2003), S. 480 ff., Freter, H. (1983), S. 111 ff.

schulmarketingmaßnahmen zu bearbeiten. Dabei werden innerhalb der
einzelnen Zielgruppen Untersegmente gebildet, um diese noch
individueller anzusprechen. Je stärker dabei der Differenzierungsgrad der
einzelnen Aktivitäten ist, desto höhere finanzielle und personelle
Ressourcen werden erforderlich, so dass diese Strategiealternative nur für
größere Unternehmen in Frage kommt. Als Alternative zur differenzierten
Bearbeitung aller Marktsegmente bietet sich die selektive Bearbeitung eines
Teilmarktes, d.h. nur ausgewählter Segmente an (Feld 4). Durch eine
solche Strategie können Unterschiede innerhalb einer Zielgruppe stärker
berücksichtigt werden, ohne dass die Kosten der Marktbearbeitung
ausufern. Dieses Vorgehen ist vor allem in einer Situation des
Käufermarktes sinnvoll, in der eine profunde Kenntnis und darauf
aufbauend eine gezielte Ansprache der Bewerber nötig ist.[282]

Im Rahmen dieser Arbeit findet eine Fokussierung auf eine Zielgruppe,
nämlich High Potentials, statt. Speziell werden die High Potentials des
kaufmännischen Führungsnachwuchses angesprochen, da diese mit Blick
auf die Absolventenzahlen eine der stärksten Zielgruppen des
Führungsnachwuchses sind.[283] Dabei wird unter der Annahme, dass
verschiedene Typen von High Potentials mit unterschiedlichen
Anforderungen an einen zukünftigen Arbeitgeber existieren, eine
differenzierte Marktbearbeitungsstrategie verfolgt.

4.2. Operative Marktbearbeitung der Zielgruppe High Potentials

Nachdem die Teilmarktstrategie festgelegt wurde, wird in einem nächsten
Schritt die operative Marktbearbeitung dieses Zielsegments geklärt. Um
konkrete Ansatzpunkte im Wettbewerb der Unternehmen um High
Potentials aufzuzeigen, wird der Akquisitionsprozess von High Potentials
näher betrachtet (vgl. Abbildung 7).

---

[282]   Vgl. Freter, H. (1983), S. 115.
[283]   Vgl. Simon, H. et al. (1995), S. 74 ff., Wöhr, M. (2002), S. 27 ff.

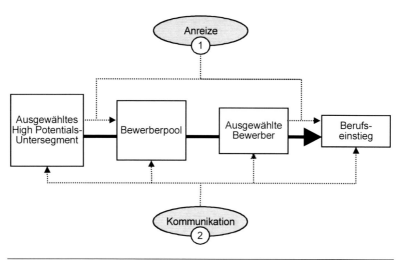

Abbildung 7   Operative Ansatzpunkte im Akquisitionsprozess von High Potentials[284]

In einem ersten Schritt legt ein Unternehmen das relevante High Potentials-Untersegment fest, auf welches es sein Engagement fokussiert. Dabei sollte darauf geachtet werden, dass die Haltungen und Ziele der ausgewählten High Potentials dem entsprechen, was innerhalb der Kultur der Organisation als wichtig und wertvoll erachtet wird.[285] Dieses Untersegment kann nun mit selektiveren Maßnahmen angesprochen werden. Dabei entsteht ein Bewerber-Pool, der sich aus allen High Potentials des Untersegments zusammensetzt, die gegenüber dem Unternehmen als Bewerber auftreten. Da nicht alle Bewerber den Anforderungen entsprechen, wählt das Unternehmen attraktive Bewerber aus und legt damit die Gruppe der ausgewählten Bewerber fest. Dabei kann bereits vor dem Studienende die Entscheidung über eine Einstellung fallen. Da aber nicht alle ausgewählten Bewerber ein Vertragsangebot annehmen, können erst nach erfolgreichem Vertragsabschluss ausgewählte Bewerber tatsächlich als hochqualifizierte Führungsnachwuchskräfte akquiriert werden. Um High Potentials am Markt gewinnen zu können,

---

[284]   Vgl. Simon, H. et al. (1995), S. 186, Moser, K. (1992), S. 10, Ahlers, F. (1994), S. 208, Höllmüller, M. (2002), S. 74.

[285]   Vgl. Hungenberg, H. (1990), S. 10 ff., Rosenstiel, L. v. (2000), S. 132 ff., Lang-von Wins, T./ Rosenstiel, L. v. (2000), S. 74 f., Stauffer, D. (1998), S. 3 f.

sind zwei Ansatzpunkte zu gestalten, die an unterschiedlichen Stellen im Akquisitionsprozess wirken:

Ein erster Ansatzpunkt ist in der **Gestaltung von Anreizen** zu sehen.[286] Zielgruppenspezifische Anreize bewirken zunächst, wie im Akquisitionsprozess illustriert, dass viele High Potentials des anvisierten Untersegments sich bei dem Unternehmen bewerben und somit in den Bewerberpool gelangen. Dabei sucht und wählt der Bewerber im Rahmen der Selbstselektion eine den eigenen Wünschen und Zielen entsprechende Stelle. Dies wird durch eine glaubwürdige und authentische Selbstdarstellung des Unternehmens sowie eine realistische Tätigkeitsbeschreibung unterstützt.[287] Nur wenn der Bewerber den Eindruck hat, seine beruflichen Ziele im Unternehmen in berufliches Handeln umsetzen zu können, wird er sich weiter für das Unternehmen interessieren.[288] Darüber hinaus beeinflusst die Anreizgestaltung ausgewählte High Potentials dahingehend, dass sie auch tatsächlich in ein Unternehmen eintreten.[289] Wenn die vom Unternehmen angebotenen Anreize geeignet sind, die Anforderungen der Bewerber besser als die konkurrierenden Arbeitgeber zu erfüllen, hat das Unternehmen Wettbewerbsvorteile auf dem Bewerbermarkt.[290] Mit zunehmender Wettbewerbsintensität erhöht sich dabei die Bedeutung der Anreizgestaltung, da sich für potenzielle Bewerber größere Auswahlmöglichkeiten aus den gebotenen Anreizen der konkurrierenden Unternehmen ergeben.[291]

Als zweiter Ansatzpunkt im Wettbewerb um High Potentials ist die **Gestaltung der Kommunikation** zu nennen.[292] Diese ist im gesamten Akquisitionsprozess von Bedeutung und wirkt auf High Potentials auf allen Stufen des Akquisitionsprozesses ein. Ihre Bedeutung ergibt sich daraus, dass die Anreize des Unternehmens von High Potentials wahrgenommen werden müssen, um ihre Wirkung zu entfalten.[293] Dies erfordert die Gestaltung von zielgerichteten Kommunikationsmaßnahmen, welche sowohl das ausgewählte Untersegment der High Potentials als auch den Bewerberpool sowie die ausgewählten Bewerber erreichen.[294] Diese Kommunikationsmaßnahmen müssen dem Informationsverhalten der

286   Vgl. Simon, H. et al. (1995), S. 16, Süß, M. (1996), S. 189 ff.
287   Vgl. Süß, M. (1996), S. 204 f., Teufer, S. (1999), S. 171 ff.
288   Vgl. Kaschube, J. (1994), S. 188, Nerdinger, F. W. (1994), S. 21 ff.
289   March, J. G./ Simon, H. (1958), S. 84, Wiegran, G. (1993), S. 11, Blumenstock, H. (1994), S. 53.
290   Vgl. Ahlers, F. (1994), S. 126 f., Simon, H. et al. (1995), S. 16.
291   Vgl. Höllmüller, M. (2002), S. 75.
292   Vgl. Sebastian, K.-H. et al. (1988), S. 1000 f.
293   Vgl. Stachon, D. (2002), S. 30, Blumenstock, H. (1994), S. 60.
294   Vgl. Simon, H. et al. (1995), S. 185 ff., Süß, M. (1996), S. 205 ff.

Zielgruppe gerecht werden und deren Anforderungen an Informationsquellen entgegenkommen. Dabei müssen die Kommunikationsmaßnahmen
frühzeitig beginnen und dennoch intensiv über die Tätigkeit informieren,
um eine Selbstselektion der Bewerber zu ermöglichen.[295]

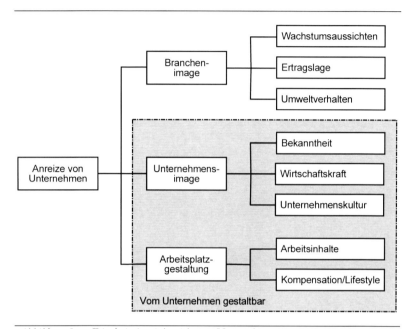

Abbildung 8   Die drei Anreizbereiche von Unternehmen

4.2.1.   Gestaltung der Anreize im Hochschulmarketing

Die Anreizgestaltung richtet sowohl das Unternehmen als auch seine
Arbeitsplätze an den Anforderungen und Präferenzstrukturen der
ausgewählten High Potentials-Segmente aus. Mit diesem Anreizangebot
positioniert sich ein Unternehmen am Markt und muss sich gegenüber
anderen Unternehmen im Wettbewerb durchsetzen. Nur wenn das
Anreizangebot im Vergleich zu konkurrierenden Unternehmen attraktiv ist,
kann bei potenziellen Bewerbern Interesse für ein Unternehmen geweckt
werden.[296] Dabei sollten lediglich solche Anreize kommuniziert werden, die
bereits im Unternehmen verwirklicht wurden. Das Werben mit Anreizen,
welche im Unternehmen noch nicht umgesetzt sind, gefährdet die

---

295   Vgl. Süß, M. (1996), S. 205, Nerdinger, F. W. (1994), S. 36.
296   Vgl. Lieber, B. (1995), S. 32, Höllmüller, M. (2002), S. 76.

Glaubwürdigkeit des gesamten Hochschulmarketings.[297] Dabei wird die Attraktivität eines Unternehmens von drei Bereichen - **Branchenimage, Unternehmensimage** und **Arbeitsplatzgestaltung** - maßgeblich beeinflusst (vgl. Abbildung 8).[298]

Auf diese drei Bereiche wird im Folgenden jeweils gesondert eingegangen:

Der erste Bereich, das **Branchenimage**, wird vor allem von den Wachstumsaussichten, der Ertragslage und dem Umweltverhalten der Unternehmen einer Branche geprägt.[299] Aufgrund seiner allgemeinen Ausrichtung ermöglicht es eine erste Einschätzung des Unternehmens im Beurteilungsraum von Interessenten. Je weniger Informationen potenzielle Bewerber über ein Unternehmen besitzen, desto stärker orientieren sie sich am Branchenimage.[300] Gerade unbekanntere Unternehmen sind davon betroffen, dass Arbeitgeberentscheidungen aufgrund mangelnder Kenntnis des Unternehmens oft nur auf der Einschätzung des Branchenimages fußen. Insofern kann bereits ein negatives Branchenimage dazu führen, dass ein Unternehmen bei der weiteren Suche nach einem attraktiven Arbeitgeber nicht mehr berücksichtigt wird. Andererseits kann ein ausgeprägt positives Branchenimage vorteilhaft für die Gesamtbeurteilung eines Unternehmens sein und es als attraktiven Arbeitgeber erscheinen lassen.[301] Problematisch ist, dass der kurzfristigen Verbesserung und Steigerung des Branchenimages durch ein einzelnes Unternehmen enge Grenzen gesetzt sind. Denn während ein spürbar negativer Einfluss auf das Branchenimage durch ein einzelnes Unternehmen sehr wohl möglich ist,[302] ist eine Steigerung der Branchenattraktivität nur langfristig und auf überbetrieblicher Ebene, z.B. durch den Dachverband der Branche realisierbar.[303] Dabei sind selbst groß angelegte Branchenimagekampagnen kein Garant für die baldige Verbesserung des Branchenimages. Vielversprechender ist die Möglichkeit, sich durch Maßnahmen der Unternehmensprofilierung vom Branchenimage abzusetzen. Insofern ist

---

[297]   Vgl. Ahlers, F. (1994), S. 126, Süß, M. (1996), S. 189.
[298]   Vgl. Kaschube, J. (1994), S. 192, Süß, M. (1996), S. 188, Höllmüller, M. (2002), S. 77, Nerdinger, F. W. (1994), S. 35, Chambers, E. G. et al. (1998), S. 50.
[299]   Vgl. Teufer, S. (1999), S. 146.
[300]   Vgl. Simon, H. et al. (1995), S. 168 f., Süß, M. (1996), S. 190.
[301]   Vgl. Teufer, S. (1999), S. 147.
[302]   Spektakuläre Insolvenzfälle (z.B. Holzmann AG) haben das Image der Baubranche nachhaltig geschädigt.
[303]   Vgl. Vollmer, R. E. (1993), S. 193.

die Gestaltung des Unternehmensimages ein wirksamerer Hebel, um die Attraktivität des Unternehmens zu steigern.[304]

Der zweite Bereich, das **Unternehmensimage**, ermöglicht es Unternehmen, einen Teil ihres Imagenachteils aufgrund der geringen Branchenattraktivität durch unternehmensbezogene Kriterien auszugleichen oder ein positives Branchenimage noch weiter zu verstärken.[305] Die Beurteilung des Unternehmensimages wird bestimmt durch die Bekanntheit des Unternehmens, seine Wirtschaftskraft und die vorherrschende Unternehmenskultur. Die Bekanntheit eines Unternehmens steht eng mit dem Image und der Bekanntheit seiner Marke in Verbindung. Dabei werden die Assoziationen, welche Bewerber mit der Marke verbinden, auf das Image des Unternehmens als Arbeitgeber übertragen. Deshalb stehen Unternehmen mit attraktiven Produkten und prestigeträchtigen Marken oft an der Spitze der beliebtesten Arbeitgeber von High Potentials.[306] Die Wirtschaftskraft eines Unternehmens wird anhand seiner Ertragslage und Zukunftsorientierung beurteilt. Dabei sind normalerweise wirtschaftlich gesunde Unternehmen mit Wachstumsaussichten attraktiver für Absolventen als Unternehmen mit ungewisser Zukunft.[307] Die Unternehmenskultur wiederum umfasst die Gesamtheit von geteilten Normen, Wertvorstellungen und Denkhaltungen, welche das Verhalten der Mitarbeiter aller Stufen und damit das Erscheinungsbild eines Unternehmens prägen.[308] Unternehmen sollten die drei Gestaltungshebel - Bekanntheit und Wirtschaftskraft des Unternehmens sowie Unternehmenskultur - in Abhängigkeit vom anvisierten High Potentials-Untersegment verwenden, um ein unverwechselbares Profil zu erhalten. Dies kann durch attraktive Produkte, erfolgreiche Unternehmensführung, vorbildliches Umweltverhalten oder gesellschaftliches Engagement geschehen. Eine solche Schwerpunktsetzung positioniert das Unternehmen vorteilhaft in der Nische des angesprochenen Untersegments und ermöglicht eine glaubwürdige Kommunikation mit diesem.[309]

Selbst wenn sowohl das Branchen- als auch das Unternehmensimage als mäßig beurteilt werden, kann ein Bewerber dennoch für das Unternehmen gewonnen werden. Denn Stellensuchende bewerten mitunter den dritten

---

304   Vgl. Süß, M. (1996), S. 191.
305   Vgl. Süß, M. (1996), S. 192.
306   Vgl. Grobe, E. (2003), S. 63 ff., Bauer, H. H./ Teufer, S. (2000), S. 34, Teufer, S. (1999), S. 52 ff.
307   Vgl. Grobe, E. (2003), S. 38, Simon, H. et al. (1995), S. 89.
308   Vgl. Teufer, S. (1999), S. 144, Hungenberg, H. (2004), S. 38 ff., Hungenberg, H./ Wulf, T. (2005), S. 89 ff.
309   Vgl. Süß, M. (1996), S. 193.

Bereich, die **Arbeitsplatzgestaltung** (im weiteren Sinne), welcher sich mit der konkreten Ausgestaltung der zukünftigen Tätigkeit und ihren Rahmenbedingungen befasst, höher.[310] Eine als motivierend empfundene Tätigkeit kann die ursprünglich negative Einschätzung der Branche und des Unternehmens kompensieren.[311] Im Rahmen der Arbeitsplatzgestaltung sind so verschiedene Facetten wie die Weiterbildungsmöglichkeiten, der Führungsstil oder die Möglichkeit von Auslandseinsätzen zu konkretisieren und auf die jeweilige Zielgruppe abzustimmen.[312] Dabei sollte beachtet werden, dass die Selbstselektion der Bewerber sich stark auf die Inhalte und Entwicklungsaspekte der konkreten Tätigkeit bezieht.[313] Im Bereich der Kompensation sind neben der Frage des Grundgehalts und der Gesamtvergütung auch Zusatzleistungen wie z.B. ein Firmenwagen auf die jeweilige Zielgruppe abzustimmen. Im Bereich des Lifestyles spielen „weiche" Faktoren wie z.B. ein attraktiver Unternehmensstandort oder die Vereinbarkeit von Privat- und Berufsleben eine wichtige Rolle.[314]

Mit Hilfe dieser drei Bereiche ist ein möglichst attraktives Angebot für die verschiedenen Segmente von High Potentials zu erstellen, wobei nur die Bereiche Unternehmensimage und Arbeitsplatzgestaltung vom Unternehmen direkt beeinflussbar sind.

4.2.2. Gestaltung der Kommunikation im Hochschulmarketing

Die für die jeweiligen Zielsegmente angebotenen Anreize können ihre Wirkung nur entfalten, wenn sie von den High Potentials auch wahrgenommen werden. Zur Vermittlung dieser zielgruppenspezifischen Inhalte an Hochschulen stehen verschiedene Kommunikationsmaßnahmen zur Verfügung.[315] Da Unternehmensbudgets und Managementkapazitäten begrenzt sind, müssen Unternehmen aus der Menge der verfügbaren Kommunikationsmaßnahmen diejenigen auswählen, welche zu ihren angebotenen Anreizen und den Anforderungen des jeweiligen Segments passen.[316] Die Auswahl der geeigneten Maßnahmen wird dadurch erschwert, dass das Maßnahmenspektrum im Laufe der Jahre immer

---

[310] Vgl. Nerdinger, F. W. (1994), S. 35 f., Rynes, S. L. et al. (1991), S. 496 ff., Chambers, E. G. et al. (1998), S. 50.
[311] Vgl. Rosenstiel, L. v. et al. (1991), S. 100, Süß, M. (1996), S. 194.
[312] Vgl. Cappelli, P. (2000), S. 105 ff.
[313] Vgl. Kaschube, J. (1994), S. 200, Wiltinger, K. (1997), S. 68.
[314] Vgl. Ahlers, F. (1994), S. 128 ff., Höllmüller, M. (2002), S. 78 f., Chambers, E. G. et al. (1998), S. 51 f.
[315] Vgl. Süß, M. (1996), S. 202, Holtbrügge, D. (2005), S. 88.
[316] Vgl. Stachon, D. (2002), S. 95, Ahlers, F. (1994), S. 202.

stärker ausgeweitet und verfeinert wurde.[317] So werden beispielsweise neben dem klassischen Praktikum nun auch Workshops für High Potentials in Orten wie Helsinki und Reval angeboten, um sich als attraktiver Arbeitgeber zu präsentieren und sich von anderen Unternehmen auf der Maßnahmenseite abzuheben.[318] Um das vielfältige Maßnahmenspektrum zu strukturieren, lassen sich fünf Bereiche unterscheiden, denen die einzelnen Maßnahmen des Hochschulmarketings zugeordnet werden können (vgl. Abbildung 9).[319] Dabei wurden in der folgenden Aufstellung nur die gängigsten Einzelmaßnahmen berücksichtigt.[320]

Zu beachten ist, dass die Maßnahmengruppen von den Inhalten her miteinander verwoben sind. Beispielsweise ist mit Entwicklungsmaßnahmen immer auch eine Präsentation des Arbeitgebers verbunden. Deshalb ist eine trennscharfe Zuordnung von Einzelmaßnahmen zu den Maßnahmengruppen fast unmöglich.

Die erste Gruppe umfasst **Kontakte zu Meinungsführern** und Experten, wie z.B. studentischen Organisationen, Professoren, Journalisten oder Berufsberatern.[321] Diese agieren als Multiplikatoren und üben einen indirekten Einfluss auf potenzielle Bewerber aus.[322] Diese Kommunikationsform beeinflusst am wirkungsvollsten die Entscheidung der Arbeitgeberwahl, ist jedoch nur schwer durch das Unternehmen steuerbar.[323] Dabei ist die Zusammenarbeit mit studentischen Organisationen für Unternehmen auch deshalb attraktiv, weil deren Mitglieder, vor allem aber die Funktionsträger, mit hoher Wahrscheinlichkeit zur Zielgruppe der High Potentials gehören.[324] Lehrstuhlkontakte im Speziellen weisen zwei weitere Vorteile auf. Zum einen kann der entsprechende Lehrstuhl seinen Wissensvorsprung nutzen und Absolventen mit herausragenden Leistungen direkt für das Unternehmen ansprechen.[325] Zum anderen dienen persönliche Kontakte zu Professoren als Türöffner für andere Maßnahmen des

---

[317] Vgl. Ahlers, F. (1994), S. 167.
[318] Vgl. Werbung der Unternehmensberatung McKinsey & Company, Inc. in der Mai-Ausgabe 2005 des Wirtschaftsmagazins "Karriere".
[319] Vgl. Ahlers, F. (1994), S. 167 ff., Thom, N./ Friedli, V. (2003), S. 5.
[320] Vgl. Simon, H. et al. (1995), S. 185, Stachon, D. (2002), S. 101, Zaugg, R. (1996), S. 183, Ahlers, F. (1994), S. 171, Giesen, B. (1998), S. 91, Berk, B. v. (1993), S. 215, Moll, M. (1992), S. 49 ff.
[321] Vgl. Ahlers, F. (1994), S. 170.
[322] Vgl. Höllmüller, M. (2002), S. 96.
[323] Vgl. Süß, M. (1996), S. 212 f.
[324] Vgl. Kapitel 3.2.2.3., Stachon, D. (2002), S. 113, Stelzer, J. (1990), S. 74, Steinmetz, F. (1997), S. 56 f.
[325] Vgl. Ahlers, F. (1994), S. 170.

Hochschulmarketings, wie z.B. Firmenpräsentationen in Vorlesungen oder
Workshops.[326]

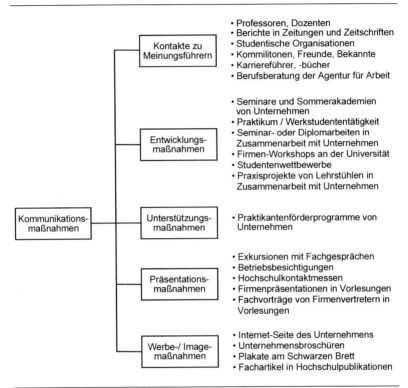

Abbildung 9   *Kommunikationsmaßnahmen im Hochschulmarketing*

Ziel von **Entwicklungsmaßnahmen** ist die Lösung praktischer
Problemstellungen durch Studenten. Dabei werden entweder konkrete
Aufgabengebiete bearbeitet oder Praxisfälle simuliert und diskutiert.[327]
Diese Lern- und Förderungskomponente kann entweder, wie bei Praktika,
vor Ort im Unternehmen stattfinden, oder, wie bei Diplomarbeiten,
Workshops oder Studentenwettbewerben, ihren Schwerpunkt außerhalb
des Unternehmens, hauptsächlich an der Universität, haben. Neben der
Weiterbildung und dem Praxisbezug bieten solche Maßnahmen den
Teilnehmern die Chance, sich vom potenziellen zukünftigen Arbeitgeber

---

326   Vgl. Stachon, D. (2002), S. 109 f., Steinmetz, F. (1997), S. 54.
327   Vgl. Ahlers, F. (1994), S. 172.

einen längeren, kontinuierlichen Eindruck aus erster Hand zu verschaffen.[328] Doch auch Unternehmen profitieren von diesen Kommunikationsmaßnahmen. Denn je enger sie mit Studenten kooperieren, desto mehr haben Unternehmen die Möglichkeit, potenzielle Bewerber kennenzulernen und besonders interessante Studenten zu identifizieren und zu akquirieren. [329]

Bei **Unterstützungsmaßnahmen** steht die materielle und immaterielle Unterstützung und Förderung von Studenten und ihrer Vorhaben im Vordergrund.[330] Für Unternehmen besonders interessant sind Praktikantenförderprogramme.[331] Diese bieten die Möglichkeit, gute Studenten an das eigene Unternehmen zu binden. Dabei kann die Betreuung der Praktikanten unterschiedliche Formen annehmen: von der formlosen Kontaktpflege über die Aufnahme in einen Förderkreis, welcher sich regelmäßig zu Schulungen trifft, bis hin zu strukturierten Förderprogrammen, in denen Studenten oftmals besser als Praktikanten bezahlt werden und sehr stark in den normalen betrieblichen Ablauf eingebunden sind.[332] Dabei kann durch eine geschickte Abfolge von Praktika und Schulungsmaßnahmen eine spätere Einarbeitungsphase ersetzt werden.[333]

Bei **Präsentationsmaßnahmen** wollen sich Unternehmen als attraktiver Arbeitgeber vorstellen, wobei die Möglichkeit zum Gedankenaustausch zwischen Unternehmensmitgliedern und Studenten besteht.[334] Die Präsentation des Unternehmens kann entweder an der Universität im Rahmen einer Veranstaltung oder außerhalb der Hochschule auf einer Messe oder bei einer Betriebsbesichtigung stattfinden.[335] Dabei muss das Unternehmen entscheiden, ob es sich eher allgemein als Arbeitgeber präsentieren oder aber zu einem Fachthema Stellung beziehen will. Bei allgemeinen Vorträgen, die über das Unternehmen und seine Karrieremöglichkeiten informieren, können häufig größere Gruppen von Studenten erreicht werden. Denn bei solchen Veranstaltungen sind die Berührungsängste der Studenten geringer. Durch Fachveranstaltungen

---

[328] Vgl. Steinmetz, F. (1997), S. 53 f., Stachon, D. (2002), S.104.
[329] Vgl. Steinmetz, F. (1997), S. 49.
[330] Vgl. Ahlers, F. (1994), S. 174.
[331] Als weitere Unterstützungsmaßnahmen kommen Geld- oder Bücherstipendien in Frage. Diese wurden aber nicht weiter untersucht, da sie von einem Großteil der Unternehmen nicht im Hochschulmarketing verwendet werden. Vgl. Stachon, D. (2002), S. 206.
[332] Vgl. Eggers, B./ Ahlers, F. (1999), S. 42, Steinmetz, F. (1997), S. 50 f.
[333] Vgl. Stachon, D. (2002), S. 105 ff.
[334] Vgl. Ahlers, F. (1994), S. 176.
[335] Vgl. Steinmetz, F. (1997), S. 52 f.

wiederum ist eine zielgerichtetere Ansprache bestimmter Segmente und ein stärkerer Gedankenaustausch aufgrund der geringeren Teilnehmerzahl möglich. Dabei hängt der Erfolg von Firmenpräsentationen zu einem wesentlichen Teil vom persönlichen Eindruck ab, den die Studenten vom Unternehmensvertreter gewinnen.[336] Deshalb ist bei dessen Auswahl nicht nur seine fachliche, sondern in besonderer Weise seine soziale und kommunikative Kompetenz entscheidend.[337]

Im Gegensatz zu den Präsentationsmaßnahmen dienen die **Werbe- und Imagemaßnahmen** nur der einseitigen Information potenzieller Nachwuchskräfte durch das Unternehmen.[338] Dies kann durch Unternehmensbroschüren geschehen, welche an der Hochschule verteilt werden, sowie durch Plakate an den Schwarzen Brettern der Lehrstühle oder durch Fachartikel in Hochschulpublikationen. Bei Platzierung dieser Materialien sind Kontakte zu Lehrstühlen hilfreich, da Anschläge an Lehrstuhlbrettern eine höhere Aufmerksamkeit genießen.[339] Ergänzt wird die Präsentation des Unternehmens durch Internetauftritte der Firmen für Hochschulabsolventen. Diese speziellen Internetauftritte sollen eine selektive Wirkung entfalten und gezielt die Bewerbersegmente ansprechen, welche für das Unternehmen interessant sind.[340]

Um die Verwendung der verschiedenen Kommunikationsmaßnahmen besser zu planen, können diese hinsichtlich ihrer Reichweite und ihres Interaktionsgrads unterschieden werden (vgl. Abbildung 10). Die Dimension der Reichweite gibt die Anzahl der Studenten und Absolventen der Zielgruppe an, die durch das Kommunikationsinstrument angesprochen werden. Der Interaktionsgrad klärt, ob mittels der Instrumente eine zweiseitige Kommunikation zwischen Unternehmensvertretern und Führungsnachwuchs gelingt oder nicht.[341]

---

[336]   Vgl. Bokranz, R./ Stein, S. (1989), S. 178, Thom, N./ Friedli, V. (2003), S. 6 f.
[337]   Vgl. Stachon, D. (2002), S. 108.
[338]   Vgl. Ahlers, F. (1994), S. 176 f.
[339]   Vgl. Steinmetz, F. (1997), S. 54.
[340]   Vgl. Stachon, D. (2002), S. 103 f. Zu verschiedenen Möglichkeiten des Electronic Recruiting vgl. Thom, N./ Friedli, V. (2003), S. 8 ff.
[341]   Vgl. Simon, H. et al. (1995), S. 184, Stachon, D. (2002), S. 100.

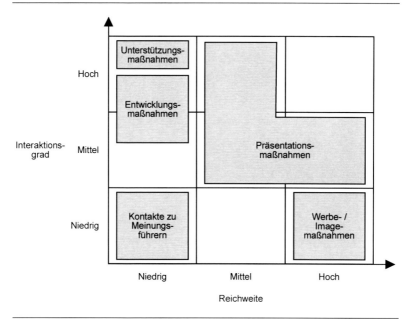

Abbildung 10   Systematisierung der Kommunikationsmaßnahmen

Ziel der Einteilung aller Instrumente ist es, die Wirkung der möglichen Maßnahmen zu kategorisieren und somit eine Hilfestellung zur Planung einer integrierten Kommunikation zu geben. So können gerade zu Beginn des Akquisitionsprozesses Maßnahmen mit hoher Reichweite sinnvoll sein, um die Bekanntheit und Attraktivität des Unternehmens bei der gesamten Zielgruppe zu steigern. Je weiter der Akquisitionsprozess voranschreitet, desto individueller wird die Kommunikation zwischen Unternehmen und Bewerber. Dabei werden Maßnahmen mit niedriger Reichweite und hohem Interaktionsgrad verwendet.[342] Dabei lässt sich der Schwerpunkt der meisten Maßnahmen einer bestimmten Kombination von Interaktionsgrad und Reichweite zuordnen. Da sich aber die konkrete Ausgestaltung der einzelnen Kommunikationsmaßnahmen von Unternehmen zu Unternehmen und von Situation zu Situation unterscheiden kann, ist die Einordnung in das Schema nicht immer eindeutig. Beispielsweise ist bei Präsentationsmaßnahmen Reichweite und Interaktionsgrad stark abhängig vom gewählten Format (Betriebsbesichtigung oder Vortrag im Rahmen einer Hochschulveranstaltung), dem präsentierenden Firmenvertreter und der Kommunikationsbereitschaft der Studenten.

---

[342]   Vgl. Simon, H. et al. (1995), S. 186, Ahlers, F. (1994), S. 208.

4.2.3. Darstellung des endgültigen Untersuchungsrahmens

Eines der Ziele dieser Arbeit ist es, den Zusammenhang zwischen den Anforderungen, die High Potentials an einen zukünftigen Arbeitgeber stellen, und den Kommunikationsmaßnahmen, mit denen sie angesprochen werden möchten, zu klären. Denn bei den Kommunikationsmaßnahmen sollten sich Unternehmen nicht auf ein vermeintlich bestes Instrument konzentrieren.[343] Vielmehr sollten unterschiedliche Maßnahmen in Abhängigkeit von den geforderten Anreizen der jeweiligen Zielsegmente verwendet werden.[344] Steht beispielsweise bei den potenziellen Bewerbern das Unternehmensimage im Mittelpunkt, sollte möglichst frühzeitig versucht werden, das eigene Image zu kommunizieren.[345] Dabei bieten sich zum einen Instrumente mit großer Reichweite wie Präsentations-, Werbe- und Imagemaßnahmen an, zum anderen sollten Instrumente mit hoher Glaubwürdigkeit, wie Mundpropaganda durch Meinungsführer, genutzt werden.[346] Schätzen Bewerber vor allem die Arbeitsplatzgestaltung als wichtig ein, sollten Instrumente mit geringer Reichweite und einem hohen Interaktionsgrad zum Einsatz kommen. Entwicklungs- und Unterstützungsmaßnahmen ermöglichen es den potenziellen Bewerbern, ihren zukünftigen Arbeitsplatz direkt kennenzulernen und im persönlichen Gespräch strittige Punkte zu klären.[347] Diese Annahmen über die Verknüpfung von Anreizen und Kommunikationsmaßnahmen kommen in der folgenden Hypothese zum Ausdruck:

Hypothese 4 (H4):

a) High Potentials, die hohe Anforderungen an das Unternehmensimage stellen, bevorzugen eine Ansprache über Präsentationsmaßnahmen, Werbe- und Imagemaßnahmen sowie Kontakte zu Meinungsführern.

b) High Potentials, die hohe Anforderungen an die Arbeitsplatzgestaltung stellen, bevorzugen eine An-

---

[343]   Vgl. Simon, H. et al. (1995), S. 184 f.
[344]   Vgl. Stachon, D. (2002), S. 100.
[345]   Vgl. o.V. (1992), S. 32.
[346]   Vgl. Simon, H. et al. (1995), S. 168 f., Zaugg, R. (1996), S. 184, Süß, M. (1996), S. 206 ff.
[347]   Vgl. Zaugg, R. (1996), S. 184, Süß, M. (1996), S. 211 f.

sprache über Entwicklungs- oder Unterstützungs-

maßnahmen.

Nach Diskussion der Aktionsseite ergibt sich somit ein endgültiger Untersuchungsrahmen, in welchen die erläuterten Zusammenhänge und Hypothesen integriert wurden (vgl. Abbildung 11). Dieser dient als Grundlage für die im Folgenden beschriebene empirische Untersuchung.

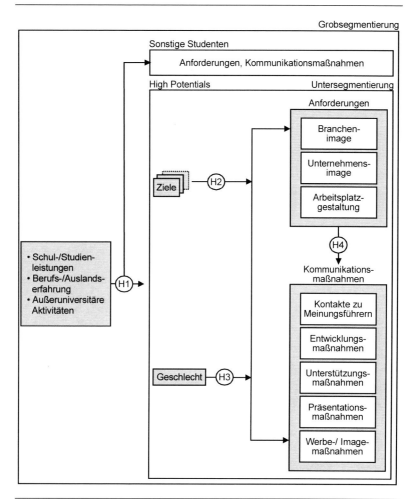

Abbildung 11   Darstellung des endgültigen Untersuchungsrahmens

5.   Ergebnisse der empirischen Untersuchung

In den vorangegangenen Kapiteln wurden die Informations- und die Aktionsseite des Hochschulmarketings erläutert und Segmentierungskriterien zur Erfassung von High Potentials herausgearbeitet. Des Weiteren wurden aufbauend auf den Zielen dieser Arbeit Hypothesen abgeleitet, deren Zusammenhänge in einem Untersuchungsrahmen dargestellt wurden. Dieser Untersuchungsrahmen bildet die Grundlage für die empirische Untersuchung, welche im nun folgenden Kapitel vorgestellt wird. Zunächst werden der Aufbau und die Durchführung der Empirie genauer erläutert. Dabei wird zum einen auf die Untersuchungsstichprobe eingegangen, zum anderen wird der Fragebogen selbst vorgestellt. Im Anschluss werden die Ergebnisse der Befragung von Studenten wirtschaftswissenschaftlicher Studiengänge beschrieben und die einzelnen Hypothesen diskutiert.

5.1.   Aufbau und Durchführung der Empirie

5.1.1.   Bestimmung der Grundgesamtheit und der Untersuchungsstichprobe

Die Bestimmung der Grundgesamtheit und die Auswahl der Untersuchungsstichprobe richtet sich nach den zu testenden Hypothesen. Da das Ziel der Arbeit darin besteht, Hinweise zu differenzierten Gestaltung der Hochschulmarketingaktivitäten für die Zielgruppe der High Potentials mit kaufmännischer Ausbildung zu geben, bilden Studenten von wirtschaftswissenschaftlichen Studiengängen die Grundgesamtheit der vorliegenden Untersuchung. Denn für den Bereich der kaufmännischen Führungstätigkeiten stellen Hochschulstudenten wirtschaftswissenschaftlicher Studiengänge die Hauptzielgruppe für die Rekrutierung von Nachwuchskräften.[348] Um zu gewährleisten, dass sich die befragten Studenten bereits mit der zukünftigen Berufswahl auseinandergesetzt haben, wurden nur Studenten befragt, die sich zum Erhebungszeitpunkt bereits im Hauptstudium befanden und ihr Vordiplom abgeschlossen hatten. Zusätzlich schien eine Beschränkung der Untersuchung auf deutsche Hochschulen sinnvoll, da die Personalmärkte für Nachwuchskräfte zur Zeit noch überwiegend national orientiert sind.[349]

Eine Totalerhebung der Grundgesamtheit war aus forschungsökonomischen Gründen nicht möglich. Deshalb beschränkte sich die Analyse auf

---

[348]   Vgl. Lieber, B. (1995), S. 27 f., Kaschube, J. (1994), S. 191.
[349]   Vgl. Süß, M. (1996), S. 127, Kienbaum, C. I. (2002), S. 30.

eine Untersuchungsstichprobe. Dabei hätte eine Totalerhebung eines Studienjahrgangs einer Universität eine zu geringe Anzahl an High Potentials bei gleichzeitig hohem Forschungsaufwand erbracht. Da normalerweise nur 5 - 10% der Absolventen eines Jahrgangs als High Potentials bezeichnet werden, hätte die Identifizierung von 100 High Potentials eine Befragung von 1.000 – 2.000 Studenten erfordert.[350] Deshalb wurde für die Bestimmung der Stichprobe das Verfahren der bewussten Auswahl gewählt. Diese Auswahl eignet sich insbesondere bei hypothesentestenden Untersuchungen und soll gewährleisten, dass möglichst viele High Potentials in der befragten Stichprobe enthalten sind.[351] Dabei wurden für die Auswahl der Hochschulen und der Befragungsteilnehmer bewusst Kriterien angelegt, die an den Kriterien zur Identifikation von High Potentials anknüpfen.

Bei den ausgewählten Hochschulen sollte sichergestellt sein, dass High Potentials dort aufgrund der Attraktivität der Hochschule studieren. Dafür wurden mehrere Rankings von Zeitschriften analysiert, welche sowohl das Renommee der Hochschulen[352] als auch den Anteil der Topstudenten an diesen Hochschulen bewerteten.[353] Zudem sollte sowohl eine staatliche als auch eine private Hochschule ausgewählt werden. Damit sollte überprüft werden, ob private Hochschulen aufgrund ihrer Auswahlverfahren und ihres fokussierten Profils andere Typen von High Potentials anziehen als staatliche Hochschulen. Ausgewählt wurden die Handelshochschule Leipzig (HHL) und die Friedrich-Alexander-Universität Erlangen-Nürnberg (FAU), welche in sämtlichen Rankings für die wirtschaftswissenschaftlichen Fächer in den Spitzengruppen vertreten waren. Damit wurde zudem eine regionale Streuung der Befragung erreicht.

An der FAU wurden Studenten befragt, welche entweder bereits ein Auslandsstudium absolviert hatten oder kurz vor ihrem Auslandsaufenthalt standen. Denn bei der Auswahl der Studenten für ein Auslandsstudium werden deren bisherige Leistungen in Schule und Studium normalerweise berücksichtigt. Insofern sollte die Gruppe der Studenten mit Auslandsstudium mit höherer Wahrscheinlichkeit die Kriterien für einen High Potential erfüllen als ein zufällig ausgewählter Student aus dem Absolventenjahrgang. An der FAU wurden deshalb sämtliche Studenten befragt, welche in den Bewerbungsjahren 2002 und 2003 einen Auslandsstudienplatz erhalten hatten. Insgesamt konnten für diesen

---

[350]   Vgl. Simon, H. et al. (1995), S. 52, Wiltinger, K. (1997), S. 56.
[351]   Vgl. Kromrey, H. (2002), S. 273 ff.
[352]   Vgl. Fricke, D. (2005), S. 46 ff., Welp, C. (2005), S. 70 ff.
[353]   Vgl. Friedmann, J. et al. (2004), S. 178 ff.

Zeitraum 400 Studenten identifiziert werden. Zudem gibt es etliche Studenten an der FAU, die sich Studienplätze im Ausland selber organisieren oder durch Praktika Auslandserfahrung sammeln. Problematisch dabei ist, dass diese Studenten nicht offiziell erfasst sind. Deshalb wurde versucht, mit Hilfe des Leiters des Büros für internationale Beziehungen bzw. der Ansprechpartner für internationale Angelegenheiten verschiedener Lehrstühle eine Liste dieser Studenten zu erstellen. Dabei wurden 280 Studenten identifiziert, bei welchen mit hoher Wahrscheinlichkeit davon ausgegangen werden konnte, dass sie ein selbst organisiertes Praktikum oder Studium im Ausland absolvierten. Insgesamt sollten 680 Studenten an der FAU befragt werden.

An der HHL studiert grundsätzlich jeder Student im dritten Semester im Ausland. Deshalb wurden sämtliche 90 Studenten des ersten, zweiten und vierten Semesters (K16, K18, K19) befragt, welche kurz vor ihrem Auslandsaufenthalt standen (K18 und K19) bzw. diesen soeben absolviert hatten (K16).

5.1.2. Ableitung und Aufbau des Fragebogens

Als Erhebungsmethode wurde eine anonyme schriftliche Befragung von examensnahen Studenten mittels eines standardisierten Fragebogens gewählt. Diese Methode erschien im Rahmen der Fragestellung dieser Arbeit besonders sinnvoll, weil für die Analyse umfangreiche und detaillierte Informationen zu den Zielen und Anforderungen von High Potentials erhoben werden mussten. Da die Befragungsthematik eine große Verbindung zur späteren Arbeitsplatzwahl hat, konnte aufgrund der Wichtigkeit des Themas von einer großen Bereitschaft zur Beantwortung ausgegangen werden. Eine schriftliche Befragung durch Verteilen bzw. Versenden von Fragebögen wurde durchgeführt, da bei Studenten keine gravierenden sprachlichen Schwierigkeiten erwartet wurden. Anonymität der Befragung konnte zugesichert werden, da aggregierte Ergebnisse und nicht die individuellen Angaben des Einzelnen im Vordergrund standen. Sozial erwünschtes Antwortverhalten wurde nicht nur durch die Anonymität der Befragung minimiert, sondern auch dadurch, dass sich die meisten Befragten bereits mit der Arbeitsplatzsuche sowie Anforderungen an zukünftige Arbeitgeber beschäftigt haben und Erfahrungen mit Arbeitgebern, z.B. im Rahmen von Praktika, nicht weit zeitlich zurückliegen.[354] Ein wesentliches Ziel bei der Entwicklung des Fragebogens war sein überschaubarer Umfang. Im Interesse einer akzeptablen Rücklaufquote und der Vermeidung allzu flüchtigen

---

[354]   Vgl. Wöhr, M. (2002), S. 200 f., Süß, M. (1996), S. 125 f., Kromrey, H. (2002), S. 349 f.

Ausfüllens wegen nachlassender Konzentration und Motivation der Befragten sollte der Fragebogen innerhalb von 20 bis 30 Minuten bearbeitbar sein.

Neben der Strukturierung der Fragen und der Gestaltung des Fragebogenlayouts umfasste die Fragebogenkonstruktion auch die Entwicklung eines Fragenkatalogs. Zur Bestimmung der zu erfassenden Variablen dienten dabei die aufgestellten Hypothesen und der erarbeitete Untersuchungsrahmen. Zudem wurden Erkenntnisse aus anderen thematischen Untersuchungen[355] und aus Gesprächen mit Vertretern aus Wissenschaft und Praxis einbezogen. Anschließend wurde die erste Version des Fragebogens in Expertengesprächen diskutiert, und sinnvolle Anregungen für Verbesserungen der Fragebogengestaltung, -strukturierung und des allgemeinen Layouts wurden umgesetzt.

Im Fragebogen wurden fast ausschließlich geschlossene Fragen mit vorgegebenen Antwortkategorien zum Ankreuzen verwendet. Wo Sachverhalte in ihrer Wichtigkeit oder relativen Bedeutung eingeschätzt werden sollten, wurden Rating-Skalen mit jeweils fünf Stufen vorgegeben. Die mittels der Rating-Skalen erhaltenen ordinalen Messwerte wurden wie intervallskalierte, metrische Messwerte behandelt. Dies lässt sich damit begründen, dass bei entsprechender grafischer Darstellung die Abstände auf der Skala vom Befragten als gleiche Intervalle aufgefasst werden, d.h. der Unterschied zwischen den Stufen 1 und 2 wird als genauso groß wie die Abstände zwischen den Stufen 4 und 5 wahrgenommen. Dies ist eine übliche Vorgehensweise, da sich die Unterschiede im Skalenniveau kaum auf das Rechenergebnis auswirken.[356]

Ergänzend zum Fragebogen wurde ein Begleitschreiben verfasst. Dieses betonte die Nützlichkeit und Relevanz der Untersuchung, versicherte den Befragten die Wichtigkeit ihrer Teilnahme für den Erfolg der Studie und sagte eine vertrauliche Behandlung der Daten zu.[357] Zur Förderung der Teilnahmebereitschaft wurde in diesem Schreiben auch auf eine Verlosung von geringwertigen Preisen (5 mal 2 Kinogutscheine) hingewiesen.[358] Der

---

[355]   Vgl. Grobe, E. (2003), Kirchgeorg, M./ Lorbeer, A. (2002), Franke, N. (1999), Wöhr, M. (2002), Süß, M. (1996), Stachon, D. (2002).

[356]   Vgl. Berekoven, L. et al. (1999), S. 72, Kallmann, A. (1979), S. 39, Kroeber-Riel, W./ Weinberg, P. (2003), S. 186, Green, P. E./ Tull, D. S. (1982), S. 162 ff., Wittenberg, R. (1998), S. 76 f., Bortz, J. (1993), S. 26 f.

[357]   Vgl. Berekoven, L. et al. (1999), S. 115 ff.

[358]   Die Gewinne wurden bewusst geringwertig gehalten, um zu vermeiden, dass der Fragebogen nur für die Teilnahme an dem Preisausschreiben bearbeitet wurde.

Fragebogen bestand neben dem Begleitschreiben aus vier Teilen: den Fragen zu persönlichen Zielen, zu den Anforderungen an zukünftige Arbeitgeber, zu Informationsquellen und Bewerbungsverhalten sowie zur Person des Befragten.

Der erste Fragenblock befasste sich mit den persönlichen Zielen der Befragten.[359] Die persönlichen Ziele wurden in berufliche und allgemeine Ziele aufgeteilt und durch insgesamt 20 Items erfasst, bei denen jeweils die Wichtigkeit auf 5-stufigen Rating-Skalen beurteilt werden sollte. Die Items wurden dem Fragebogen von (Abele et al. 2002) zu persönlichen Zielen beim Berufseinstieg entnommen. Dieser baut auf einschlägigen Instrumenten zur Erfassung beruflicher[360] und allgemeiner[361] Ziele auf.

Der zweite Fragenblock befasste sich mit den Anforderungen an zukünftige Arbeitgeber. Dabei wurden die Anforderungsbereiche Unternehmensimage und Arbeitsplatzgestaltung - mit den Ausprägungen Arbeitsinhalte und Kompensation/Lifestyle - durch insgesamt 25 Items erfasst.[362] Daneben sollten die fünf wichtigsten Anforderungskriterien angegeben werden. Für die Auswahl der Faktoren, anhand derer die Attraktivität eines Unternehmens als Arbeitgeber bewertet werden sollte, wurden zunächst zahlreiche mögliche Dimensionen anhand eines umfangreichen Literaturstudiums extrahiert.[363] Inhaltlich ähnliche Faktoren wurden anschließend zusammengefasst. Mit Hilfe von Expertengesprächen mit Vertretern aus Wissenschaft und Praxis wurde die Liste anschließend auf die verwendeten 25 Kriterien reduziert. Des Weiteren wurde das Branchenimage über Attraktivitätseinschätzungen von 18 Branchen erfragt, welche die üblichen Betätigungsfelder von Absolventen darstellen.[364] Bei beiden Fragen wurde die Wichtigkeit/Attraktivität auf 5-stufigen Rating-Skalen beurteilt. Zudem wurden das erwartete Bruttojahreseinkommen und die erwartete zeitliche Arbeitsbelastung beim Berufseintritt abgefragt.

Der dritte Fragenblock befasste sich mit dem Zeitpunkt, ab welchem sich Studenten über potenzielle Arbeitgeber informieren, und den

---

Vielmehr sollte der eigentliche Anreiz in dem wissenschaftlichen Interesse und der Hilfsbereitschaft begründet liegen.

[359]   Vgl. Kap. 3.3.3.
[360]   Vgl. Maier, G. W. et al. (1994), S. 4 ff., Seifert, K. H./ Bergmann, C. (1983), S. 160 ff.
[361]   Vgl. Pöhlmann, K./ Brunstein, J. C. (1997), S. 63 ff.
[362]   Vgl. Kap. 4.2.1.
[363]   Vgl. Simon, H. (1984), S. 329, Böckenholt, I./ Homburg, C. (1990), S. 1164, Simon, H. et al. (1995), S. 71, Süß, M. (1996), S. 161, Teufer, S. (1999), S. 142 ff, Wöhr, M. (2002), S. 209, Grobe, E. (2003), S. 38, Kirchgeorg, M./ Lorbeer, A. (2002), S. 10, Holtbrügge, D./ Rygl, D. (2002), S. 19.
[364]   Vgl. Kienbaum, C. I. (2002), S. 38, Süß, M. (1996), S. 149.

Informationsquellen, die sie dabei nutzen. Deshalb wurde gefragt, ob sich die Studenten bereits über zukünftige Arbeitgeber informiert hätten, und wie umfassend sie dies getan haben. Zudem sollten die Befragten angeben, ab welchem Zeitpunkt sie sich auf konkrete Stellen bewerben würden, und wie vielen Unternehmen sie ihre Bewerbung zuschicken würden. Des Weiteren wurde bei 22 Informationsquellen gefragt, wie geeignet diese seien, um Informationen über einen zukünftigen Arbeitgeber zu beschaffen. Diese Informationsquellen bauten auf den fünf Maßnahmengruppen - Kontakte zu Meinungsführern, Entwicklungsmaßnahmen, Unterstützungsmaßnahmen, Präsentationsmaßnahmen und Werbe-/Imagemaßnahmen - auf.[365] Die Eignung der Informationsquellen wurde auf einer 5-stufigen Rating-Skala beurteilt. Daneben sollten die fünf wichtigsten Informationsquellen angegeben werden.

Im vierten Fragenblock wurden über Fragen zur Person die qualifikationsbezogenen Kriterien erhoben, welche zur Identifikation von High Potentials geeignet sind.[366]

5.1.3.   Untersuchungsdurchführung

Nach der Fragebogenerstellung erfolgte im Januar 2005 ein Pre-Test. Dabei wurden 30 ausgewählte und vorab informierte Studenten gebeten, an der Untersuchung teilzunehmen und ein qualifiziertes Feedback zu geben. Überprüft wurden vor allem das Verständnis der Fragen und die Dauer der Befragung. Basierend auf dem mündlichen Feedback wurden der Fragenkatalog sowie Fragebogenstrukturierung, -layout und -anschreiben optimiert.[367]

Im Februar wurde die Fragebogenaktion zur empirischen Untersuchung schließlich gestartet. Die Befragungsteilnehmer an der FAU erhielten ihren Fragebogen per E-Mail. Dabei stellte sich heraus, dass 46 der 680 E-Mail Adressen falsch bzw. nicht mehr aktuell waren, so dass lediglich 634 Studenten befragt werden konnten. Der Rücklauf der ausgefüllten Bögen konnte per E-Mail oder Fax sowie postalisch erfolgen. Zwei Wochen nach dem ersten Versand wurde ein Nachfassschreiben versendet, in welchem noch einmal auf die Bedeutung der Befragung hingewiesen wurde. Die Befragung an der FAU wurde Ende Februar abgeschlossen. Die Befragung an der HHL wurde Anfang April durch ausgewählte Assistenten durchgeführt, welche in ihren Lehrveranstaltungen das Projekt kurz vorstellten, die Fragebögen austeilten und am Ende der Veranstaltung

---

[365]   Vgl. Kap. 4.2.2.
[366]   Vgl. Kap. 3.3.2.
[367]   Vgl. Schnell, R. et al. (1999), S. 324 f., Porst, R. (2000), S. 66.

wieder einsammelten. Die Fragebogenaktion wurde mit der Benachrichtigung der Gewinner des Preisausschreibens beendet und verzeichnete sehr gute Rücklaufquoten (vgl. Tabelle 11). Aufgrund der Größe der Stichprobe kann von einer Normalverteilung der Mittelwerte der Stichprobe ausgegangen werden, so dass bei der Überprüfung der Hypothesen grundsätzlich parametrische Tests zur Anwendung kommen können.[368]

	Versandte Fragebögen	Rücklauf	Rücklaufquote
FAU	634	437	69 %
HHL	90	44	48 %
Gesamt	724	481	66 %

Tabelle 11   Rücklaufquoten der Befragung

Im Anschluss an den Rücklauf wurden die erhobenen Daten zur statistischen Analyse aufbereitet. Dazu wurden die Antworten dem zuvor erstellten Codeplan gemäß in numerische Werte übertragen („vercodet") und mit Hilfe des Statistikprogramms SPSS für Windows (Version 11.5.1) in die Form einer Datenmatrix gebracht. Durch die Analyse erster Häufigkeitsauszählungen wurden die Daten bereinigt, wobei nicht im Codeplan stehende Werte eliminiert wurden.[369]

Als letzte Maßnahme vor der eigentlichen Auswertung musste für jeden einzelnen Datensatz noch entschieden werden, ob es sich um einen High Potential oder einen sonstigen Studenten handelt. Da diese für die Zielsetzung der Arbeit elementare Unterscheidung nicht direkt aus dem Fragebogen hervorgehen konnte, musste eine entsprechende Variable neu berechnet und zugeordnet werden. Für die qualifikationsbezogenen

---

[368]   Vgl. Bortz, J. (1993), S. 91, Schwarze, J. (1993), S. 106 f.
[369]   Ursachen für solche Werte können sein: nicht dokumentierte Codes, falsche Spaltenangaben für Variablen, fehlerhafte Zeichen in den Eingabedaten (z.B. Punkte, Leerzeichen), Eingabetippfehler. Vgl. Schnell, R. et al. (1999), S. 401 f.

Kriterien Schul-/Studienleistung, Berufs-/Auslandserfahrung sowie außeruniversitäre Aktivitäten, welche zur Identifizierung von High Potentials herangezogen werden,[370] wurden Mindestausprägungen definiert, welche aus bisherigen Untersuchungen[371] und Diskussionen mit Vertretern aus Wissenschaft und Praxis hervorgingen (vgl. Abbildung 12). Dabei wurde der Status eines High Potentials einem Befragten nur dann zuerkannt, wenn diese restriktiven Mindestausprägungen additiv vorhanden waren.

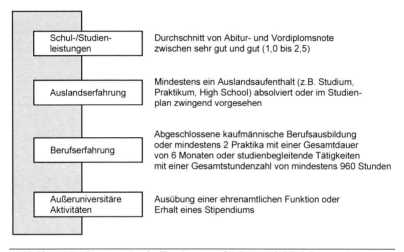

Abbildung 12   Kriterien für die Zuerkennung des Status als High Potential

5.2. Darstellung und Diskussion der Forschungsergebnisse

5.2.1. Beschreibung der Befragungsteilnehmer

Am Anfang der Analyse steht die Struktur sämtlicher befragter Studenten. Die Studenten waren im Durchschnitt 24,9 Jahre alt, studierten seit 8,2 Semestern und wollten in 1,6 Semestern ihr Studium beenden. Diese Mittelwerte zeigen, dass es gelungen ist, Studenten zu befragen, welche im Studium schon weit fortgeschritten sind. Damit ist sichergestellt, dass sie sich bereits mit der Arbeitgeberwahl sowie den Anforderungen an Arbeitgeber und deren Hochschulmarketing auseinandergesetzt haben.

---

[370]   Vgl. Kap. 3.3.2.
[371]   Vgl. Simon, H. et al. (1995), S. 88 f., Wöhr, M. (2002), S. 204, Franke, N. (1999), S. 892, Friedmann, J. et al. (2004), S. 180, Teufer, S. (1999), S. 196, Höllmüller, M. (2002), S. 157.

Zudem wurde ein ausgeglichenes Verhältnis zwischen männlichen und weiblichen Studenten erreicht. Eine detaillierte Beschreibung der Befragungsteilnehmer ist Tabelle 12 zu entnehmen:

Merkmal	Ausprägung	Absolute Anzahl (n = 481)	Gültige Prozente
Alter	Bis 23 Jahre	114	23,70%
	24 bis 25 Jahre	208	43,40%
	26 bis 27 Jahre	114	23,70%
	28 Jahre und älter	44	9,20%
	Keine Angaben	1	
Geschlecht	Männlich	257	53,80%
	Weiblich	221	46,20%
	Keine Angaben	3	
Studiengang	BWL	357	75,00%
	IBWL	43	9,00%
	WiPäd	23	4,80%
	SoWi	23	4,80%
	IVWL	8	1,70%
	VWL	4	0,80%
	Sonstige	6	1,30%
	Keine Angaben	5	
Bisherige Fachsemester	Bis 6 Semester	97	20,40%
	7 bis 8 Semester	177	37,10%
	9 bis 10 Semester	143	29,90%
	11 Semester und mehr	60	12,60%
	Keine Angaben	4	
Geplante Fachsemester bis Studienende	Bis 1 Semester	219	46,00%
	2 bis 3 Semester	246	51,70%
	4 Semester und mehr	11	2,30%
	Keine Angaben	4	
Status als High Potential	High Potential	131	27,20%
	Sonstige Studenten	325	67,60%
	Keine Zuordnung wegen fehlender Angaben möglich	25	

Tabelle 12   Beschreibung der Befragungsteilnehmer

Insgesamt 131 Studenten konnte aufbauend auf den erarbeiteten Kriterien der Status als High Potential zuerkannt werden. Dabei erlangte ein signifikant höherer Anteil der Studenten der HHL (56,8%) den High

Potential-Status als der Studenten der FAU (24,3%).[372] Bei 25 Studenten war wegen fehlender Angaben keine Zuordnung möglich.[373] Somit betrug der Anteil der High Potentials an den Studenten, die vollständige Fragebögen abgegeben hatten, 27,2% anstelle der normalerweise erwarteten 5 - 10%.[374] Dieser hohe Wert bestätigt eindrucksvoll die Vorgehensweise bei der Auswahl der Untersuchungsstichprobe.

Einen ersten Einblick in die Gruppe der High Potentials und einen Vergleich mit den sonstigen Studenten erlauben demographische Kriterien (vgl. Tabelle 13):

Merkmal	High Potentials (n = 131)	Sonstige Studenten (n = 325)	t-Wert bzw. Cramer`s V
Alter	24,89	24,98	0,451 n.s.
Anteil weiblicher Studenten	40,80%	48,50%	0,07 n.s.
Bisherige Fachsemester	7,72	8,41	** 3,356
Geplante Fachsemester bis Studienende	1,58	1,60	0,196 n.s.
n.s. = nicht signifikant, ** p < 0,01. Verwendete Tests: bei Alter und Semesterzahlen: zweiseitiger t-test für unabhängige Stichproben (Levene-Test zur Varianzgleichheit); bei Geschlecht: Cramer´s V.			

Tabelle 13   Demographische Kriterien von High Potentials und sonstigen Studenten

Es zeigt sich, dass High Potentials und sonstige Studenten nahezu gleich alt sind. Zudem kann, wie bereits in Kapitel 3.2.2.2. postuliert, kein

---

[372]   Cramer`s V = 0,328, p < 0,001.
[373]   Davon studierten 9 Personen an der HHL und 16 Personen an der FAU. Insofern machte ein weitaus größerer Anteil der Studierenden der HHL (20,5%) unvollständige Angaben im Vergleich zu den Studierenden der FAU (3,7%).
[374]   Vgl. Simon, H. et al. (1995), S. 52, Wiltinger, K. (1997), S. 56.

geschlechtsspezifischer Unterschied hinsichtlich des Status als High Potential nachgewiesen werden. Der Anteil weiblicher High Potentials unterscheidet sich nicht signifikant vom Anteil der weiblichen sonstigen Studenten. Auch die vorliegende Studie unterstreicht, dass Potenzial geschlechtsunabhängig ist.[375] Die Unterschiede in der bisherigen Fachsemesterzahl erklären sich durch den Studienaufbau an der HHL, in dessen Rahmen das Hauptstudium in vier Semestern bewältigt wird, und nicht durch den Status als „High Potential". Dieses schnellere Studium schlägt sich nämlich in der bisherigen Fachsemesterzahl aller HHL-Studenten nieder, welche durchschnittlich 6 Fachsemester absolviert haben, im Vergleich zu FAU-Studenten, die bereits 8,39 Fachsemester studiert haben. Insgesamt lassen sich keine demographischen Unterschiede zwischen High Potentials und sonstigen Studenten feststellen.

Entscheidend für die Untersuchung der aufgestellten Hypothesen ist, dass es mittels der erarbeiteten Auswahlkriterien tatsächlich gelungen ist, Studenten mit einem hohen Leistungspotenzial zu erfassen. Deshalb werden in einem nächsten Schritt die identifizierten High Potentials mit den sonstigen Studenten anhand von Leistungskriterien verglichen (vgl. Tabelle 14).

---

[375]   Vgl. Franke, N. (1999), S. 898, Abele-Brehm, A./ Stief, M. (2004), S. 9.

Merkmal	High Potentials (n = 131)	Sonstige Studenten (n = 325)	Kendall`s tau-b, Cramer`s V bzw. t-Wert
Note Abitur	1,70	2,35	*** -0,425
Note Vordiplom	2,23	2,99	*** -0,478
Angestrebte Examensnote	1,77	2,12	*** -0,391
Wieviel Prozent haben Auslands-studium?	84,0%	58,5%	*** 0,243
Wieviel Prozent haben Auslands-praktikum ?	43,5%	30,1%	** 0,128
Wieviel Prozent haben Berufs-ausbildung?	29,5%	18,6%	* 0,119
Gesamtdauer Praktika	9,02	6,93	*** -3,632
Gesamtdauer studienbegleit-ende Tätigkeit	18,94	22,82	1,850 n.s.
Wieviel Prozent üben Ehrenamt aus?	80,2%	37,2%	*** 0,390
Wieviel Prozent erhielten Stipendium?	63,8%	11,8%	*** 0,532
Einschätzung als High Potential	3,74	3,25	*** -5,235

n.s. = nicht signifikant, * p < 0,05, ** p < 0,01, *** p < 0,001. Verwendete Tests: bei Noten: Kendall`s tau-b; bei Auslandsstudium, Auslandspraktikum, Berufsausbildung, Ehrenamt, Stipendium: Cramer`s V; bei Dauer Praktika bzw. studienbegleitender Tätigkeit sowie Einschätzung als High Potential: zweiseitiger t-test für unabhängige Stichproben (Levene-Test zur Varianzgleichheit).

Tabelle 14 Leistungskriterien von High Potentials und sonstigen Studenten

Die Auswertung belegt, dass die als High Potentials identifizierten Studenten in Folge der restriktiven, leistungsorientierten Auswahlkriterien über beeindruckende Qualifikationen verfügen. Dabei zeichnen sich High Potentials nicht nur durch überdurchschnittlich gute Noten (Abitur: 1,70; Vordiplom: 2,23) aus. Viele High Potentials haben zudem ihren Horizont durch einen Aufenthalt im Ausland erweitert (Auslandsstudium: 84%; Auslandspraktikum: 43,5%) und haben praktische Erfahrungen durch eine Ausbildung (29,5%) oder Praktika (9,02 Monate) gesammelt. Diese Leistungen wurden auch von Dritten häufig durch Stipendien anerkannt (63,8%). Auffällig ist des Weiteren, dass High Potentials nicht den Blick für ihr Umfeld verloren haben. Vielmehr engagiert sich ein großer Teil von ihnen ehrenamtlich in Vereinen oder Studenteninitiativen (80,2%). Nur im Bereich der studienbegleitenden Tätigkeiten konnte kein signifikanter Zusammenhang nachgewiesen werden. Doch lassen die Mittelwerte vermuten, dass High Potentials während des Semesters seltener einer Berufstätigkeit nachgehen und sich stärker auf ihr Studium konzentrieren. Damit liegen High Potentials in nahezu allen Qualifikationskriterien deutlich und signifikant vor den sonstigen Studenten. Dieses durchgängig überdurchschnittliche Leistungsprofil rechtfertigt die Bezeichnung „High Potentials" für die identifizierte Studentengruppe.

Ihr hohes Leistungspotenzial haben High Potentials bereits verinnerlicht und stellen an sich auch höhere Ansprüche als sonstige Studenten, z.B. bei der angestrebten Examensnote (1,77 zu 2,12). Zudem ist High Potentials ihre Sonderstellung innerhalb der Studenten durchaus bewusst. Ihre Selbsteinschätzung hinsichtlich des Status als High Potential ist signifikant höher als bei sonstigen Studenten (3,74 zu 3,25). Im Folgenden wird nun untersucht, ob aus dieser Selbsteinschätzung auch andere oder höhere Anforderungen an Arbeitgeber und ihre Kommunikationsmaßnahmen folgen.

5.2.2. Ergebnisse zu Hypothese 1: Unterschiede zwischen High Potentials und sonstigen Studenten

In Hypothese 1 wird angenommen, dass sich High Potentials sowohl in ihren Anforderungen an einen zukünftigen Arbeitgeber von sonstigen Studenten unterscheiden (Teilhypothese 1a) als auch durch andere Kommunikationsmaßnahmen über ihren zukünftigen Arbeitgeber informiert werden möchten als sonstige Studenten (Teilhypothese 1b).

5.2.2.1. Ergebnisse zu Teilhypothese 1a

Die Anforderungsbereiche Unternehmensimage und Arbeitsplatzgestaltung - mit den Ausprägungen Arbeitsinhalte und Kompensation/Lifestyle -

wurden durch 25 Items erfasst. Abbildung 13 zeigt die Mittelwerte dieser Anforderungskriterien sowohl für High Potentials als auch für sonstige Studenten.

	Nicht wichtig			Sehr wichtig	Ø		σ	
	1 2 3 4 5				●	▲	●	▲
Arbeitsinhalte								
Weiterbildungsmöglichkeiten					4,4	4,3	0,6	0,6
Kooperativer Führungsstil					4,3	4,3	0,8	0,6
Teamarbeit					4,0	4,0	0,9	0,9
Gespräche zur Leistungsbe-wertung und Karriereplanung ***					4,2	3,9	0,7	0,8
Auslandseinsatz *					4,2	4,0	0,9	1,1
Übernahme von Verantwortung **					4,2	4,0	0,7	0,8
Gutes Betriebsklima					4,6	4,7	0,6	0,5
Freiräume für selbst-ständiges Arbeiten					4,4	4,4	0,7	0,7
Kompensation/Lifestyle								
Zusatzleistungen					3,3	3,4	0,9	0,9
Attraktive Gesamtvergütung					4,0	4,0	0,9	0,7
Schnelle Gehaltssteigerung					3,7	3,5	0,8	0,8
Attraktiver Standort					3,8	3,9	1,0	0,9
Flexible Arbeitszeitgestaltung					4,0	4,0	1,0	0,9
Sicherheit des Arbeitsplatzes **					3,7	4,0	1,1	0,9
Kein häufiger Wohnortwechsel **					2,7	3,0	1,1	1,2
Unternehmen ermöglicht es mir, meine Ziele zu verwirklichen					4,3	4,3	0,8	0,7
Unternehmensimage								
Attraktive Produkte/Dienstleistungen					3,5	3,6	0,9	1,0
Identifikation mit Unternehmenskultur					4,0	4,2	0,7	1,8
Unternehmen ist Marktführer **					2,6	2,3	1,0	1,0
Zukunftsorientierung					4,0	4,0	0,7	0,7
Herausragende Mitarbeiter **					3,6	3,2	0,9	1,0
Unternehmen übernimmt gesellschaftliche Verantwortung					3,4	3,4	1,0	1,0
Internationale Ausrichtung **					4,2	3,9	0,9	1,1
Praktiziert aktiven Umweltschutz					3,0	3,0	1,0	1,1
Großes Unternehmen					2,7	2,5	1,1	1,1

● = High Potentials   ▲ = Sonstige Studenten   Ø = Mittelwert   σ = Standardabweichung
* p < 0,05, ** p < 0,01, *** p < 0,001.
Verwendeter Test: zweiseitiger t-test für unabhängige Stichproben (Levene-Test zur Varianzgleichheit).

Abbildung 13   Anforderungsprofil von Bewerbern an zukünftige Arbeitgeber

Dabei zeigt sich ein Gleichlauf des Anforderungsprofils von High Potentials und sonstigen Studenten. Die Unterschiede zwischen den Präferenzen von High Potentials und sonstigen Studenten scheinen nicht sehr groß zu sein. Bei beiden Gruppen dominieren Anforderungskriterien

aus dem Bereich der Arbeitsinhalte. Anforderungskriterien aus den
Bereichen Kompensation/Lifestyle sowie Unternehmensimage scheinen
von geringerer Bedeutung zu sein. Dies bestätigt sich, wenn die fünf
wichtigsten Anforderungskriterien aus Sicht von High Potentials und
sonstigen Studenten nebeneinander abgetragen werden (vgl. Tabelle 15).

High Potentials			Sonstige Studenten			Signifikanz des Unterschieds der Mittelwerte
(1)	Gutes Betriebsklima	11,2%	(1)	Gutes Betriebsklima	12,6%	n.s.
(2)	Auslandseinsatz	8,5%	(2)	Auslandseinsatz	7,8%	n.s.
(2)	Attraktive Gesamtvergütung	8,5%	(3)	Attraktive Gesamtvergütung	6,5%	n.s.
(13)	Sicherheit des Arbeitsplatzes	1,7%	(3)	Sicherheit des Arbeitsplatzes	6,5%	**
(4)	Weiterbildungsmöglichkeiten	7,2%	(5)	Weiterbildungsmöglichkeiten	6,4%	n.s.
(4)	Freiräume für selbstständiges Arbeiten	7,2%	(6)	Freiräume für selbstständiges Arbeiten	6,3%	n.s.
(7)	Unternehmen ermöglicht es mir, meine Ziele zu verwirklichen	6,7%	(7)	Unternehmen ermöglicht es mir, meine Ziele zu verwirklichen	6,3%	n.s.
(4)	Internationale Ausrichtung	7,2%	(10)	Internationale Ausrichtung	5,4%	**

Angabe des Rangplatzes und der Prozentwerte der gegebenen Antworten.
n.s. = nicht signifikant, ** p < 0,01.
Verwendeter Test: zweiseitiger t-test für unabhängige Stichproben (Levene-Test zur Varianzgleichheit).

Tabelle 15   Fünf wichtigste Anforderungskriterien für High Potentials und sonstige Studenten

In beiden Gruppen dominieren inhaltliche Aspekte, wie z.B. „Gutes
Betriebsklima", „Auslandseinsatz", „Weiterbildungsmöglichkeiten" oder
„Freiräume für selbstständiges Arbeiten".[376] Eine Ausnahme bilden
lediglich die Merkmale „Attraktive Gesamtvergütung" und „Sicherheit des
Arbeitsplatzes", die dem Bereich Kompensation/Lifestyle zuzurechnen
sind, und das Merkmal „Internationale Ausrichtung", welches zum Bereich
Unternehmensimage gehört. Die vordergründige Ähnlichkeit im
Antwortverhalten beider Gruppen wird auch in der Reihenfolge der
einzelnen Faktoren deutlich. Die Plätze eins bis drei sind identisch, die
Abfolge der nachfolgenden Plazierungen unterscheidet sich nur marginal
voneinander. Andererseits zeigen die Kriterien „Sicherheit des
Arbeitsplatzes" und „Internationale Ausrichtung", dass sich die Anforderungsprofile von High Potentials und sonstigen Studenten im Detail

---

[376]   Diese Dominanz der arbeitsinhaltlichen Aspekte zeigte sich auch in anderen
         Untersuchungen. Vgl. Schwaab, M.-O. (1992), S. 25.

unterscheiden. Denn trotz der prinzipiellen Gemeinsamkeit der Anforderungsprofile offenbart eine genauere Untersuchung bei acht Kriterien statistisch signifikante Unterschiede (vgl. Abbildung 14).

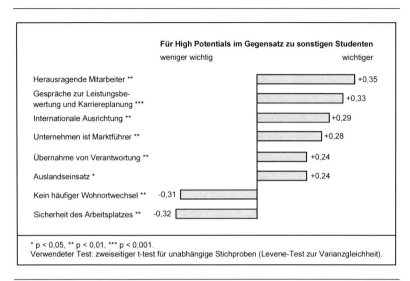

Abbildung 14   Statistisch signifikante Unterschiede im Anforderungsprofil

Dabei sind für High Potentials drei Kriterien aus dem Bereich der Arbeitsinhalte, nämlich „Gespräche zur Leistungsbewertung und Karriereplanung", „Übernahme von Verantwortung" und „Auslandseinsatz", sowie drei Kriterien aus dem Bereich des Unternehmensimages, nämlich „Herausragende Mitarbeiter", „Internationale Ausrichtung" und „Unternehmen ist Marktführer", wichtiger als für sonstige Studenten. Die Betonung der internationalen Ausrichtung sowie der Möglichkeit eines Auslandseinsatzes verdeutlichen die herausragende Bedeutung eines internationalen Arbeits- und Unternehmensumfeldes.[377] Zudem sind High Potentials zur frühzeitigen Übernahme von Verantwortung bereit, fordern aber auch ein regelmäßiges Feedback über ihren Leistungsstand und ihre zukünftige Entwicklung ein. Des Weiteren zeigt sich, dass neben den Arbeitsinhalten auch das Unternehmensimage einen Beitrag bei der Akquisition von High Potentials leistet.[378] Dabei werden das Merkmal „Herausragende Mitarbeiter" und die Frage der Marktführerschaft eines Unternehmens von High Potentials wichtiger eingeschätzt als von

[377]   Vgl. Wöhr, M. (2002), S. 222.
[378]   Vgl. Teufer, S. (1999), S. 197 ff.

sonstigen Studenten. Doch haben diese Merkmale mit Bewertungen unter vier Punkten nur durchschnittliche bzw. unterdurchschnittliche Bedeutung in der Gesamtbetrachtung. Außerdem sind High Potentials auch bereit, Einbußen im Bereich Lifestyle, nämlich bei der Häufigkeit des Wohnortwechsels oder der „Sicherheit des Arbeitsplatzes", hinzunehmen. Zudem leisten sie durch längere Arbeitszeiten ihren Beitrag zum Unternehmenserfolg und stellen ihr Privatleben zurück (vgl. Abbildung 15).[379]

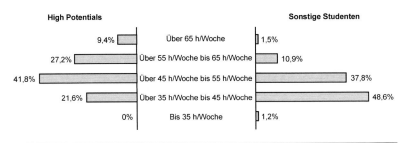

Abbildung 15   Erwartete zeitliche Arbeitsbelastung von High Potentials und sonstigen Studenten

Unter Annahme einer 5-Tage-Woche sind immerhin 36,6% der High Potentials im Gegensatz zu lediglich 12,4% der sonstigen Studenten bereit, mehr als 11 Stunden am Tag zu arbeiten. Die von High Potentials durchschnittlich erwartete Arbeitsbelastung von knapp 54 h/Woche übersteigt signifikant das durchschnittliche Arbeitspensum von knapp 48 h/Woche, welches sich die sonstigen Studenten auferlegen wollen (vgl. Tabelle 16). Doch sind sich High Potentials ihrer Leistungs- und Leidensbereitschaft durchaus bewusst. Dies zeigte schon die Frage nach der Selbsteinschätzung als High Potential und wird durch die Gehaltserwartungen der High Potentials bestätigt (vgl. Abbildung 16).

---

[379]   Vgl. Kirchgeorg, M./ Lorbeer, A. (2002), S. 11.

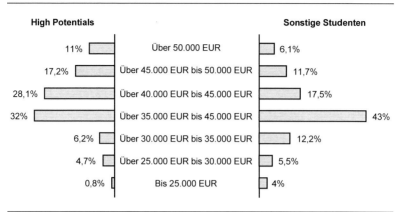

High Potentials   **Sonstige Studenten**

High Potentials		Sonstige Studenten
11%	Über 50.000 EUR	6,1%
17,2%	Über 45.000 EUR bis 50.000 EUR	11,7%
28,1%	Über 40.000 EUR bis 45.000 EUR	17,5%
32%	Über 35.000 EUR bis 45.000 EUR	43%
6,2%	Über 30.000 EUR bis 35.000 EUR	12,2%
4,7%	Über 25.000 EUR bis 30.000 EUR	5,5%
0,8%	Bis 25.000 EUR	4%

Abbildung 16   Erwartetes Anfangsgehalt von High Potentials und sonstigen Studenten

Immerhin 28,2% der High Potentials im Gegensatz zu 17,8% der sonstigen Studenten erwarten ein Bruttojahreseinkommen von über 45.000 EUR. Im Durchschnitt wird ein Anfangsgehalt von ungefähr 43.000 EUR erwartet. Andererseits fordern die sonstigen Studenten mit durchschnittlich ungefähr 40.000 EUR signifikant weniger (vgl. Tabelle 16).

Merkmal	High Potentials	Sonstige Studenten	t-Wert
Erwartete zeitliche Arbeitsbelastung	53,97	48,09	*** -6,702
Erwartetes Anfangsgehalt	43.504	40.493	*** -3,568
*** p < 0,001. Verwendeter Test: zweiseitiger t-test für unabhängige Stichproben (Levene-Test zur Varianzgleichheit).			

Tabelle 16   Mittelwert der Arbeitsbelastung und des Anfangsgehalts

Im Vergleich zu früheren Untersuchungen, in welchen 23% der High Potentials mehr als 50.000 EUR Anfangsgehalt erwarteten, sind die Gehaltswünsche von High Potentials anscheinend gesunken bzw. einer realistischeren Einschätzung gewichen. Die Ergebnisse der früheren Untersuchung, welche im Oktober 2002 durchgeführt wurde, waren wahrscheinlich noch durch die „Käufermarkt"-Situation der vorhergehenden Jahre geprägt, in denen hohe Einstiegsgehälter für Hochschulabsolventen sicher schienen. Zudem befanden sich knapp 40% der damaligen Befragten noch im Grundstudium, so dass die Antworten auch ein gewisses Maß an „Wunschdenken" widerspiegeln könnten.[380] Dennoch muss weiterhin ein Abstand zu den Vergütungen der sonstigen Studenten gegeben sein.

Dabei haben High Potentials ein klares Bild von den Branchen, in denen sie sich nach Abschluss ihres Studiums betätigen möchten. Dies zeigt eine Untersuchung des Images von 18 üblichen Betätigungsfeldern mittels Attraktivitätseinschätzungen (vgl. Abbildung 17).

	Nicht gerne 1 2 3 4	Sehr gerne 5	Ø ● ▲	σ ● ▲
Steuer-, Unternehmensberatung, Wirtschaftsprüfung ***			3,9 : 3,1	1,4 : 1,4
Auto-, Luftfahrtindustrie			3,7 : 3,8	1,2 : 1,2
Konsumgüterhersteller			3,6 : 3,7	1,1 : 1,1
Wissenschaft und Forschung *			3,4 : 3,1	1,3 : 1,3
Handel			3,4 : 3,4	1,1 : 1,1
Banken, Finanzen, Versicherung ***			3,2 : 2,7	1,5 : 1,3
Touristik, Logistik, Transport **			3,0 : 3,4	1,3 : 1,2
Medienindustrie ***			3,0 : 3,5	1,2 : 1,2
Telekommunikationsindustrie			2,9 : 3,0	1,2 : 1,1
Marketing-, Werbeagentur **			2,8 : 3,2	1,3 : 1,4
Chemische, Pharmazeutische Industrie			2,7 : 2,8	1,3 : 1,3
Elektronikindustrie			2,7 : 2,9	1,1 : 1,1
Sozialer Bereich			2,6 : 2,7	1,2 : 1,3
Kunst und Kultur			2,5 : 2,7	1,2 : 1,3
IT, Software			2,4 : 2,6	1,2 : 1,2
Öffentlicher Dienst			2,4 : 2,5	1,3 : 1,3
Maschinenbau			2,3 : 2,4	1,1 : 1,2
Bauindustrie			1,8 : 1,9	1,0 : 1,0

● = High Potentials   ▲ = Sonstige Studenten   Ø = Mittelwert   σ = Standardabweichung
* $p < 0,05$, ** $p < 0,01$, *** $p < 0,001$.
Verwendeter Test: zweiseitiger t-test für unabhängige Stichproben (Levene-Test zur Varianzgleichheit).

Abbildung 17   Branchenpräferenzen von Bewerbern

Von den 18 Branchen werden von High Potentials nur die Betätigungsfelder „Steuer-, Unternehmensberatung, Wirtschaftsprüfung", „Auto-, Luftfahrtindustrie" und „Konsumgüterhersteller" eindeutig positiv einge-

---

[380]   Vgl. Grobe, E. (2003), S. 46 f.

schätzt. Anscheinend haben es nur wenige Branchen geschafft, sich bei High Potentials als attraktiv zu positionieren. Denn die folgenden Branchen werden als durchschnittlich attraktiv bis unattraktiv bewertet. Auch verlaufen die Bewertungen von High Potentials und sonstigen Studenten meist ähnlich. Erstaunlich ist, dass High Potentials viele Branchen tendenziell noch negativer als die sonstigen Studenten einschätzen. Möglicherweise hat ihre größere Berufserfahrung dazu geführt, dass sie einzelne Branchen noch stärker hinterfragen. Das über alle Branchen hinweg eher mäßige Attraktivitätsniveau weist darauf hin, dass grundsätzlich die Haltung der Studenten gegenüber späteren Betätigungsfeldern recht kritisch ist. Dies bestätigt die vorherigen Erkenntnisse, dass bei der Entscheidung für einen Arbeitsplatz weniger Image eine Rolle spielt, als die konkrete inhaltliche Ausgestaltung der Tätigkeit. Eine detaillierte Untersuchung der einzelnen Betätigungsfelder zeigt, dass einige Branchen sich zielgerichtet als attraktive Arbeitgeber für High Potentials positioniert haben (vgl. Abbildung 18).

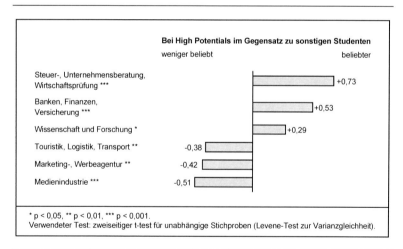

Abbildung 18   Statistisch signifikante Unterschiede im Branchenprofil

Denn bei sechs Branchen gibt es signifikante Unterschiede zwischen den Branchenpräferenzen von High Potentials und sonstigen Studenten. Beispielsweise ist das Betätigungsfeld „Steuer-, Unternehmensberatung, Wirtschaftsprüfung" nicht nur die attraktivste Branche aus Sicht der High Potentials, sondern ist bei diesen auch sehr viel beliebter als bei sonstigen Studenten. Eine solche Positionierung erleichtert zielgerichtete Hochschulmarketing- und Rekrutierungsaktivitäten. Auch die Bereiche „Banken,

Finanzen, Versicherung" und „Wissenschaft und Forschung" gewinnen bei High Potentials an Attraktivität. Dabei ist das gute Abschneiden von „Wissenschaft und Forschung" wahrscheinlich weniger auf die im Wissenschaftsbetrieb gezahlten Gehälter, sondern mehr auf die Möglichkeit zur eigenen Weiterbildung und die Freiräume zum selbständigen Arbeiten zurückzuführen. Andererseits ist die stärkere Beliebtheit der drei anderen Branchen bei leistungsschwächeren Absolventen ein Alarmsignal für Arbeitgeber. Dadurch findet eine Differenzierung in die falsche Richtung, zugunsten der schwächeren Studenten, statt. Eine Entkoppelung des eigenen Unternehmensimages vom durchschnittlichen Branchenimage ist notwendig, um High Potentials für das eigene Unternehmen gewinnen zu können.

Die Untersuchungen zeigen, dass sich High Potentials in den drei Anforderungsbereichen Arbeitsplatzgestaltung, Unternehmensimage und Branchenimage von sonstigen Studenten differenzieren. High Potentials „sprühen vor Tatendrang" und wollen möglichst bald selbst Verantwortung übernehmen. Dabei sind sie sich bewusst, dass sie ihre Kenntnisse und Fähigkeiten weiterentwickeln müssen und fordern deshalb aktiv Coaching und Feedback ihrer Vorgesetzten ein. Zudem wollen High Potentials ihre internationale Expertise vertiefen und suchen gezielt Unternehmen, die ihnen dies ermöglichen. Dafür nehmen sie Wohnortwechsel, riskantere Berufsfelder und längere Arbeitszeiten in Kauf, fordern aber auch eine adäquate „Risikoprämie". In Abgrenzung zu sonstigen Studenten achten High Potentials verstärkt auf Unternehmen, deren Mitarbeiter als herausragend gelten und die innerhalb ihrer Branche als Marktführer erfolgreich agieren. Diese Anforderungen sehen sie vor allem im Betätigungsfeld „Steuer-, Unternehmensberatung, Wirtschafts-prüfung" erfüllt, welches sie in Abgrenzung zu sonstigen Studenten eindeutig bevorzugen. Daneben sind die Felder „Banken, Finanzen, Versicherung" und „Wissenschaft und Forschung" bei High Potentials beliebter als bei sonstigen Studenten. In Summe konnte gezeigt werden, dass sich High Potentials in ihren Anforderungen an einen zukünftigen Arbeitgeber von sonstigen Studenten unterscheiden. **Teilhypothese 1a konnte somit bestätigt werden.**

5.2.2.2. Ergebnisse zu Teilhypothese 1b

Teilhypothese 1b beschäftigt sich mit den Kommunikationsmaßnahmen, durch die Arbeitgeber in Kontakt zu High Potentials und sonstigen Studenten treten. Dabei wurde zum einen der Zeitpunkt untersucht, ab welchem sich Bewerber über Arbeitgeber informieren, zum anderen wurde die Art der Informationsquellen analysiert, die von Bewerbern genutzt werden.

Auf die Frage nach dem Zeitpunkt der Sammlung von Informationen über mögliche zukünftige Arbeitgeber antworteten High Potentials und sonstige Studenten wie folgt:

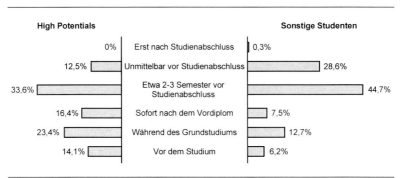

Abbildung 19   Beginn der Sammlung arbeitgeberrelevanter Informationen

Über 50% der High Potentials haben bis kurz nach dem Vordiplom damit begonnen, Informationen über zukünftige Arbeitgeber zu sammeln. Auf der anderen Seite haben sich bis zu diesem Zeitpunkt lediglich knapp 25% der sonstigen Studenten mit potenziellen Arbeitgebern auseinandergesetzt. High Potentials beginnen somit signifikant früher mit der Sammlung von arbeitgeberrelevanten Informationen.[381] Zum Zeitpunkt dieser Untersuchung hatten sich bereits 92,4% der High Potentials im Gegensatz zu 71,4% der sonstigen Studenten über zukünftige Arbeitgeber informiert (vgl. Tabelle 17).

---

[381]   Cramer`s V = 0,206, p < 0,01.

Merkmal	High Potentials	Sonstige Studenten	Cramer`s V bzw. t-Wert
Wieviel Prozent haben sich bereits über Arbeitgeber informiert?	92,40%	71,40%	*** 0,227
Wie umfassend über Arbeitgeber informiert?	3,70	3,54	-1,608 n.s.
Wieviel Prozent bewerben sich vor Studienende?	87,78%	78,15%	0,198 n.s.
Ab wievieltem Monat vor Studienende Bewerbung?	5,14	4,71	-1,049 n.s.
Bei wie vielen Unternehmen Bewerbung?	12,05	14,33	1,734 n.s.
n.s. = nicht signifikant, *** p < 0,001. Verwendete Tests: bei Frage, ob bereits Information über Arbeitgeber bzw. ob Bewerbung vor Studienende: Cramer´s V; bei Umfang Information über Arbeitgeber, Anzahl Monate vor Studienende, Anzahl Bewerbungen: zweiseitiger t-test für unabhängige Stichproben (Levene-Test zur Varianzgleichheit).			

Tabelle 17   Bewerbungsverhalten von High Potentials und sonstigen Studenten

Obgleich der weitere Vergleich im Bewerbungsverhalten von High Potentials und sonstigen Studenten keine signifikanten Unterschiede erbrachte, lassen sich doch Tendenzaussagen treffen. Beispielsweise scheinen High Potentials ihren Informationsvorsprung zu nutzen, so dass sich ein größerer Anteil von ihnen vor Studienende bewirbt. Sonstige Studenten scheinen sich erst kurz vor dem Studienende oder nach Abschluss ihres Studiums für den Berufseinstieg zu bewerben.[382] Dies birgt für Arbeitgeber, welche ihre Hochschulmarketingaktivitäten lediglich auf

---

[382]   Dieses Bewerbungsverhalten der sonstigen Studenten zeigt sich auch in anderen Untersuchungen. Vgl. Sandberger, J.-U. (1992), S. 156.

examensnahe Studenten und Absolventen konzentrieren, die Gefahr, dass die besten Studenten überhaupt nicht am allgemeinen Arbeitsmarkt auftauchen. Vielmehr scheint es, dass High Potentials ihre zahlreichen Praktika zur Information über die potenziellen Arbeitgeber nutzen und sich gezielt bei interessanten Unternehmen bewerben.

Diese Vermutung bestätigt sich bei der Untersuchung der Informationsquellen, mit denen sich Studenten über ihren zukünftigen Arbeitgeber informieren. Abbildung 20 zeigt anhand der Mittelwerte wie High Potentials und sonstige Studenten diese Informationsquellen einschätzen.

	Ø ●	Ø ▲	σ ●	σ ▲
Entwicklungsmaßnahmen				
Praktikum, Werkstudententätigkeit	4,9	4,9	0,4	0,3
Seminar- oder Diplomarbeiten	4,5	4,6	0,9	0,7
Praxisprojekte von Lehrstühlen	4,3	4,3	0,7	0,8
Seminare und Sommerakademien	4,1	4,0	0,8	0,9
Firmen-Workshops an der Universität	4,0	4,0	0,8	0,9
Studentenwettbewerbe	3,2	3,3	0,9	1,0
Unterstützungsmaßnahmen				
Praktikantenförderprogramme	4,3	4,2	0,8	0,8
Präsentationsmaßnahmen				
Exkursionen mit Fachgesprächen ***	3,6	3,9	0,9	0,8
Betriebsbesichtigungen *	3,5	3,7	1,1	1,0
Hochschulkontaktmessen	3,5	3,6	1,0	1,0
Firmenpräsentationen in Vorlesungen	3,5	3,4	0,9	0,9
Fachvorträge in Vorlesungen	3,4	3,3	0,9	0,9
Werbe-/Imagemaßnahmen				
Internet-Seite des Unternehmens	4,4	4,4	0,8	0,8
Fachartikel in Hochschulpublikationen	3,3	3,4	0,9	1,0
Unternehmensbroschüren	3,3	3,5	0,9	1,0
Plakate am Schwarzen Brett	2,4	2,5	0,9	0,9
Kontakte zu Meinungsführern				
Kommilitonen, Freunde, Bekannte **	4,3	4,0	0,9	0,8
Berichte in Zeitungen/Zeitschriften	3,8	3,9	0,8	0,8
Professoren, Dozenten	3,3	3,3	1,0	1,0
Karriereführer, -bücher	3,1	3,1	1,1	1,0
Studentische Organisationen	3,1	3,2	0,8	0,9
Berufsberatung der Agentur für Arbeit *	1,9	2,2	0,9	1,0

Nicht geeignet 1 2 3 Sehr geeignet 4 5

● = High Potentials   ▲ = Sonstige Studenten   Ø = Mittelwert   σ = Standardabweichung
* p < 0,05, ** p < 0,01, *** p < 0,001.
Verwendeter Test: zweiseitiger t-test für unabhängige Stichproben (Levene-Test zur Varianzgleichheit).

Abbildung 20   Informationsquellen von High Potentials und sonstigen Studenten

Bei beiden Bewerbergruppen stellt „Praktikum, Werkstudententätigkeit" die beliebteste Informationsquelle dar. Auch sonst verlaufen die Einschätzungsprofile von High Potentials und sonstigen Studenten nahezu synchron. Es gibt lediglich bei vier Mittelwerten signifikante Einschätzungsunterschiede, die aber keinen Einfluss auf die Reihenfolge der bedeutendsten Informationsquellen haben. Dies bestätigt sich, wenn die fünf wichtigsten Kommunikationsmaßnahmen aus Sicht von High Potentials und sonstigen Studenten nebeneinander abgetragen werden (vgl. Tabelle 18).

	High Potentials			Sonstige Studenten		Signifikanz des Unterschieds der Mittelwerte
(1)	Praktikum, Werkstudententätigkeit	18,2%	(1)	Praktikum, Werkstudententätigkeit	18,4%	n.s.
(2)	Seminar- oder Diplomarbeiten	13,7%	(2)	Seminar- oder Diplomarbeiten	12,1%	n.s.
(3)	Internet-Seite des Unternehmens	12,0%	(3)	Internet-Seite des Unternehmens	12,0%	n.s.
(4)	Praxisprojekte von Lehrstühlen	9,5%	(5)	Praxisprojekte von Lehrstühlen	9,3%	n.s.
(5)	Kommilitonen, Freunde, Bekannte	7,7%	(4)	Kommilitonen, Freunde, Bekannte	11,4%	***
Angabe des Rangplatzes und der Prozentwerte der gegebenen Antworten. n.s. = nicht signifikant, *** p < 0,001. Verwendeter Test: zweiseitiger t-test für unabhängige Stichproben (Levene-Test zur Varianzgleichheit).						

Tabelle 18　Fünf wichtigste Informationsquellen für High Potentials und sonstige Studenten

Die Ähnlichkeit im Antwortverhalten zeigt sich an den identischen Plätzen eins bis drei, sowie an der minimalen Verschiebung zwischen den Plätzen vier und fünf. Sehr beliebt mit einer Bewertung zwischen vier und fünf Punkten sind die meisten Entwicklungsmaßnahmen, z.B. „Praktikum, Werkstudententätigkeit", „Seminar- oder Diplomarbeiten" und „Praxisprojekte von Lehrstühlen", welche einen hohen Nutzen für die Studenten bieten.[383] Teilnehmer an solchen Programmen haben nicht nur die Möglichkeit, ihr Wissen und ihre Praxiskenntnisse zu vertiefen, sondern sie können sich auch ein Bild von ihrem potenziellen späteren Arbeitgeber machen. Auch Unterstützungsmaßnahmen, z.B. „Praktikantenförderprogramme", genießen eine hohe Wertschätzung. Zudem werden Informationsquellen hoch geschätzt, welche trotz eines niedrigen Interaktionsgrades mit dem Unternehmen verlässliche Informationen

---

[383]　Die Vorrangstellung der Entwicklungsmaßnahmen zeigt sich auch in anderen Untersuchungen. Vgl. Wöhr, M. (2002), S. 234 f.

bieten, z.B. die „Internet-Seite des Unternehmens" oder die Erfahrungen von „Kommilitonen, Freunden, Bekannten".[384] Sonstige Informationen über Meinungsführer werden sehr differenziert beurteilt. Während „Berichte in Zeitungen/Zeitschriften" mit einer Bewertung zwischen drei und vier Punkten als durchschnittlich geeignet angesehen werden, eignet sich die „Berufsberatung der Agentur für Arbeit" nicht als Informationsquelle. Die Werbe- und Imagemaßnahmen „Unternehmensbroschüren" und „Fachartikel in Hochschulpublikationen", werden genauso wie sämtliche Präsentationsmaßnahmen, z.B. „Exkursionen mit Fachgesprächen" oder „Hochschulkontaktmessen", als durchschnittlich geeignet angesehen.

Die Bewertungen von High Potentials und sonstigen Studenten unterscheiden sich signifikant bei vier Kriterien. Doch ändern diese unterschiedlichen Mittelwerte nicht die grundsätzliche Einschätzung der Kriterien. Beispielsweise werden „Kommilitonen, Freunde, Bekannte" von beiden Studentengruppen zu den fünf wichtigsten Informationsquellen gezählt, während die „Berufsberatung der Agentur für Arbeit" bei beiden Gruppen am schlechtesten abschneidet. Lediglich „Exkursionen mit Fachgesprächen" und „Betriebsbesichtigungen" werden von sonstigen Studenten etwas besser beurteilt als von High Potentials. Dies relativiert sich aber, wenn man die Rangplätze betrachtet, welche diese Kommunikationsmaßnahmen bei der Frage nach den geeignetsten Informationsquellen eingenommen haben. Während „Exkursionen mit Fachgesprächen" von den sonstigen Studenten bevorzugt werden (Rangplatz 11 im Vergleich zu Rangplatz 14), schätzen High Potentials „Betriebsbesichtigungen" mehr (Rangplatz 9 im Vergleich zu Rangplatz 12). Dabei ist zu beachten, dass diese Rangplätze nur noch 2 - 3% der abgegebenen Antworten auf sich vereinen konnten. Insofern kann eine Differenzierung zwischen High Potentials und sonstigen Studenten hinsichtlich der genutzten Informationsquellen nicht festgestellt werden.

Es konnte gezeigt werden, dass High Potentials zu einem früheren Zeitpunkt als sonstige Studenten Informationen über mögliche zukünftige Arbeitgeber sammeln. Nur in der Tendenz ließ sich beobachten, dass diese früher vorhandenen Informationen auch frühere Bewerbungen bei Arbeitgebern auslösen. Zudem konnte nicht erhärtet werden, dass High Potentials andere Informationsquellen nutzen als sonstige Studenten. **Somit wird Teilhypothese 1b nicht bestätigt.**

---

[384] Vgl. Wöhr, M. (2002), S. 217 f.

5.2.3. Ergebnisse zu Hypothese 2: Unterschiede zwischen verschiedenen Persönlichkeitstypen von High Potentials

Dieses Kapitel untersucht die Annahme, dass High Potentials eine heterogene Zielgruppe sind, die sich untereinander mit Hilfe der verfolgten persönlichen Ziele differenzieren lassen (Teilhypothese 2a). Des Weiteren wird überprüft, ob diese verschiedenen Gruppen von High Potentials sich in ihren Anforderungen an einen zukünftigen Arbeitgeber (Teilhypothese 2b) und in den Kommunikationsmaßnahmen, die sie zur Information über diesen nutzen, unterscheiden (Teilhypothese 2c).

Um dabei zu aussagekräftigen und statistisch abgesicherten Ergebnissen zu kommen, wurden Prüfverfahren eingesetzt, mit deren Hilfe sich feststellen lässt, ob Zusammenhänge der Variablen der Stichprobe rein zufällig oder statistisch signifikant sind. Die Überprüfung von Mittelwerten auf Signifikanz ist bei mehr als zwei Untersuchungsgruppen nur durch eine einfaktorielle Varianzanalyse durchführbar, sofern Varianzhomogenität gegeben ist.[385] Bei heterogenen Varianzen in den drei Gruppen wurde die nicht-parametrische Kruskal-Wallis Rangvarianzanalyse angewendet.[386] Anschließend wurden durch paarweise Mehrfachvergleiche die Mittelwertdifferenzen aller möglichen Paare von Gruppen auf statistische Signifikanz überprüft. Für die vorliegende Arbeit kam dazu der Scheffé-Test zum Einsatz, da dieser auch für ungleich große Gruppen, wie im vorliegenden Fall, exakt ist.[387]

5.2.3.1. Ergebnisse zu Teilhypothese 2a

Die persönlichen Ziele der Befragten wurden durch 20 Statements erfasst, welche sowohl berufliche als auch allgemeine Ziele abdeckten.[388] Mit Hilfe einer Faktorenanalyse wurden diese Statements zu voneinander unabhängigen Faktoren verdichtet. Bei diesen Faktoren handelt es sich um „synthetische" Variablen, die diejenigen Ausgangsvariablen zusammen-

---

[385]   Sie dient der Überprüfung der Signifikanz des Unterschieds von Mittelwertdifferenzen und zeigt dabei auf, ob mindestens ein Unterschied zwischen multiplen Vergleichsgruppen signifikant ausfällt. Sie ermöglicht jedoch keine Aussage darüber, um welche Vergleichsgruppe es sich handelt. Dazu müssen sogenannte Multiple Vergleiche durchgeführt werden. Vgl. Janssen, J./ Laatz, W. (2002), S. 321.

[386]   Vgl. Wittenberg, R. (1998), S. 183 f.

[387]   Dieser kam unabhängig von der Varianzhomogenität zum Einsatz, da der H-Test nach Kruskal-Wallis nicht belegen kann, zwischen welchen Gruppen signifikante Unterschiede bestehen. Von der paarweisen Durchführung von U-Tests nach Mann-Whitney wurde abgesehen. Denn damit wäre eine Zunahme von Tests verbunden, so dass rein zufällig signifikante Unterschiede auftreten können. Vgl. Wittenberg, R. (1998), S. 181 ff.

[388]   Vgl. Abele, A. et al. (2002), S. 193 ff.

fassen, die hoch miteinander korreliert sind.[389] Davon unabhängig ist die Frage, ob High Potentials den Items der einzelnen Gruppen eine andere Bedeutung zumessen als sonstige Studenten. Insofern konnten beide Gruppen zusammen betrachtet werden. Des Weiteren hätte eine Durchführung der Faktorenanalyse nur auf Basis der Fragebögen der High Potentials den Anforderungen von Guadagnoli u. Velicer (1988) widersprochen und somit eine generalisierende Interpretation der Faktorenstruktur verhindert. Um Unterschiede zwischen den Befragten nicht zu verwischen, wurden fehlende Werte nicht durch Durchschnittswerte ersetzt. Vielmehr erfolgte ein listenweiser Fallausschluss der einzelnen Fälle. Dies führte zu einer Reduzierung der Fallzahl um 10 High Potentials und 37 sonstige Studenten. Letztendlich standen für die Durchführung der Faktorenanalyse die Fragebögen von 121 High Potentials und 288 sonstigen Studenten zur Verfügung.

Die Faktorenanalyse wurde auf Basis der Methode der Hauptkomponentenanalyse durchgeführt. Bei der Durchführung zeigte sich zunächst, dass die Eignung der Ausgangsvariablen für eine Faktorenanalyse mit einem Wert von 0,752 nach dem Kaiser-Meyer-Olkin-Kriterium als „ziemlich gut" beurteilt werden kann.[390] Fünf Faktoren mit einem Eigenwert größer eins wurden extrahiert und auf Basis des orthogonalen Verfahrens Varimax rotiert. Diese fünf Faktoren erklären 58,25% der Gesamtvarianz. Abbildung 21 zeigt die rotierte Faktorladungsmatrix. Sie beinhaltet aus Gründen der Übersichtlichkeit und Interpretationsfähigkeit nur Faktorladungen, deren Wert über 0,3 liegt.[391]

---

[389] Vgl. Berekoven, L. et al. (1999), S. 214 ff., Green, P. E./ Tull, D. S. (1982), S. 391 ff.
[390] Vgl. Backhaus, K. et al. (2000), S. 269.
[391] Norman, G. R./ Streiner, D. L. (1994), S. 139 halten bei einem Stichprobenumfang von n = 409 nur Faktorladungen > 0,26 für vernünftig interpretierbar.

Rotierte Komponentenmatrix

	Komponente				
	1	2	3	4	5
Schwierige Aufgaben bearbeiten	,753				
Meine Fähigkeiten weiterentwickeln	,715				
Meinen geistigen Horizont erweitern	,666				
Eine Arbeit, die zu Innovationen beiträgt	,647				
Neue Ideen entwickeln	,599				
Hohes berufliches Ansehen haben		,803			
Hohes Sozialprestige erringen		,765			
Öffentliche Anerkennung erringen		,758			
Viel Geld verdienen		,617	-,376		
Gute Karrierechancen haben	,430	,456	-,303		
Für das Wohl anderer Menschen sorgen			,810		
Mich für andere einsetzen			,772		
Uneigennützig handeln			,751		
Ein aufregendes Leben führen				,740	
Das Leben in vollen Zügen genießen				,690	
Viel mit anderen Menschen unternehmen				,619	,313
Einen großen Bekanntenkreis haben				,531	
Zuneigung und Liebe erhalten					,829
Zuneigung und Liebe geben					,803
Eine Arbeit, die gut mit familiären Bindungen vereinbar ist					,501

Extraktionsmethode: Hauptkomponentenanalyse.
Rotationsmethode: Varimax mit Kaiser-Normalisierung.

Abbildung 21   Rotierte Faktorladungsmatrix der persönlichen Ziele

Auf Basis der rotierten Faktorenmatrix erfolgte die Interpretation der Faktoren, die den 20 Statements der persönlichen Ziele zugrunde liegen.[392] Die Matrix zeigt, dass sich die 20 Items recht eindeutig fünf Faktoren zuordnen lassen. Dabei konnte die von Abele et al. (2002) postulierte faktorielle Struktur sowie Itemzuordnung, außer bei „Gute Karriere-chancen haben", abgebildet werden.

Beim ersten Faktor weisen die Kriterien „Schwierige Aufgaben bearbeiten", „Meine Fähigkeiten weiterentwickeln", „Meinen geistigen Horizont erweitern", „Eine Arbeit, die zu Innovationen beiträgt" und „Neue Ideen entwickeln" eine hohe Faktorladung auf. Diese Statements bezeichnen berufliche Ziele, die auf eine inhaltliche Weiterentwicklung der eigenen Person gerichtet sind. Dementsprechend kann der erste Faktor als Wachstumsziel charakterisiert werden.

---

[392]   Aufgrund der Größe der Stichprobe ist eine generalisierende Interpretation der Faktorstruktur möglich. Vgl. Bortz, J. (1993), S. 483 f., Guadagnoli, E./ Velicer, W. F. (1988), S. 265 ff.

Der zweite Faktor korreliert mittel bis stark mit den Statements „Hohes berufliches Ansehen haben", „Hohes Sozialprestige erringen", „Öffentliche Anerkennung erringen" und „Viel Geld verdienen". Diese Variablen stehen für berufliche Ziele, welche vor allem den zu erreichenden beruflichen Status betonen. Diesen Items gemeinsam ist das Bedürfnis nach sozialer Anerkennung und das Streben nach Erfolg. Deshalb wird dieser Faktor als Karriereziel bezeichnet.

Das Item „Gute Karrierechancen haben" liefert einen Erklärungsbeitrag sowohl für den ersten Faktor, der einen Entwicklungsprozess beschreibt, als auch für den zweiten Faktor, der ein Berufsergebnis erfasst. Eine eindeutige Zurechnung zu einem der beiden Faktoren ist nicht möglich.

Der dritte Faktor korreliert stark mit den Variablen „Für das Wohl anderer Menschen sorgen", „Mich für andere einsetzen" sowie „Uneigennützig handeln". Zudem weist er negative Korrelationen mit den Statements „Viel Geld verdienen" und „Gute Karrierechance haben" auf. Dieser Faktor betont die Wichtigkeit sozialer Beziehungen und zielt darauf ab, anderen uneigennützig zu helfen. Deshalb wird dieser Faktor als Altruismusziel bezeichnet.

Der vierte Faktor korreliert mittel bis stark mit den Items „Ein aufregendes Leben führen", „Das Leben in vollen Zügen genießen", „Viel mit anderen Menschen unternehmen" und „Einen großen Bekanntenkreis haben". Dieser Faktor bezieht sich auf außerberufliche Ziele und betont eine abwechslungsreiche Freizeitgestaltung. Er wird deswegen als Abwechslungsziel interpretiert.

Der fünfte Faktor weist hohe Faktorladungen bei den Variablen „Zuneigung und Liebe erhalten" und „Zuneigung und Liebe geben" sowie eine mittlere Faktorladung bei „Eine Arbeit, die gut mit familiären Bindungen vereinbar ist" auf. Dieser Faktor zielt darauf ab, mit anderen Menschen zusammen zu sein und enge persönliche Bindungen zu haben. Er wird als Intimitätsziel bezeichnet.

Insgesamt sind im Rahmen der Faktorenanalyse fünf Faktoren aufgedeckt worden, von denen das Wachstums- und das Karriereziel dem Bereich der beruflichen Ziele und die drei anderen Ziele dem Bereich der privaten Ziele zugeordnet werden können.[393] Aufbauend auf den Ergebnissen der Faktorenanalyse und der berechneten Faktorwerte konnte mit Hilfe einer Cluster-Analyse geklärt werden, aus welchen Persönlichkeitstypen sich die

---

[393]   Vgl. Abele, A. et al. (2002), S. 196.

Gruppe der High Potentials zusammensetzt. Die Cluster-Analyse bündelt Untersuchungsobjekte, die ähnliche Eigenschaftsausprägungen haben, zu in sich homogenen und untereinander heterogenen Gruppen.[394] Als optimale Clusterzahl konnten 3 Gruppen ermittelt werden. Grundlage für die Ermittlung der Clusterzahl war ein deutlich sichtbarer Sprung in der Entwicklung der Fehlerquadratsumme beim Übergang vom dritten zum zweiten Cluster.[395] Tabelle 19 gibt einen Überblick über die z-standardisierten Faktorwerte[396] der persönlichen Ziele der drei Gruppen, anhand derer die Cluster-Analyse erfolgte, sowie über die demographischen Kriterien und Leistungskriterien der High Potentials.

---

[394]   Vgl. Bortz, J. (1993), S. 522 ff.
[395]   Vgl. Backhaus, K. et al. (2000), S. 375, Bühl, A./ Zöfel, P. (2005), S. 491 f.
[396]   Die Faktorwerte eines Faktors haben somit einen Mittelwert von 0 und eine Streuung von 1. Dabei liegen die Faktorwerte in der Regel im Bereich von –3 bis +3. Vgl. Bortz, J. (1993), S. 498 f., Bühl, A./ Zöfel, P. (2005), S. 470.

Merkmal	Cluster 1 "Bindungsarme Selbstverwirklicher" (n = 46)	Cluster 2 "Anspruchsvolle Allrounder" (n = 22)	Cluster 3 "Konservative Familienmenschen" (n = 53)	F-Wert, Cramer's V bzw. Chi^2
Persönliche Ziele				
Wachstum	0,24	0,94	-0,16	*** 23,772
Karriere	-0,15	0,86	-0,11	*** 12,248
Altruismus	-0,30	0,89	0,02	*** 13,528
Abwechslung	0,03	0,53	-0,63	*** 12,620
Intimität	-1,08	0,30	0,48	*** 61,797
Demographische Kriterien				
Alter	25,00	24,59	24,87	n.s. 0,326
Anteil weiblicher Studenten	37,0%	52,4%	43,4%	n.s. 0,109
Bisherige Fachsemester	7,91	7,41	7,73	n.s. 0,610
Fachsemester bis Studienende	1,43	1,91	1,54	n.s. 0,239
Leistungskriterien				
Note Abitur	1,58	1,74	1,79	n.s. 6,726
Note Vordiplom	2,30	2,18	2,21	n.s. 0,744
Angestrebte Examensnote	1,72	1,85	1,76	n.s. 1,099
Auslandsstudium	87,0%	81,8%	83,0%	n.s. 0,058
Auslandspraktikum	45,7%	36,4%	43,4%	n.s. 0,066
Berufsausbildung	26,1%	23,8%	34,0%	n.s. 0,095
Gesamtdauer Praktika	9,65	8,08	8,57	n.s. 0,561
Gesamtdauer Nebentätigkeit	19,73	20,88	19,01	n.s. 0,085
Ehrenamt	80,4%	90,9%	79,2%	n.s. 0,112
Stipendium	58,7%	59,1%	65,4%	n.s. 0,067
Einschätzung als High Potential	3,58	3,86	3,81	n.s. 1,248

Hierarchische Clusteranalyse, quadrierte euklidische Distanz, Ward-Fusionierung. n.s. = nicht signifikant, *** $p < 0,001$. Verwendete Tests: bei Anteil weiblicher Studenten, Auslandsstudium, Auslandspraktikum, Berufsausbildung, Ehrenamt, Stipendium: Cramer's V; bei Wachstumsziel, Intimitätsziel, Noten: H-Test nach Kruskal-Wallis (Levene-Test zur Varianzheterogenität); bei restlichen Kriterien: einfaktorielle Varianzanalyse (Levene-Test zur Varianzgleichheit).

Tabelle 19   Persönlichkeitstypen von High Potentials

Dabei zeigt sich, dass zwischen den persönlichen Zielen der High Potentials in Abhängigkeit von der jeweiligen Cluster-Stichprobe höchst signifikante Unterschiede bestehen. Die identifizierten Cluster können also sinnvoll über die jeweiligen Ausprägungen ihrer Ziele beschrieben werden. Die Cluster-Analyse bestätigt damit deutlich, dass High Potentials keine geschlossene und homogene Gruppe sind. Des Weiteren zeigt sich, dass demographische Kriterien und Leistungskriterien keinen Hinweis auf den Persönlichkeitstyp geben können. Denn die Unterschiede bei demo-graphischen Kriterien und Leistungskriterien zwischen den Persön-lichkeitstypen sind alle nicht signifikant, können also durch zufällige Schwankungen entstanden sein. Nur unter Berücksichtigung der

persönlichen Ziele können die Unterschiede zwischen den Clustern herausgearbeitet werden:

Die erste Gruppe (Cluster 1) zeigt ein besonders niedriges Intimitätsziel
und ein unterdurchschnittliches Altruismusziel. Diese High Potentials
haben geringes Interesse an persönlichen Bindungen oder sozialen
Beziehungen. Diese sind wahrscheinlich eher hinderlich bei der Verfolgung
der überdurchschnittlichen Wachstumsziele. Dieses Streben nach
persönlicher Weiterentwicklung zeigt sich auch durch die hohen Werte bei
der Dauer der durchgeführten Praktika, bei Auslandsstudium und -
praktikum. Die Angehörigen dieser Gruppen werden deshalb als
„Bindungsarme Selbstverwirklicher" bezeichnet. Das Streben nach hohem
gesellschaftlichen Status ist diesen High Potentials fremd, wie das
unterdurchschnittliche Karriereziel und die eher niedrige Einschätzung des
eigenen Status als High Potential zeigen.

Die zweite Gruppe (Cluster 2) ist die kleinste Gruppe mit 18% der High
Potentials und besteht zu 52,4% aus weiblichen High Potentials. Diese
High Potentials zeichnen sich nicht nur durch überdurchschnittlich hohe
Werte in allen Zielen aus, sondern besitzen in sämtlichen Zielen mit
Ausnahme von Intimität die höchsten Ausprägungen. Dabei gelingt es den
Angehörigen dieser Gruppe, diese Ziele in die Praxis umzusetzen und mit
Leben zu füllen. Ihre persönliche Weiterentwicklung verfolgen die High
Potentials dieser Gruppe mit Praktika und studienbegleitenden Tätigkeiten.
Ihr Streben nach Anerkennung und Status zeigt sich in der hohen
Selbsteinschätzung als High Potential. Aufgrund ihrer überdurch-
schnittlichen Ausprägungen in den Bereichen Wachstum und Karriere
entspricht diese Gruppe dem Stereotyp eines High Potentials. Ihre
ausgeprägten Karriere- und Wachstumsziele begünstigen den späteren
Berufserfolg, doch lassen sie sich nicht auf berufliche Ziele reduzieren.[397]
Vielmehr sind knapp 91% von ihnen ehrenamtlich tätig und demonstrieren
damit ihr Interesse an sozialen Beziehungen. Als „Anspruchsvolle
Allrounder" werden diese High Potentials bezeichnet, weil sie nicht nur
eine breite Zieldefinition aus beruflichen und privaten Zielen verfolgen,
sondern weil sie sich dieser besonderen Stellung auch bewusst sind, wie
ihre hohe Selbsteinschätzung zeigt.

Die dritte Gruppe (Cluster 3) zeichnet sich dadurch aus, dass Karriere- und
Wachstumsziel unterdurchschnittlich ausgeprägt sind. Dennoch weist diese
Gruppe sehr gute Leistungskriterien auf und ihre Leistungsfähigkeit wurde
von Dritten durch Stipendien sehr häufig anerkannt. Diese High Potentials

---

[397]   Vgl. Abele-Brehm, A./ Stief, M. (2004), S. 12, Abele, A. (2002), S. 113.

sind sich ihrer Fähigkeiten bewusst, was sich beispielsweise in der Einschätzung als High Potential zeigt, doch definieren sie sich nicht durch berufliche Ziele. Trotz oder gerade wegen ihrer vielfältigen beruflichen Erfahrungen verfolgen sie verstärkt private Ziele und hier vor allem das Intimitätsziel. Sie werden als „Konservative Familienmenschen" bezeichnet, da sie neben dieser engen sozialen Beziehung keinen Bedarf an einer abwechslungsreichen Freizeitgestaltung oder beständigem beruflichen Wandel haben.

Des Weiteren wurde auch analysiert, an welchen Hochschulen die Persönlichkeitstypen am häufigsten anzutreffen sind (vgl. Abbildung 22).

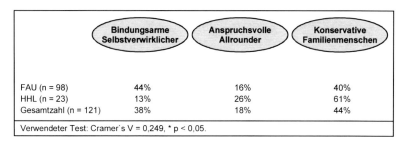

Abbildung 22   Verteilung der Persönlichkeitstypen an den jeweiligen Hochschulen

Während an der FAU die einzelnen Persönlichkeitstypen nahezu in der gleichen Häufigkeit auftreten wie in der Gesamtzahl der High Potentials, gibt es für die HHL deutliche Abweichungen. Die „Bindungsarmen Selbstverwirklicher" sind an der HHL in der Minderzahl. Die dortigen High Potentials sind entweder „Anspruchsvolle Allrounder" oder zu fast zwei Dritteln „Konservative Familienmenschen". Zwar können die Ergebnisse aufgrund der geringen Fallzahlen an der HHL und der unterschiedlichen Stichprobengrößen nur explorativ sein, doch könnten sie zeigen, dass mit der Auswahl der Hochschule eine Fokussierung auf einen bestimmten Persönlichkeitstyp verbunden sein kann. Andererseits könnte auch ein weniger gewissenhaftes Antwortverhalten von „Bindungsarmen Selbstverwirklichern" im Gegensatz zu „Konservativen Familienmenschen" der Grund für die Häufung sein. Denn immerhin konnten 9 von 44 Fragebögen an der HHL nicht auf den „High Potential"-Status überprüft werden, da nähere Angaben fehlten.

Die Cluster-Analyse verdeutlicht, dass aufbauend auf den persönlichen Zielen der High Potentials eine Identifikation von drei Persönlich-

keitstypen möglich ist. Die drei Gruppen - „Bindungsarme Selbstverwirklicher", „Anspruchsvolle Allrounder" und „Konservative Bezieh-
ungsmenschen" - zeigen, dass High Potentials eine heterogene Zielgruppe
mit unterschiedlichen beruflichen und privaten Zielen sind. **Teilhypothese
2a konnte somit bestätigt werden.**

5.2.3.2. Ergebnisse zu Teilhypothese 2b

Teilhypothese 2b untersucht die identifizierten High Potentials-Gruppen
dahingehend, ob sie sich in ihren Anforderungen an die Inhalte eines
Hochschulmarketingkonzeptes unterscheiden.

In einem ersten Schritt wurden die Mittelwerte der Anforderungsbereiche
Unternehmensimage und Arbeitsplatzgestaltung für alle drei Persönlichkeitstypen erfasst (vgl. Abbildung 23).

	Nicht wichtig 1 2 3 4 5 Sehr wichtig	Ø ● △ □	σ ● △ □
Arbeitsinhalte			
Weiterbildungsmöglichkeiten		4,4 : 4,6 : 4,4	0,7 : 0,5 : 0,6
Kooperativer Führungsstil		4,1 : 4,5 : 4,3	0,9 : 0,9 : 0,7
Teamarbeit *		3,8 : 4,4 : 4,1	1,0 : 0,7 : 0,8
Gespräche zur Leistungsbewertung und Karriereplanung		4,3 : 4,3 : 4,2	0,8 : 0,8 : 0,7
Auslandseinsatz		4,2 : 4,6 : 4,1	1,0 : 0,6 : 1,0
Übernahme von Verantwortung *		4,2 : 4,6 : 4,1	0,6 : 0,5 : 0,8
Gutes Betriebsklima *		4,4 : 4,9 : 4,7	0,8 : 0,4 : 0,5
Freiräume für selbstständiges Arbeiten		4,3 : 4,6 : 4,4	0,8 : 0,6 : 0,7
Kompensation/Lifestyle			
Zusatzleistungen *		3,2 : 3,8 : 3,3	1,1 : 0,7 : 0,8
Attraktive Gesamtvergütung		4,0 : 4,1 : 4,0	0,9 : 0,9 : 0,8
Schnelle Gehaltssteigerung		3,7 : 4,0 : 3,5	0,9 : 0,9 : 0,7
Attraktiver Standort		3,7 : 4,1 : 3,7	1,1 : 0,8 : 1,0
Flexible Arbeitszeitgestaltung		3,9 : 4,0 : 4,0	1,2 : 0,9 : 0,9
Sicherheit des Arbeitsplatzes		3,5 : 4,1 : 3,7	1,2 : 1,0 : 1,0
Kein häufiger Wohnortwechsel ***		2,2 : 2,6 : 3,1	1,0 : 1,1 : 1,1
Unternehmen ermöglicht es mir, meine Ziele zu verwirklichen		4,2 : 4,6 : 4,3	0,8 : 0,7 : 0,7
Unternehmensimage			
Attraktive Produkte/Dienstleistungen		3,5 : 3,9 : 3,4	0,8 : 0,7 : 0,9
Identifikation mit Unternehmenskultur		4,0 : 4,2 : 4,0	0,7 : 0,6 : 0,7
Unternehmen ist Marktführer		2,6 : 2,8 : 2,6	1,1 : 0,9 : 1,0
Zukunftsorientierung **		4,0 : 4,4 : 3,9	0,7 : 0,9 : 0,6
Herausragende Mitarbeiter		3,5 : 3,8 : 3,6	0,9 : 0,8 : 1,0
Unternehmen übernimmt gesellschaftliche Verantwortung ***		3,0 : 4,1 : 3,6	1,1 : 0,7 : 0,9
Internationale Ausrichtung		4,3 : 4,2 : 4,2	0,8 : 0,9 : 0,9
Praktiziert aktiven Umweltschutz ***		2,7 : 3,8 : 3,0	1,0 : 0,8 : 1,0
Großes Unternehmen		2,8 : 2,6 : 2,7	1,2 : 0,8 : 1,1

● = Bindungsarme Selbstverwirklicher   ▲ = Anspruchsvolle Allrounder   □ = Konservative Familienmenschen

* p < 0,05, ** p < 0,01, *** p < 0,001.   Ø = Mittelwert   σ = Standardabweichung

Verwendete Tests: bei Gutes Betriebsklima, Zukunftsorientierung und Unternehmen übernimmt gesellschaftliche Verantwortung: H-Test nach Kruskal-Wallis (Levene-Test zur Varianzheterogenität); bei restlichen Kriterien: einfaktorielle Varianzanalyse (Levene-Test zur Varianzgleichheit).

Abbildung 23   Anforderungsprofil der drei Persönlichkeitstypen an zukünftige Arbeitgeber

Der Gleichlauf, der beim Vergleich des Anforderungsprofils von High Potentials und sonstigen Studenten noch zu beobachten war, ist einer stärkeren Differenzierung der einzelnen Persönlichkeitstypen gewichen. Die „Anspruchsvollen Allrounder" werden ihrem Namen gerecht und schätzen fast alle Kriterien wichtiger ein als die anderen beiden Gruppen. Auffälliger Unterschied zwischen „Bindungsarmen Selbstverwirklichern" und „Konservativen Familienmenschen" sind die gegensätzlichen Bewertungen von häufigen Wohnortwechseln und der gesellschaftlichen Verantwortung von Unternehmen. Andererseits haben bei allen drei

Gruppen weiterhin Anforderungskriterien aus dem Bereich der Arbeitsinhalte eine hervorgehobene Bedeutung, während die Kriterien aus den Bereichen Kompensation/Lifestyle und Unternehmensimage erst danach folgen. Dies bestätigt sich, wenn die fünf wichtigsten Anforderungskriterien aus Sicht der drei Persönlichkeitstypen nebeneinander abgetragen werden (vgl. Tabelle 20).

Bindungsarme Selbstverwirklicher			Anspruchsvolle Allrounder			Konservative Familienmenschen		
(1)	Attraktive Gesamtvergütung	9,1%	(1)	Gutes Betriebsklima	12,6%	(1)	Gutes Betriebsklima	13,6%
(2)	Auslandseinsatz	8,6%	(2)	Auslandseinsatz	10,7%	(2)	Weiterbildungsmöglichkeiten	8,0%
(3)	Freiräume für selbstständiges Arbeiten	8,2%	(3)	Freiräume für selbstständiges Arbeiten	7,8%	(3)	Auslandseinsatz	7,6%
(4)	Internationale Ausrichtung	8,2%	(3)	Weiterbildungsmöglichkeiten	7,8%	(4)	Internationale Ausrichtung	7,2%
(5)	Gutes Betriebsklima	7,7%	(3)	Attraktive Gesamtvergütung	7,8%	(4)	Attraktive Gesamtvergütung	7,2%
Angabe des Rangplatzes und der Prozentwerte der gegebenen Antworten.								

Tabelle 20   Fünf wichtigste Anforderungskriterien der drei Persönlichkeitstypen

Wiederum dominieren inhaltliche Aspekte, wie z.B. „Gutes Betriebsklima", „Auslandseinsatz", „Freiräume für selbstständiges Arbeiten" oder „Weiterbildungsmöglichkeiten". Daneben spielen die Kriterien „Attraktive Gesamtvergütung" aus dem Bereich Kompensation/Lifestyle und „Internationale Ausrichtung" aus dem Bereich Unternehmensimage eine wichtige Rolle. Es zeigt sich, dass die fünf wichtigsten Anforderungskriterien sowohl zwischen den drei Gruppen als auch zwischen der Gruppen- und der Gesamtbetrachtung der High Potentials nahezu identisch sind. Diese Kriterien scheinen Grundanforderungen zu sein, die jeder Arbeitgeber erfüllen muss, wenn er sowohl für High Potentials unabhängig von ihrem Persönlichkeitstyp als auch für sonstige Studenten attraktiv sein will.[398] Zudem existieren bei acht Kriterien in den Anforderungsprofilen der drei Persönlichkeitstypen signifikante Unterschiede (vgl. Abbildung 24).

---

[398]   Vgl. Kirchgeorg, M./ Lorbeer, A. (2002), S. 23.

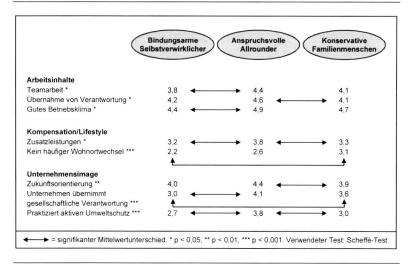

Abbildung 24   Statistisch signifikante Unterschiede zwischen den Persönlichkeitstypen

Diese Unterschiede konkretisieren das Profil der drei Persönlichkeitstypen. Die „Bindungsarmen Selbstverwirklicher" sind durch eine hohe Mobilitätsbereitschaft gekennzeichnet, so dass sie auch häufige Wohnortwechsel nicht scheuen. Zudem haben sie ein geringeres Interesse an Teamarbeit und betrachten das gesellschaftliche und umweltpolitische Engagement von Unternehmen mit Skepsis.

Die hohen Erwartungen der „Anspruchsvollen Allrounder" schlagen sich in sämtlichen Anforderungskriterien nieder. Sie haben eine große Bereitschaft zur Übernahme von Verantwortung und der Umgang mit Menschen gefällt ihnen, weshalb sie Teamarbeit und eine gutes Betriebsklima schätzen. Dabei beurteilen sie ihren Arbeitgeber nicht nur nach den Zusatzleistungen, die neben dem Gehalt geboten werden, sondern auch nach seiner Zukunftsorientierung und seinem gesellschaftlichen und umweltpolitischen Engagement.

Den „Konservativen Familienmenschen" ist ein gutes Betriebsklima wichtig. Da sie sich nicht über berufliche Ziele definieren, stechen bei ihnen keine weiteren Anforderungen an die Arbeitsinhalte hervor. Vielmehr legen sie Wert auf die Vereinbarkeit von Familie und Beruf. Dies zeigt sich an dem Wunsch nach wenigen Wohnortwechseln und der Forderung nach gesellschaftlicher Verantwortung der Unternehmen.

Weniger bedeutend ist, ob das Unternehmen aktiven Umweltschutz praktiziert.

Im Gegensatz zu den Unterschieden bei den Anforderungskriterien konnten bei den Gehalts- und Arbeitszeitvorstellungen keine signifikanten Unterschiede ermittelt werden (vgl. Tabelle 21).

Merkmal	Bindungsarme Selbstverwirklicher	Anspruchsvolle Allrounder	Konservative Familienmenschen	F-Wert
Erwartete zeitliche Arbeitsbelastung	54,38	55,09	52,69	0,757 n.s.
Erwartetes Anfangsgehalt	43.689	42.591	43.049	0,165 n.s.
n.s. = nicht signifikant. Verwendeter Test: einfaktorielle Varianzanalyse (Levene-Test zur Varianzgleichheit).				

Tabelle 21   Mittelwert der Arbeitsbelastung und des Anfangsgehalts der drei Persönlichkeitstypen

In der Tendenz unterstreichen die Zahlen die Bedeutung der Gesamtvergütung für die „Bindungsarmen Selbstverwirklicher" und die Wichtigkeit der geringeren zeitlichen Belastung für die „Konservativen Familienmenschen". Das große Engagement der „Anspruchsvollen Allrounder" zeigt sich tendenziell in der Bereitschaft zur höherer Arbeitsbelastung, obgleich es erstaunlich ist, dass sie ein niedrigeres Anfangsgehalt zu erwarten scheinen.

Die Analyse der Attraktivitätseinschätzungen von 18 Branchen liefert Hinweise auf das bevorzugte Betätigungsfeld der verschiedenen Persönlichkeitstypen (vgl. Abbildung 25).

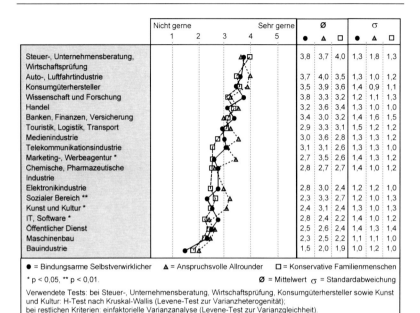

	Nicht gerne				Sehr gerne	Ø			σ		
	1	2	3	4	5	●	▲	□	●	▲	□
Steuer-, Unternehmensberatung, Wirtschaftsprüfung						3,8	3,7	4,0	1,3	1,8	1,3
Auto-, Luftfahrtindustrie						3,7	4,0	3,5	1,3	1,0	1,2
Konsumgüterhersteller						3,5	3,9	3,6	1,4	0,9	1,1
Wissenschaft und Forschung						3,8	3,3	3,2	1,2	1,1	1,3
Handel						3,2	3,6	3,4	1,3	1,0	1,0
Banken, Finanzen, Versicherung						3,4	3,0	3,2	1,4	1,6	1,5
Touristik, Logistik, Transport						2,9	3,3	3,1	1,5	1,2	1,2
Medienindustrie						3,0	3,6	2,8	1,3	1,3	1,2
Telekommunikationsindustrie						3,1	3,1	2,6	1,3	1,3	1,0
Marketing-, Werbeagentur *						2,7	3,5	2,6	1,4	1,3	1,2
Chemische, Pharmazeutische Industrie						2,8	2,7	2,7	1,4	1,0	1,2
Elektronikindustrie						2,8	3,0	2,4	1,2	1,2	1,0
Sozialer Bereich **						2,3	3,3	2,7	1,2	1,0	1,3
Kunst und Kultur *						2,4	3,1	2,4	1,3	1,0	1,3
IT, Software *						2,8	2,4	2,2	1,4	1,0	1,2
Öffentlicher Dienst						2,5	2,6	2,4	1,4	1,3	1,4
Maschinenbau						2,3	2,5	2,2	1,1	1,1	1,0
Bauindustrie						1,5	2,0	1,9	1,0	1,2	1,0

● = Bindungsarme Selbstverwirklicher ▲ = Anspruchsvolle Allrounder □ = Konservative Familienmenschen

* p < 0,05, ** p < 0,01. Ø = Mittelwert σ = Standardabweichung

Verwendete Tests: bei Steuer-, Unternehmensberatung, Wirtschaftsprüfung, Konsumgüterhersteller sowie Kunst und Kultur: H-Test nach Kruskal-Wallis (Levene-Test zur Varianzheterogenität); bei restlichen Kriterien: einfaktorielle Varianzanalyse (Levene-Test zur Varianzgleichheit).

Abbildung 25   Branchenpräferenzen der drei Persönlichkeitstypen

Weiterhin gehören die Branchen „Steuer-, Unternehmensberatung, Wirtschaftsprüfung", „Auto-, Luftfahrtindustrie" sowie „Konsumgüter-hersteller" zu den beliebtesten Betätigungsfeldern. Bei anderen Branchen scheinen sich Präferenzen bestimmter Persönlichkeitstypen heraus-zubilden. Tendenziell ist bei „Bindungsarmen Selbstverwirklichern" der Bereich „Wissenschaft und Forschung" sehr beliebt. Dieser Bereich ist typisch für Personen, welche Wachstumsziele im Gegensatz zu Karrierezielen hoch gewichten.[399] Bei „Anspruchsvollen Allroundern" scheinen sich die Bereiche „Handel" und „Medienindustrie" einer größeren Beliebtheit zu erfreuen. Statistisch signifikante Unterschiede in den Einschätzungen lassen sich aber nur in einigen Bereichen feststellen (vgl. Abbildung 26).

---

[399]   Vgl. Abele, A. et al. (2002), S. 199.

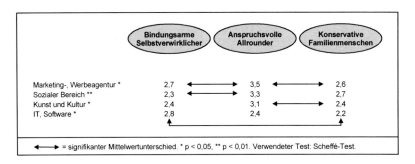

*Abbildung 26   Statistisch signifikante Unterschiede im Branchenprofil der
                Persönlichkeitstypen*

Deutlich wird der Unterschied im Bereich „Marketing-, Werbeagentur",
der von der Gruppe der „Anspruchsvollen Allrounder" sehr viel positiver
eingeschätzt wird als von den anderen beiden Gruppen. Die
„Anspruchsvollen Allrounder" haben wieder die Tendenz, die Branchen
grundsätzlich positiver einzuschätzen als die anderen beiden Gruppen.
Dies zeigt sich auch im „Sozialen Bereich" und im Bereich „Kunst und
Kultur". Der Bereich „IT, Software" ist für die „Bindungsarmen Selbstverwirklicher" attraktiver als für die „Konservativen Familienmenschen".
Dabei ist zu beachten, dass der „Soziale Bereich" und die Bereiche „Kunst
und Kultur" sowie „IT, Software" bei der Gesamtbetrachtung aller
Branchen nur durchschnittlich bzw. unterdurchschnittlich attraktiv sind.

Die Untersuchungen zeigen, dass die drei Persönlichkeitstypen unter-
schiedliche Anforderungen an zukünftige Arbeitgeber stellen. Die
„Bindungsarmen Selbstverwirklicher" zeichnen sich durch eine hohe
Mobilitätsbereitschaft und ein geringeres Interesse an Teamarbeit aus. Ob
das Unternehmen sich gesellschaftlich oder umweltpolitisch engagiert ist
für ihre Arbeitsplatzentscheidung irrelevant. Viel wichtiger sind für sie
„Freiräume für selbstständiges Arbeiten", welche sie vor allem im Bereich
„Wissenschaft und Forschung" finden.

Die „Anspruchsvollen Allrounder" stufen nahezu sämtliche Anforderungskriterien etwas wichtiger ein als die beiden anderen Persönlichkeitstypen. Schon daran zeigt sich ihre sehr anspruchsvolle Grund-
haltung. Besonders wichtig sind ihnen ein „Gutes Betriebsklima", die
Möglichkeit zur „Teamarbeit" sowie die „Übernahme von Verantwortung". Dabei achten sie auch darauf, ob das Unternehmen sich
gesellschaftlich engagiert und zukunftsorientiert handelt. Einen Einsatz

können sie sich in verschiedenen Branchen vorstellen. Dabei stechen bei ihnen die Bereiche „Handel", „Medienindustrie" und „Marketing-, Werbeagentur" hervor. Zudem sind sie gegenüber dem „Sozialen Bereich" und dem Bereich „Kunst und Kultur" positiver eingestellt als die anderen beiden Persönlichkeitstypen.

Die „Konservativen Familienmenschen" legen Wert auf die Vereinbarkeit von Familie und Beruf, so dass sie häufige Wohnortwechsel vermeiden möchten. Ein „Gutes Betriebsklima" in einem Unternehmen, welches gesellschaftliche Verantwortung übernimmt, ist ihnen wichtig. Außer den allgemein bei allen drei Persönlichkeitstypen beliebten Branchen „Steuer-, Unternehmensberatung, Wirtschaftsprüfung", „Auto-, Luftfahrtindustrie" und „Konsumgüterhersteller" stechen bei ihnen keine weiteren Branchen positiv hervor. **Teilhypothese 2b konnte somit bestätigt werden.**

5.2.3.3. Ergebnisse zu Teilhypothese 2c

Teilhypothese 2c untersucht die identifizierten High Potentials-Gruppen dahingehend, ob sie sich in den Kommunikationsmaßnahmen unterscheiden, die sie zur Information über einen zukünftigen Arbeitgeber nutzen. Dabei wurde der Zeitpunkt untersucht, ab welchem sich die drei Persönlichkeitstypen über Arbeitgeber informieren, und die Art der Informationsquellen analysiert, die von den verschiedenen High Potentials genutzt werden.

Auf die Frage nach dem Zeitpunkt der Information und Bewerbung antworteten die drei Persönlichkeitstypen wie folgt (vgl. Tabelle 22):

Merkmal	Bindungsarme Selbstverwirklicher	Anspruchsvolle Allrounder	Konservative Familienmenschen	F-Wert, Cramer's V bzw. Chi^2
Wieviel Prozent haben sich bereits über Arbeitgeber informiert?	97,80%	86,40%	88,70%	0,176 n.s.
Wie umfassend über Arbeitgeber informiert?	3,73	3,60	3,70	0,142 n.s.
Wieviel Prozent bewerben sich vor Studienende?	93,50%	86,40%	84,90%	0,354 n.s.
Ab wievieltem Monat vor Studienende Bewerbung?	6,15	3,91	3,36	** 11,109
Bei wie vielen Unternehmen Bewerbung?	15,07	10,36	11,20	1,042 n.s.

n.s. = nicht signifikant, ** $p < 0,01$. Verwendete Tests: bei Frage, ob bereits Information über Arbeitgeber bzw. ob Bewerbung vor Studienende: Cramer's V; bei Umfang Information über Arbeitgeber: einfaktorielle Varianzanalyse (Levene-Test zur Varianzgleichheit); bei Anzahl Monate vor Studienende und Anzahl Bewerbungen: H-Test nach Kruskal-Wallis (Levene-Test zur Varianzheterogenität).

Tabelle 22   Bewerbungsverhalten der drei Persönlichkeitstypen

Dabei zeigt sich, dass sich die „Bindungsarmen Selbstverwirklicher" am frühesten, nämlich ein Semester vor Studienende, um einen Arbeitsplatz bewerben. Die anderen Persönlichkeitstypen beschäftigen sich 2 Monate später mit der Arbeitsplatzsuche. Auch die anderen Ergebnisse unterstützen in der Tendenz diese Beobachtung. Denn fast alle „Bindungsarmen Selbstverwirklicher" haben sich bereits über ihren zukünftigen Arbeitgeber informiert und dabei sehr umfassende Informationen eingeholt. Diesen Startvorteil nutzen sie und bewerben sich bei knapp 15 Unternehmen, fast 50 Prozent mehr als die anderen beiden Gruppen. Dies deutet darauf hin, dass es ihnen wichtig ist, möglichst frühzeitig eine Arbeitsstelle zu finden. Arbeitgeber, die „Bindungsarme Selbstverwirklicher" rekrutieren möchten, sollten daher frühzeitig auf diese High Potential-Gruppe zugehen.

Dabei sind Entwicklungs- und Unterstützungsmaßnahmen eine Möglichkeit, um während des Studiums mit High Potentials in Kontakt zu treten, wie die folgende Betrachtung der Informationsquellen zeigt (vgl. Abbildung 27).

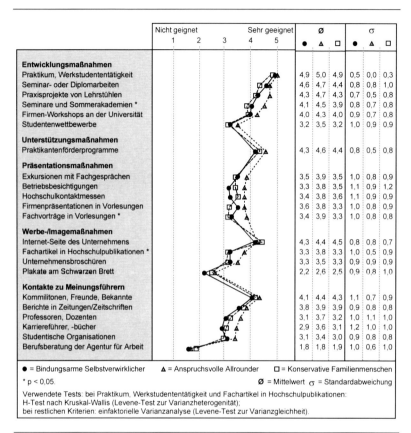

	Nicht geignet			Sehr geignet		Ø			σ		
	1	2	3	4	5	●	▲	□	●	▲	□
Entwicklungsmaßnahmen											
Praktikum, Werkstudententätigkeit						4,9	5,0	4,9	0,5	0,0	0,3
Seminar- oder Diplomarbeiten						4,6	4,7	4,4	0,8	0,8	1,0
Praxisprojekte von Lehrstühlen						4,3	4,7	4,3	0,7	0,5	0,8
Seminare und Sommerakademien *						4,1	4,5	3,9	0,8	0,7	0,8
Firmen-Workshops an der Universität						4,0	4,3	4,0	0,9	0,7	0,8
Studentenwettbewerbe						3,2	3,5	3,2	1,0	0,9	0,9
Unterstützungsmaßnahmen											
Praktikantenförderprogramme						4,3	4,6	4,4	0,8	0,5	0,8
Präsentationsmaßnahmen											
Exkursionen mit Fachgesprächen						3,5	3,9	3,5	1,0	0,8	0,9
Betriebsbesichtigungen						3,3	3,8	3,5	1,1	0,9	1,2
Hochschulkontaktmessen						3,4	3,8	3,6	1,1	0,9	0,9
Firmenpräsentationen in Vorlesungen						3,6	3,8	3,3	1,0	0,8	0,9
Fachvorträge in Vorlesungen *						3,4	3,9	3,3	1,0	0,8	0,8
Werbe-/Imagemaßnahmen											
Internet-Seite des Unternehmens						4,3	4,4	4,5	0,8	0,8	0,7
Fachartikel in Hochschulpublikationen *						3,3	3,8	3,3	1,0	0,5	0,9
Unternehmensbroschüren						3,3	3,5	3,3	0,9	0,9	0,9
Plakate am Schwarzen Brett						2,2	2,6	2,5	0,9	0,8	1,0
Kontakte zu Meinungsführern											
Kommilitonen, Freunde, Bekannte						4,1	4,4	4,3	1,1	0,7	0,9
Berichte in Zeitungen/Zeitschriften						3,8	3,9	3,9	0,9	0,8	0,8
Professoren, Dozenten						3,1	3,7	3,2	1,0	1,1	1,0
Karriereführer, -bücher						2,9	3,6	3,1	1,2	1,0	1,0
Studentische Organisationen						3,1	3,4	3,0	0,9	0,8	0,8
Berufsberatung der Agentur für Arbeit						1,8	1,8	1,9	1,0	0,6	1,0

● = Bindungsarme Selbstverwirklicher   ▲ = Anspruchsvolle Allrounder   □ = Konservative Familienmenschen

* p < 0,05.   Ø = Mittelwert σ = Standardabweichung

Verwendete Tests: bei Praktikum, Werkstudententätigkeit und Fachartikel in Hochschulpublikationen:
H-Test nach Kruskal-Wallis (Levene-Test zur Varianzheterogenität);
bei restlichen Kriterien: einfaktorielle Varianzanalyse (Levene-Test zur Varianzgleichheit).

Abbildung 27   Informationsquellen der drei Persönlichkeitstypen

Wiederum wird die überragende Bedeutung von Praktika für sämtliche Gruppen von High Potentials deutlich. Die Einschätzungsprofile der verschiedenen Gruppen verlaufen sehr ähnlich, wiederum mit der Besonderheit, dass „Anspruchsvolle Allrounder" sämtliche Informationsquellen tendenziell höher bewerten. Sämtliche Unterstützungs- und Entwicklungsmaßnahmen mit Ausnahme der Studentenwettbewerbe werden von den High Potentials-Gruppen mit einer Bewertung zwischen vier und fünf Punkten als sehr geeignet für die Information über einen zukünftigen Arbeitgeber angesehen. Daneben spielen noch die „InternetSeite des Unternehmens" und „Kommilitonen, Freunde, Bekannte" eine sehr wichtige Rolle. Sämtliche Präsentationsmaßnahmen und die meisten Werbe-/Imagemaßnahmen sowie Kontakte zu Meinungsführern werden mit einer Bewertung zwischen drei und vier Punkten als durchschnittlich geeignet angesehen. Als ungeeignet werden „Plakate am Schwarzen Brett" sowie die „Berufsberatung der Agentur für Arbeit" eingestuft. Die große Übereinstimmung bei der Bewertung der Informationsquellen bestätigt sich, wenn die fünf wichtigsten Kommunikationsmaßnahmen aus Sicht der drei Persönlichkeitstypen nebeneinander abgetragen werden (vgl. Tabelle 23).

Bindungsarme Selbstverwirklicher			Anspruchsvolle Allrounder			Konservative Familienmenschen		
(1)	Praktikum, Werkstudententätigkeit	17,5%	(1)	Praktikum, Werkstudententätigkeit	17,8%	(1)	Praktikum, Werkstudententätigkeit	18,9%
(2)	Seminar- oder Diplomarbeiten	13,0%	(2)	Seminar- oder Diplomarbeiten	14,0%	(2)	Internet-Seite des Unternehmens	14,4%
(3)	Kommilitonen, Freunde, Bekannte	12,1%	(3)	Kommilitonen, Freunde, Bekannte	10,3%	(3)	Seminar- oder Diplomarbeiten	11,0%
(4)	Internet-Seite des Unternehmens	10,8%	(3)	Praxisprojekte von Lehrstühlen	10,3%	(3)	Kommilitonen, Freunde, Bekannte	11,0%
(5)	Praktikantenförder- programme	9,0%	(3)	Internet-Seite des Unternehmens	9,3%	(5)	Praxisprojekte von Lehrstühlen	10,6%
Angabe des Rangplatzes und der Prozentwerte der gegebenen Antworten.								

Tabelle 23   Fünf wichtigste Informationsquellen der drei Persönlichkeitstypen

In allen drei Gruppen werden „Praktikum Werkstudententätigkeit", „Seminar- oder Diplomarbeiten", „Kommilitonen, Freunde, Bekannte" und die „Internet-Seite des Unternehmens" zu den wichtigsten Informationsquellen gezählt, wobei minimale Verschiebungen in den Rangplätzen vorhanden sind. Als weitere wichtige Informationsquelle werden „Praktikantenförderprogramme" von „Bindungsarmen Selbstverwirklichern" genannt, während die anderen beiden Persönlichkeitstypen die „Praxisprojekte von Lehrstühlen" hervorheben. Die Mittelwerte beider Informationsquellen sind aber nahezu identisch. Wie bei den bedeutendsten Anforderungskriterien herrscht auch bei den wichtigsten Informationsquellen eine große Übereinstimmung sowohl zwischen den drei Persönlichkeitstypen als auch zu der Gesamtbetrachtung von High Potentials und sonstigen Studenten. Unabhängig von ihrem Leistungspotenzial und ihrem Persönlichkeitstyp nutzen Studenten am liebsten diese Informationsquellen. Lediglich bei drei Kriterien gibt es signifikante Einschätzungsunterschiede (vgl. Abbildung 28).

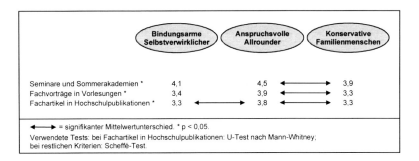

Abbildung 28   Statistisch signifikante Unterschiede in den Informationsquellen der
Persönlichkeitstypen[400]

Deutlich zeigt sich, dass die Gruppe der „Anspruchsvollen Allrounder" die Informationsquellen „Seminare und Sommerakademien", „Fachvorträge in Vorlesungen" sowie „Fachartikel in Hochschulpublikationen" positiver einschätzt als die anderen beiden Gruppen. Die Bedeutung von „Seminaren und Sommerakademien" für „Anspruchsvolle Allrounder" zeigt sich auch bei der Analyse der Rangplätze der geeignetsten Informationsquellen. Während „Seminare und Sommerakademien" von knapp 8% der „Anspruchsvollen Allrounder" als eine der geeignetsten Informationsquellen bezeichnet wurden, sind nur 4% der „Konservativen Familienmenschen" und knapp 3% der „Bindungsarmen Selbstverwirklicher" der gleichen Meinung. Auf der anderen Seite erhielten „Fachvorträge in Vorlesungen" und „Fachartikel in Hochschulpublikationen" nur 1 - 3% der von den jeweiligen Persönlichkeitstypen abgegebenen Antworten. Insofern differenzieren sich „Anspruchsvolle Allrounder" nur in ihrer Einschätzung von „Seminaren und Sommerakademien" von den anderen beiden Persönlichkeitstypen.

Es konnte gezeigt werden, dass sich „Bindungsarme Selbstverwirklicher" etwas früher bei ihrem zukünftigen Arbeitgeber bewerben als die beiden anderen Gruppen von High Potentials. Nur in der Tendenz ließ sich beobachten, dass diese früher vorhandenen Informationen auch frühere Bewerbungen bei Arbeitgebern auslösen. Des Weiteren werden „Seminare und Sommerakademien" von „Anspruchsvollen Allroundern" besser beurteilt als von den anderen beiden Persönlichkeitstypen. Grundlegendere

---

[400]   Ausnahmsweise wurden bei „Fachartikel in Hochschulpublikationen" paarweise U-Tests nach Mann-Whitney durchgeführt, da der Scheffé-Test trotz festgestellter signifikanter Mittelwertsunterschiede zwischen den Vergleichsgruppen keine signifikanten Ergebnisse lieferte.

Differenzierungen im Informationsverhalten konnten nicht festgestellt werden. **Somit wird Teilhypothese 2c nur sehr eingeschränkt bestätigt.**

5.2.4. Ergebnisse zu Hypothese 3: Geschlechtsspezifische Unterschiede zwischen High Potentials

Hypothese 3 beschäftigt sich mit geschlechtsspezifischen Unterschieden zwischen High Potentials. Dabei wird angenommen, dass sich weibliche High Potentials in ihren Anforderungen an einen zukünftigen Arbeitgeber von männlichen High Potentials unterscheiden (Teilhypothese 3a). Zudem möchten weibliche High Potentials auch durch andere Kommunikationsmaßnahmen über ihren zukünftigen Arbeitgeber informiert werden als männliche High Potentials (Teilhypothese 3b).

Bei den Analysen sind die Ergebnisse zu Hypothese 2 zu berücksichtigen. Dort wurde gezeigt, dass auch die persönlichen Ziele der einzelnen High Potentials-Typen die Anforderungen an einen Arbeitgeber und die bevorzugten Informationsquellen beeinflussen. Um tatsächlich die geschlechtsspezifischen Unterschiede zu analysieren, muss der Einfluss der persönlichen Ziele neutralisiert werden. Deshalb wird für sämtliche Variablen, bei welchen ein signifikanter Unterschied zwischen männlichen und weiblichen High Potentials festgestellt wurde, eine Kovarianzanalyse durchgeführt. Als Kontrollvariablen werden die fünf Faktoren der persönlichen Ziele verwendet, um deren Einfluss auf die Untersuchung zu beseitigen.[401]

5.2.4.1. Ergebnisse zu Teilhypothese 3a

Zuerst wurden die Mittelwerte der Anforderungsbereiche Unternehmensimage und Arbeitplatzgestaltung getrennt für männliche und weibliche High Potentials erfasst (vgl. Abbildung 29).

---

[401]   Vgl. Bortz, J. (1993), S. 332 ff., Green, P. E./ Tull, D. S. (1982), S. 322 ff., Backhaus, K. et al. (2000), S. 90 f., Hochstädter, D./ Kaiser, U. (1980), S. 95 ff.

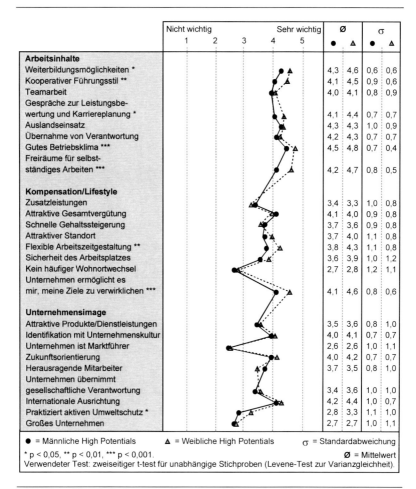

	Nicht wichtig			Sehr wichtig		Ø		σ	
	1	2	3	4	5	●	▲	●	▲
Arbeitsinhalte									
Weiterbildungsmöglichkeiten *						4,3	4,6	0,6	0,6
Kooperativer Führungsstil **						4,1	4,5	0,9	0,6
Teamarbeit						4,0	4,1	0,8	0,9
Gespräche zur Leistungsbe- wertung und Karriereplanung *						4,1	4,4	0,7	0,7
Auslandseinsatz						4,3	4,3	1,0	0,9
Übernahme von Verantwortung						4,2	4,3	0,7	0,7
Gutes Betriebsklima ***						4,5	4,8	0,7	0,4
Freiräume für selbst- ständiges Arbeiten ***						4,2	4,7	0,8	0,5
Kompensation/Lifestyle									
Zusatzleistungen						3,4	3,3	1,0	0,8
Attraktive Gesamtvergütung						4,1	4,0	0,9	0,8
Schnelle Gehaltssteigerung						3,7	3,6	0,9	0,8
Attraktiver Standort						3,7	4,0	1,1	0,8
Flexible Arbeitszeitgestaltung **						3,8	4,3	1,1	0,8
Sicherheit des Arbeitsplatzes						3,6	3,9	1,0	1,2
Kein häufiger Wohnortwechsel						2,7	2,8	1,2	1,1
Unternehmen ermöglicht es mir, meine Ziele zu verwirklichen ***						4,1	4,6	0,8	0,6
Unternehmensimage									
Attraktive Produkte/Dienstleistungen						3,5	3,6	0,8	1,0
Identifikation mit Unternehmenskultur						4,0	4,1	0,7	0,7
Unternehmen ist Marktführer						2,6	2,6	1,0	1,1
Zukunftsorientierung						4,0	4,2	0,7	0,7
Herausragende Mitarbeiter						3,7	3,5	0,8	1,0
Unternehmen übernimmt gesellschaftliche Verantwortung						3,4	3,6	1,0	1,0
Internationale Ausrichtung						4,2	4,4	1,0	0,7
Praktiziert aktiven Umweltschutz *						2,8	3,3	1,1	1,0
Großes Unternehmen						2,7	2,7	1,0	1,1

● = Männliche High Potentials   ▲ = Weibliche High Potentials   σ = Standardabweichung
* p < 0,05, ** p < 0,01, *** p < 0,001.   Ø = Mittelwert
Verwendeter Test: zweiseitiger t-test für unabhängige Stichproben (Levene-Test zur Varianzgleichheit).

Abbildung 29   Anforderungsprofil von männlichen und weiblichen High Potentials

Zwar ist der Verlauf beider Anforderungsprofile ähnlich,[402] doch wird deutlich, dass weibliche High Potentials bei zahlreichen Kriterien zu einer höheren Bewertung tendieren.[403] Vor allem im Bereich der Arbeitsinhalte weichen die Mittelwerte in zahlreichen Punkten signifikant voneinander ab. Die Einschätzungen von Anforderungskriterien aus den Bereichen Kompensation/Lifestyle sowie Unternehmensimage weichen seltener von-

---

[402]   Vgl. Furnham, A. (1995), S. 245.
[403]   Vgl. Lieber, B. (1995), S. 144 f., Kirchgeorg, M./ Lorbeer, A. (2002), S. 20.

einander ab. Für die signifikanten Mittelwertunterschiede wurden im
Anschluss Kovarianzanalysen durchgeführt, um zu prüfen, ob die
persönlichen Ziele der High Potentials die Ergebnisse beeinflusst haben
(vgl. Tabelle 24).

| | Arbeitsinhalte | | | | |
	Weiterbildungs-möglichkeiten	Kooperativer Führungsstil	Gespräche zur Leistungs-bewertung und Karriereplanung	Gutes Betriebsklima	Freiräume für selbst-ständiges Arbeiten
Kovariate					
Wachstum	* 4,335	0,143 n.s.	3,548 n.s.	0,005 n.s.	** 14,350
Karriere	0,071 n.s.	0,026 n.s.	0,027 n.s.	0,845 n.s.	0,352 n.s.
Altruismus	* 5,029	1,737 n.s.	1,585 n.s.	0,403 n.s.	0,488 n.s.
Abwechslung	0,002 n.s.	* 4,306	1,210 n.s.	** 8,963	3,107 n.s.
Intimität	0,284 n.s.	1,452 n.s.	0,014 n.s.	** 11,123	* 5,187
Faktor					
Geschlecht	3,433 n.s.	* 4,657	0,694 n.s.	5,375 n.s.	6,173 n.s.
R^2	12,10%	12,80%	7,00%	23,80%	27,20%
n.s. = nicht signifikant, * $p < 0,05$, ** $p < 0,01$. Verwendeter Test: Kovarianzanalyse (Levene-Test zur Varianzgleichheit) mit Angabe des F-Werts bei Kovariaten und Faktor. Bei Varianzheterogenität (Gutes Betriebsklima, Freiräume für selbstständiges Arbeiten) Signifikanzschranke bei $p = 0,01$.					

Tabelle 24   Kovarianzanalyse der Arbeitsinhalte

Es zeigt sich, dass die Mittelwertunterschiede nur bei „Kooperativer
Führungsstil" durch das Geschlecht der High Potentials signifikant
beeinflusst werden.[404] Bei allen anderen Anforderungskriterien aus dem
Bereich der Arbeitsinhalte führt die Berücksichtigung der persönlichen
Ziele zum Verschwinden der signifikanten geschlechtsspezifischen
Unterschiede. Auch im Bereich von Kompensation/Lifestyle und
Unternehmensimage beeinflussen die persönlichen Ziele der High
Potentials die Mittelwerte (vgl. Tabelle 25).

---

[404]   Vgl. Furnham, A. (1995), S. 245.

	Kompensation/Lifestyle		Unternehmensimage
	Flexible Arbeitszeit-gestaltung	Unternehmen ermöglicht es mir, meine Ziele zu verwirklichen	Praktiziert aktiven Umweltschutz
Kovariate			
Wachstum	1,110 n.s.	3,161 n.s.	0,236 n.s.
Karriere	0,251 n.s.	3,136 n.s.	3,366 n.s.
Altruismus	0,029 n.s.	0,025 n.s.	*** 16,659
Abwechslung	* 4,950	* 5,727	2,643 n.s.
Intimität	1,446 n.s.	1,181 n.s.	** 9,759
Faktor			
Geschlecht	** 7,503	** 7,892	3,031 n.s.
R^2	14,40%	20,00%	26,00%
n.s. = nicht signifikant, * $p < 0,05$, ** $p < 0,01$. Verwendeter Test: Kovarianzanalyse (Levene-Test zur Varianzgleichheit) mit Angabe des F-Werts bei Kovariaten und Faktor. Bei Varianzheterogenität (Unternehmen ermöglicht es mir, meine Ziele zu verwirklichen) Signifikanzschranke bei $p = 0,01$.			

Tabelle 25   Kovarianzanalyse bei Kompensation/Lifestyle und Unternehmensimage

Die Neutralisierung der Kontrollvariablen führt dazu, dass im Umweltschutzbereich doch keine signifikanten Mittelwertunterschiede auftreten.

Nach Berücksichtigung der persönlichen Ziele lassen sich lediglich bei drei Anforderungskriterien - „Kooperativer Führungsstil", „Flexible Arbeitszeitgestaltung" und „Unternehmen ermöglicht es mir, meine Ziele zu verwirklichen" - signifikante Mittelwertunterschiede zwischen männlichen und weiblichen High Potentials feststellen. Die grundsätzliche Einschätzung der Anforderungskriterien stimmt also meistens überein. Dies bestätigt sich, wenn die fünf wichtigsten Anforderungskriterien aus Sicht von weiblichen und männlichen High Potentials abgetragen werden (vgl. Tabelle 26).

Weibliche High Potentials			Männliche High Potentials			Signifikanz des Unterschieds der Mittelwerte
(1)	Gutes Betriebsklima	12,5%	(1)	Gutes Betriebsklima	10,2%	n.s.
(7)	Attraktive Gesamtvergütung	6,3%	(1)	Attraktive Gesamtvergütung	10,2%	n.s.
(2)	Unternehmen ermöglicht es mir, meine Ziele zu verwirklichen	9,8%	(10)	Unternehmen ermöglicht es mir, meine Ziele zu verwirklichen	4,5%	**
(3)	Freiräume für selbstständiges Arbeiten	9,4%	(7)	Freiräume für selbstständiges Arbeiten	5,4%	n.s.
(5)	Auslandseinsatz	7,5%	(3)	Auslandseinsatz	9,3%	n.s.
(8)	Internationale Ausrichtung	5,9%	(4)	Internationale Ausrichtung	8,2%	n.s.
(4)	Weiterbildungsmöglichkeiten	7,8%	(5)	Weiterbildungsmöglichkeiten	6,5%	n.s.

Angabe des Rangplatzes und der Prozentwerte der gegebenen Antworten.
n.s. = nicht signifikant, ** $p < 0,01$.
Verwendeter Test: Kovarianzanalyse (Levene-Test zur Varianzgleichheit).

Tabelle 26   Fünf wichtigste Anforderungskriterien für weibliche und männliche High Potentials

Drei der Top fünf Kriterien sind identisch, nämlich „Gutes Betriebsklima", „Auslandseinsatz" und „Weiterbildungsmöglichkeiten".[405] Für weibliche High Potentials gehören die Kriterien „Unternehmen ermöglicht es mir, meine Ziele zu verwirklichen" und „Freiräume für selbstständiges Arbeiten" noch zu den fünf wichtigsten Anforderungskriterien. Dabei unterscheiden sich die Mittelwerte bei „Unternehmen ermöglicht es mir, meine Ziele zu verwirklichen" signifikant, was auch durch die unterschiedlichen Rangplätze bestätigt wird. Für männliche High Potentials gehören die Kriterien „Attraktive Gesamtvergütung" und „Internationale Ausrichtung" noch zu den fünf wichtigsten Anforderungskriterien, wobei sich die Mittelwerte nicht signifikant unterscheiden.

Die Analyse zeigt, dass weibliche und männliche High Potentials viele gleiche Anforderungen an Arbeitgeber stellen. Doch sollte im Rahmen des Hochschulmarketings beachtet werden, dass weibliche High Potentials im Gegensatz zu männlichen High Potentials sehr viel stärkeres Gewicht auf die drei Kriterien „Kooperativer Führungsstil", „Flexible Arbeitszeitgestaltung" und „Unternehmen ermöglicht es mir, meine Ziele zu verwirklichen" legen. Dies könnte ein Beleg dafür sein, dass Frauen

---

[405]   Auch in anderen Untersuchungen konnte eine hohe Übereinstimmung von Männern und Frauen in ihren Anforderungen an den zukünftigen Arbeitgeber nachgewiesen werden. Vgl. Rappensberger, G. (1998), S. 132.

privaten Zielen, wie z.B. der Familiengründung, ein höheres Gewicht einräumen und stärker deren Konsequenzen bedenken. Da bei Elternschaft nur ein Drittel der Mütter aber fast 100% der Väter einer Beschäftigung nachgehen, suchen Frauen, die später eine Familie gründen wollen, wahrscheinlich schon frühzeitig nach Möglichkeiten Beruf und Familie zu verbinden.[406] Dies erfordert Arbeitgeber, die flexible Arbeitszeiten anbieten und die Verwirklichung von privaten Zielen unterstützen.

Im Gegensatz zu den Anforderungskriterien konnten bei den Gehalts- und Arbeitszeitvorstellungen deutlichere Unterschiede festgestellt werden (vgl. Tabelle 27).

Merkmal	Weibliche High Potentials	Männliche High Potentials	t-Wert
Erwartete zeitliche Arbeitsbelastung	51,47	55,61	** 2,653
Erwartetes Anfangsgehalt	41.471	45.046	** 2,636
** p < 0,01. Verwendeter Test: zweiseitiger t-test für unabhängige Stichproben (Levene-Test zur Varianzgleichheit).			

Tabelle 27   Mittelwert der Arbeitsbelastung und des Anfangsgehalts der weiblichen und männlichen High Potentials

Weibliche High Potentials erwarten eine geringere zeitliche Arbeitsbelastung als männliche High Potentials bei ihrem Berufseintritt. Zudem rechnen sie mit einem niedrigeren Anfangsgehalt.[407] Dies ist verwunderlich, da männliche und weibliche High Potentials das Merkmal „Attraktive Gesamtvergütung" gleich hoch bewerten. Eine Erklärung könnte sein, dass weibliche High Potentials aufgrund der Unterrepräsentierung von Frauen in Spitzenpositionen ihre beruflichen Chancen eher nüchtern einschätzen.[408]

---

[406]   Vgl. Abele-Brehm, A./ Stief, M. (2004), S. 16.
[407]   Die Kovarianzanalyse bestätigt die Mittelwertunterschiede auf dem gleichen Signifikanz-niveau.
[408]   Vgl. Sandberger, J.-U. (1992), S. 156. Zum tatsächlichen Unterschied im Gehalt trotz gleicher Qualifikation vgl. Rappensberger, G. (1998), S. 138 f.

Männliche und weibliche High Potentials unterscheiden sich jedoch nicht nur in Gehalts- und Arbeitszeitvorstellungen, sondern auch hinsichtlich der Branchen, in denen sie nach Abschluss ihres Studiums arbeiten möchten (vgl. Abbildung 30).

	Nicht gerne 1 2 3 4 Sehr gerne 5	Ø ● ▲	σ ● ▲
Steuer-, Unternehmensberatung, Wirtschaftsprüfung		4,0 : 3,6	1,2 : 1,6
Auto-, Luftfahrtindustrie		3,8 : 3,4	1,2 : 1,2
Konsumgüterhersteller **		3,3 : 4,0	1,2 : 1,0
Wissenschaft und Forschung		3,3 : 3,4	1,3 : 1,2
Handel		3,3 : 3,4	1,2 : 1,0
Banken, Finanzen, Versicherung **		3,6 : 2,8	1,5 : 1,4
Touristik, Logistik, Transport		2,9 : 3,2	1,3 : 1,3
Medienindustrie		3,0 : 3,0	1,2 : 1,3
Telekommunikationsindustrie *		3,1 : 2,7	1,2 : 1,1
Marketing-, Werbeagentur		2,6 : 3,0	1,3 : 1,3
Chemische, Pharmazeutische Industrie		2,7 : 2,8	1,3 : 1,3
Elektronikindustrie **		2,9 : 2,3	1,1 : 1,0
Sozialer Bereich		2,5 : 2,8	1,2 : 1,3
Kunst und Kultur **		2,3 : 2,9	1,1 : 1,3
IT, Software		2,6 : 2,3	1,3 : 1,0
Öffentlicher Dienst		2,3 : 2,5	1,3 : 1,4
Maschinenbau *		2,5 : 2,1	1,1 : 1,0
Bauindustrie		1,9 : 1,7	1,0 : 1,1

● = Männliche High Potentials ▲ = Weibliche High Potentials σ = Standardabweichung
* p < 0,05, ** p < 0,01. Ø = Mittelwert
Verwendeter Test: zweiseitiger t-test für unabhängige Stichproben (Levene-Test zur Varianzgleichheit).

Abbildung 30 Branchenpräferenzen von männlichen und weiblichen High Potentials

Deutlich zeigt sich, dass die Branchenpräferenzen von männlichen und weiblichen High Potentials sowohl tendenziell als auch signifikant verschieden sind. Während die Bereiche „Steuer-, Unternehmensberatung, Wirtschaftsprüfung" sowie „Auto-, Luftfahrtindustrie" die beliebtesten Branchen für männliche High Potentials darstellen, möchten weibliche High Potentials vor allem bei „Konsumgüterherstellern" arbeiten. Mit Ausnahme der Branche „Maschinenbau" bestätigen sich die geschlechts- spezifischen Unterschiede nach der Kovarianzanalyse (vgl. Tabelle 28).

	Konsumgüter-hersteller	Banken, Finanzen, Versicherung	Telekommuni-kations-industrie	Elektronik-industrie	Kunst und Kultur	Maschinen-bau
Kovariate						
Wachstum	1,436 n.s.	3,442 n.s.	0,552 n.s.	0,532 n.s.	* 4,097	0,209 n.s.
Karriere	0,078 n.s.	1,928 n.s.	1,736 n.s.	0,019 n.s.	0,952 n.s.	0,588 n.s.
Altruismus	0,279 n.s.	0,247 n.s.	1,675 n.s.	0,426 n.s.	** 8,391	* 5,312
Abwechslung	0,203 n.s.	0,557 n.s.	* 5,980	* 4,441	2,035 n.s.	0,415 n.s.
Intimität	0,014 n.s.	1,925 n.s.	1,467 n.s.	1,575 n.s.	1,660 n.s.	1,552 n.s.
Faktor						
Geschlecht	* 5,424	* 4,719	* 5,469	** 7,657	* 4,674	0,884 n.s.
R^2	8,00%	14,60%	13,50%	12,90%	21,70%	7,90%

n.s. = nicht signifikant, * $p < 0,05$, ** $p < 0,01$. Verwendeter Test: Kovarianzanalyse (Levene-Test zur Varianzgleichheit) mit Angabe des F-Werts bei Kovariaten und Faktor.

Tabelle 28   Kovarianzanalyse der Branchenpräferenzen

Eine detaillierte Analyse zeigt, welche Branchen einen Imagevorteil bzw. -nachteil bei weiblichen High Potentials haben (vgl. Abbildung 31).

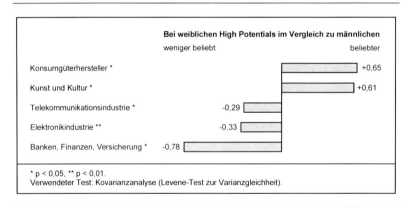

Abbildung 31   Statistisch signifikante Unterschiede im Branchenprofil von weiblichen und männlichen High Potentials

Deutlich wird, dass manche Branchen, z.B. „Konsumgüterhersteller", einen Imagevorteil bei weiblichen High Potentials haben, während andere Branchen, z.B. „Banken, Finanzen, Versicherung", mit einem Image-nachteil kämpfen müssen.[409] Gerade im Wettbewerb um die kleine

---

[409]   Die Imagenachteile von technikorientierten Branchen, wie z.B. „Telekommunikations-industrie" und „Elektronikindustrie", wurden auch in anderen Untersuchungen bestätigt. Vgl. Süß, M. (1996), S. 150.

Zielgruppe der High Potentials ist es für Unternehmen wichtig, sowohl für weibliche als auch für männliche High Potentials ein attraktiver Arbeitgeber zu sein. Unternehmen, z.B. aus der Branche „Banken, Finanzen, Versicherung", sollten ihr positives Image bei männlichen High Potentials nutzen, um diese für einen Berufseinstieg zu gewinnen. Doch muss den Unternehmen bewusst sein, dass es für die Akquisition von weiblichen High Potentials bedeutend größerer Anstrengungen bedarf. In Anlehnung an Unternehmensberatungen wären spezielle Veranstaltungen nur für weibliche High Potentials denkbar, um bestehende Imagenachteile auszugleichen.[410]

Einerseits konnte gezeigt werden, dass weibliche High Potentials drei Anforderungskriterien im Gegensatz zu männlichen High Potentials besonders betonen. Des Weiteren wurde deutlich, dass Unterschiede zwischen männlichen und weiblichen High Potentials hinsichtlich der erwarteten Arbeitszeiten, des geforderten Anfangsgehalts sowie der Branchenpräferenzen bestehen. **Somit wird Teilhypothese 3a bestätigt.**

5.2.4.2. Ergebnisse zu Teilhypothese 3b

Teilhypothese 3b beschäftigt sich mit den Kommunikationsmaßnahmen, durch die Arbeitgeber in Kontakt zu weiblichen und männlichen High Potentials treten. Es sollte geklärt werden, ob weibliche High Potentials durch andere Kommunikationsmaßnahmen über ihren zukünftigen Arbeitgeber informiert werden möchten als männliche High Potentials. Dabei wurde zum einen der Zeitpunkt untersucht, ab welchem sich Bewerber über Arbeitgeber informieren, zum anderen wurde die Art der Informationsquellen analysiert, die von Bewerbern genutzt werden.

Auf die Frage nach dem Zeitpunkt der Information und Bewerbung antworteten weibliche und männliche High Potentials wie folgt (vgl. Tabelle 29):

---

[410]   Vgl. o.V. (2005), S. 42.

Merkmal	Weibliche High Potentials	Männliche High Potentials	Cramer`s V bzw. t-Wert
Wieviel Prozent haben sich bereits über Arbeitgeber informiert?	84,90%	97,40%	** 0,230
Wie umfassend über Arbeitgeber informiert?	3,72	3,72	0,015 n.s.
Wieviel Prozent bewerben sich vor Studienende?	86,80%	88,30%	0,349 n.s.
Ab wievieltem Monat vor Studienende Bewerbung?	4,43	5,65	1,516 n.s.
Bei wie vielen Unternehmen Bewerbung?	13,65	11,07	-1,143 n.s.
n.s. = nicht signifikant, ** $p < 0,01$. Verwendete Tests: bei Frage, ob bereits Information über Arbeitgeber bzw. ob Bewerbung vor Studienende: Cramer´s V; bei Umfang Information über Arbeitgeber, Anzahl Monate vor Studienende, Anzahl Bewerbungen: zweiseitiger t-test für unabhängige Stichproben (Levene-Test zur Varianzgleichheit).			

Tabelle 29   Bewerbungsverhalten der weiblichen und männlichen High Potentials

Dabei unterscheiden sich die beiden Gruppen im Umfang, in dem sie bereits Informationen über zukünftige Arbeitgeber gesammelt haben. Doch ist dieser Unterschied sehr gering und bei den übrigen Fragen zum Bewerbungsverhalten konnte überhaupt kein signifikanter Unterschied festgestellt werden.[411] Deshalb ist davon auszugehen, dass sich männliche und weibliche High Potentials nicht in ihrem Bewerbungsverhalten und dem Zeitpunkt ihrer Bewerbung unterscheiden.

---

[411]   Ähnliche Ergebnisse bei Rappensberger, G. (1998), S. 135 f.

Bei der Einschätzung der verschiedenen Informationsquellen werden einige Kommunikationsmaßnahmen von weiblichen High Potentials hervorgehoben (vgl. Abbildung 32).

	Nicht geignet			Sehr geignet		Ø		σ	
	1	2	3	4	5	●	▲	●	▲
Entwicklungsmaßnahmen									
Praktikum, Werkstudententätigkeit						4,9	5,0	0,5	0,2
Seminar- oder Diplomarbeiten						4,5	4,5	0,8	0,9
Praxisprojekte von Lehrstühlen *						4,2	4,5	0,7	0,8
Seminare und Sommerakademien						4,0	4,2	0,9	0,8
Firmen-Workshops an der Universität						4,0	4,2	0,8	0,7
Studentenwettbewerbe						3,2	3,3	0,9	1,0
Unterstützungsmaßnahmen									
Praktikantenförderprogramme *						4,2	4,5	0,8	0,8
Präsentationsmaßnahmen									
Exkursionen mit Fachgesprächen						3,5	3,7	1,0	0,7
Betriebsbesichtigungen						3,4	3,6	1,1	1,0
Hochschulkontaktmessen *						3,4	3,8	1,1	1,0
Firmenpräsentationen in Vorlesungen						3,4	3,7	1,0	0,8
Fachvorträge in Vorlesungen						3,4	3,3	0,9	0,9
Werbe-/Imagemaßnahmen									
Internet-Seite des Unternehmens						4,3	4,5	0,8	0,7
Fachartikel in Hochschulpublikationen **						3,2	3,6	0,9	0,9
Unternehmensbroschüren *						3,2	3,6	0,9	0,8
Plakate am Schwarzen Brett						2,4	2,5	0,9	0,9
Kontakte zu Meinungsführern									
Kommilitonen, Freunde, Bekannte						4,3	4,2	0,8	1,0
Berichte in Zeitungen/Zeitschriften						3,7	4,0	0,8	0,7
Professoren, Dozenten						3,2	3,4	1,0	1,0
Karriereführer, -bücher						3,1	3,2	1,1	1,1
Studentische Organisationen						3,1	3,2	0,9	0,8
Berufsberatung der Agentur für Arbeit						1,9	2,0	0,8	1,1

● = Männliche High Potentials   ▲ = Weibliche High Potentials   σ = Standardabweichung
* $p < 0,05$, ** $p < 0,01$.   Ø = Mittelwert
Verwendeter Test: zweiseitiger t-test für unabhängige Stichproben (Levene-Test zur Varianzgleichheit).

Abbildung 32   Informationsquellen von männlichen und weiblichen High Potentials

Grundsätzlich schätzen weibliche und männliche High Potentials die einzelnen Kommunikationsmaßnahmen ähnlich ein. Als sehr geeignet mit Bewertungen von vier und mehr Punkten werden die Unterstützungs-maßnahmen und sämtliche Entwicklungsmaßnahmen mit Ausnahme der Studentenwettbewerbe beurteilt. Sämtliche Präsentationsmaßnahmen und die meisten Werbe-/Imagemaßnahmen sowie Kontakte zu Meinungs-führern werden als durchschnittlich geeignet mit Bewertungen zwischen drei und vier Punkten angesehen. Lediglich die „Internet-Seite des Unternehmens" und „Kommilitonen, Freunde, Bekannte" werden noch als sehr geeignet für die Information über einen zukünftigen Arbeitgeber angesehen. Als ungeeignet werden „Plakate am Schwarzen Brett" sowie die „Berufsberatung der Agentur für Arbeit" eingestuft. Dabei werden einzelne Informationsquellen von weiblichen High Potentials signifikant höher bewertet. Für diese Anforderungskriterien wurden im Anschluss Kovarianzanalysen durchgeführt, um zu prüfen, ob die persönlichen Ziele der High Potentials die Ergebnisse beeinflusst haben (vgl. Tabelle 30).

	Praxisprojekte von Lehrstühlen	Praktikantenförderprogramme	Hochschulkontaktmessen	Fachartikel in Hochschulpublikationen	Unternehmensbroschüren
Kovariate					
Wachstum	3,438 n.s.	* 4,076	0,934 n.s.	1,219 n.s.	0,565 n.s.
Karriere	1,027 n.s.	2,771 n.s.	3,931 n.s.	1,441 n.s.	** 5,014
Altruismus	0,221 n.s.	0,311 n.s.	3,688 n.s.	0,032 n.s.	1,797 n.s.
Abwechslung	0,540 n.s.	1,059 n.s.	1,136 n.s.	1,848 n.s.	0,458 n.s.
Intimität	0,423 n.s.	0,026 n.s.	0,002 n.s.	0,383 n.s.	0,887 n.s.
Faktor					
Geschlecht	3,325 n.s.	* 3,989	** 7,617	** 7,063	* 5,186
R^2	9,70%	10,70%	10,6%	12,50%	9,30%
n.s. = nicht signifikant, * $p < 0,05$, ** $p < 0,01$. Verwendeter Test: Kovarianzanalyse (Levene-Test zur Varianzgleichheit) mit Angabe des F-Werts bei Kovariaten und Faktor.					

Tabelle 30   Kovarianzanalyse der Informationsquellen

Mit Ausnahme der „Praxisprojekte von Lehrstühlen" bestätigen sich die geschlechtsspezifischen Unterschiede nach der Kovarianzanalyse. Dabei werden gezielt einzelne Informationsquellen, unabhängig von ihrem Interaktionsgrad und ihrer Reichweite, von weiblichen High Potentials höher bewertet. Während „Fachartikel in Hochschulpublikationen" und „Unternehmensbroschüren" einen ersten Eindruck über das Unternehmen bei niedrigem Interaktionsgrad vermitteln, ermöglichen „Hochschulkontaktmessen" einen ersten persönlichen Kontakt, der dann im Rahmen von „Praktikantenförderprogrammen" vertieft werden kann. Andererseits nehmen die Einschätzungsunterschiede zwischen weiblichen und männlichen High Potentials ab, wenn man die fünf wichtigsten Informationsquellen betrachtet (vgl. Tabelle 31).

Weibliche High Potentials			Männliche High Potentials			Signifikanz des Unterschieds der Mittelwerte
(1)	Praktikum, Werkstudententätigkeit	19,3%	(1)	Praktikum, Werkstudententätigkeit	17,9%	n.s.
(5)	Kommilitonen, Freunde, Bekannte	9,5%	(2)	Kommilitonen, Freunde, Bekannte	12,8%	n.s.
(2)	Seminar- oder Diplomarbeiten	12,1%	(3)	Seminar- oder Diplomarbeiten	12,3%	n.s.
(3)	Internet-Seite des Unternehmens	11,4%	(3)	Internet-Seite des Unternehmens	12,3%	n.s.
(4)	Praxisprojekte von Lehrstühlen	10,2%	(5)	Praxisprojekte von Lehrstühlen	8,8%	n.s.
Angabe des Rangplatzes und der Prozentwerte der gegebenen Antworten. n.s. = nicht signifikant, * p < 0,05. Verwendeter Test: zweiseitiger t-test für unabhängige Stichproben (Levene-Test zur Varianzgleichheit).						

Tabelle 31   Fünf wichtigste Informationsquellen für weibliche und männliche High Potentials

Die fünf wichtigsten Informationsquellen sind vollkommen identisch, lediglich in der Rangfolge ergeben sich minimale Verschiebungen. Eine Differenzierung findet bei den wichtigsten Informationsquellen nicht statt.

Auch bei den vier Kriterien, bei welchen sich die Mittelwerte signifikant unterscheiden, lässt sich bei genauerer Analyse kein unterschiedliches Informationsverhalten feststellen. Beispielsweise schätzen beide Gruppen „Praktikantenförderprogramme" mit einer Bewertung zwischen vier und fünf als sehr geeignet ein. Zudem belegen „Praktikantenförderprogramme" bei männlichen und weiblichen High Potentials den sechsten Rang, wenn die geeignetsten Informationsquellen genannt werden. Auch die drei anderen Informationsquellen - „Hochschulkontaktmessen", „Fachartikel in Hochschulpublikationen" und „Unternehmensbroschüren" - werden von beiden Gruppen übereinstimmend mit Bewertungen zwischen drei und vier Punkten als durchschnittlich geeignet angesehen. Wiederum stimmen die Rangplätze der Informationsquellen sehr stark überein,[412] so dass eine Differenzierung im Informationsverhalten nicht festgestellt werden kann.

Es konnten keine geschlechtsspezifischen Unterschiede beim Zeitpunkt des Informationsbeginns der High Potentials festgestellt werden. Bei der Art der genutzten Informationsquellen konnten zwar signifikante

---

[412]   „Hochschulkontaktmessen": Rang 9 (männliche High Potentials) zu Rang 8 (weibliche High Potentials); „Fachartikel in Hochschulpublikationen": Rang 16 (männliche High Potentials) zu Rang 12 (weibliche High Potentials); „Unternehmensbroschüren": Rang 16 (männliche High Potentials) zu Rang 15 (weibliche High Potentials).

Unterschiede zwischen männlichen und weiblichen High Potentials festgestellt werden, doch ergab sich trotz dieser Mittelwertunterschiede kein differenziertes Informationsverhalten. **Somit wird Teilhypothese 3b nicht bestätigt.**

5.2.5. Ergebnisse zu Hypothese 4: Zusammenhänge zwischen Anforderungen und Kommunikationsmaßnahmen bei High Potentials

Hypothese 4 untersucht die Verknüpfungen von Anforderungen und Kommunikationsmaßnahmen bei High Potentials. Dabei wird angenommen, dass High Potentials, die hohe Anforderungen an das Unternehmensimage stellen, eine Ansprache über Präsentationsmaßnahmen, Werbe- und Imagemaßnahmen sowie Kontakte zu Meinungsführern bevorzugen (Teilhypothese 4a). Stellen High Potentials andererseits hohe Anforderungen an die Arbeitsplatzgestaltung, wird angenommen, dass die Ansprache über Entwicklungs- oder Unterstützungsmaßnahmen im Mittelpunkt steht (Teilhypothese 4b).

Um die Hypothesen zu überprüfen, mussten viele Wertepaare auf ihre Zusammenhänge untersucht werden. Allein bei Teilhypothese 4a wurden 135 Wertepaare untersucht. Dies führt zu 135 Korrelationsüberprüfungen, also 135 p-Werten. Bei einem Signifikanzniveau von p = 0,05 wäre von vornherein bei fünf Prozent der Fälle, hier also bei 6 – 7 Wertepaaren, eine Korrelation zu erwarten.[413] Deshalb wurde das Signifikanzniveau bei beiden Hypothesen auf p = 0,01 festgesetzt, um solche Verzerrungen zu vermeiden.

5.2.5.1. Ergebnisse zu Teilhypothese 4a

Um den Zusammenhang zwischen den Kriterien des Unternehmensimages und den verschiedenen Informationsquellen aus den Bereichen Präsentationsmaßnahmen, Werbe- und Imagemaßnahmen sowie Kontakte zu Meinungsführern zu überprüfen, wurde für die einzelnen Wertepaare der Pearson-Korrelationskoeffizient berechnet (vgl. Tabelle 32).

---

[413]   Vgl. Bühl, A./ Zöfel, P. (2005), S. 114.

	Betriebs-besichtigungen	Firmen-präsentationen in Vorlesungen	Plakate am Schwarzen Brett	Berichte in Zeitungen/ Zeitschriften	Berufsberatung der Agentur für Arbeit
Herausragende Mitarbeiter		** 0,227			** -0,294
Internationale Ausrichtung				** 0,281	
Praktiziert aktiven Umweltschutz			** 0,359		
Großes Unternehmen	** -0,291				
Signifikanzschranke bei p = 0,01, ** p < 0,01. Verwendeter Test: Korrelationskoeffizient nach Pearson. Darstellung der signifikanten Ergebnisse.					

Tabelle 32   Korrelationsanalyse des Unternehmensimages

Bei insgesamt 135 überprüften Wertepaaren ergaben sich nur fünf signifikante Korrelationen, die alle lediglich einen geringen Zusammenhang zwischen den beiden Merkmalen aufzeigen.[414] Zudem treten diese Korrelationen verstreut über verschiedene Kriterien des Unternehmens-images und unterschiedliche Informationsquellen auf. Ein Zusammenhang wird dabei nicht ersichtlich. **Somit wird Teilhypothese 4a nicht bestätigt.**

5.2.5.2. Ergebnisse zu Teilhypothese 4b

Um die Verbindung zwischen den Anforderungen an die Arbeitsplatz-gestaltung und der Nutzung von Entwicklungs- oder Unterstützungs-maßnahmen zu überprüfen, wurde wiederum der Pearson-Korrelations-koeffizient berechnet (vgl. Tabelle 33).

Dabei treten zahlreiche signifikante Korrelationen zwischen An-forderungskriterien aus den Bereichen Arbeitsinhalte und Kompensa-tion/Lifestyle mit der Informationsquelle „Praktikum, Werkstudenten-tätigkeit" auf. Diese, wenn auch geringen, Zusammenhänge unterstreichen die wichtige Bedeutung von „Praktikum, Werkstudententätigkeit" zur Einschätzung der Arbeitsplatzgestaltung. Diese Ergebnisse stehen in Einklang mit den vorangegangenen Untersuchungen, in denen „Praktikum, Werkstudententätigkeit" immer als die geeignetste Informationsquelle bezeichnet wurde. Für die Informationsquelle „Praktikum, Werk-studententätigkeit" kann Hypothese 4b bestätigt werden. Für alle anderen Entwicklungs- oder Unterstützungsmaßnahmen waren keine deutlichen Zusammenhänge erkennbar. **Somit wird Teilhypothese 4b nur teilweise bestätigt.**

---

[414]   Vgl. Wittenberg, R. (1998), S. 153.

	Praktikum, Werkstudententätigkeit	Seminar- oder Diplomarbeiten	Praxisprojekte von Lehrstühlen
Gespräche zur Leistungs-bewertung und Karriereplanung	** 0,313		
Übernahme von Verantwortung		** 0,231	
Gutes Betriebsklima	** 0,459		** 0,261
Freiräume für selbstständiges Arbeiten	** 0,257		
Zusatzleistungen	** 0,250		
Attraktive Gesamtvergütung	** 0,224		
Schnelle Gehaltssteigerung	** 0,253		
Attraktiver Standort	** 0,236		
Unternehmen ermöglicht es mir, meine Ziele zu verwirklichen	** 0,296		
Signifikanzschranke bei p = 0,01, ** p < 0,01. Verwendeter Test: Korrelationskoeffizient nach Pearson. Darstellung der signifikanten Ergebnisse.			

Tabelle 33   Korrelationsanalyse der Arbeitsplatzgestaltung

5.3. Zusammenfassung der Ergebnisse der empirischen Untersuchung

Mit Hilfe von neun Teilhypothesen wurde in der vorangegangenen empirischen Untersuchung das Hochschulmarketing für High Potentials aus unterschiedlichen Perspektiven beleuchtet. Von den neun Teilhypothesen konnten vier ganz und zwei teilweise bestätigt werden. Drei Teilhypothesen mussten verworfen werden.

Im **ersten Hypothesenbereich** konnte festgestellt werden, dass eine große Übereinstimmung zwischen High Potentials und sonstigen Studenten bei den fünf wichtigsten Anforderungskriterien vorherrscht. Unabhängig vom Leistungspotenzial des Bewerbers muss ein Arbeitgeber bestimmte, grundlegende Anforderungskriterien erfüllen, um als attraktiv zu gelten und Bewerbungen anzuziehen. Bei diesen Kriterien dominieren vor allem inhaltliche Aspekte, wie z.B. „Gutes Betriebsklima", „Auslandseinsatz", „Weiterbildungsmöglichkeiten" oder „Freiräume für selbstständiges Arbeiten". Um genauere Informationen über diese Tätigkeitsmerkmale zu erhalten, nutzen beide Studentengruppen die gleichen Informationsquellen. Überragende Bedeutung haben Entwicklungsmaßnahmen, allen voran „Praktikum, Werkstudententätigkeit" und Unterstützungsmaßnahmen. Mit Hilfe dieser Informationsquellen können sich Studenten selbst ein Bild von ihrem zukünftigen Arbeitgeber machen.

Weitere wichtige Informationsquellen sind die „Internet-Seite des Unternehmens" und „Kommilitonen, Freunde, Bekannte".[415]

High Potentials unterscheiden sich von sonstigen Studenten darin, dass ihnen einige Anforderungskriterien aus dem Bereich der Arbeitsinhalte noch wichtiger sind. Dazu zählt ein internationales Arbeits- und Unternehmensumfeld, dessen Stellenwert sich in der Betonung der Kriterien „Auslandseinsatz" und „Internationale Ausrichtung" zeigt. In diesem Umfeld möchten High Potentials frühzeitig Verantwortung übernehmen und daraus mittels Coaching lernen. Dies zeigt sich in den hohen Werten für „Übernahme von Verantwortung" sowie „Gespräche zur Leistungsbewertung und Karriereplanung". Für eine geeignete Stelle sind High Potentials auch stärker bereit, Einbußen im Bereich Lifestyle, d.h. bei der Häufigkeit des Wohnortwechsels, der Sicherheit des Arbeitsplatzes oder der Arbeitszeit, hinzunehmen. Doch erwarten sie, dass ihr High Potential-Status auch finanziell in Form eines höheren Anfangsgehalts anerkannt wird.

Eine überragende Bedeutung von Kriterien des Unternehmensimages, welche in zahlreichen Studien postuliert wird,[416] konnte nicht nachgewiesen werden. Dies zeigt sich daran, dass die Kriterien des Bereichs Unternehmensimage tendenziell niedriger bewertet werden als die Kriterien aus den Bereichen Arbeitsinhalte oder Kompensation/Lifestyle. Zwar legen High Potentials ein höheres Gewicht auf zwei Kriterien aus dem Bereich Unternehmensimage, nämlich „Herausragende Mitarbeiter" und „Unternehmen ist Marktführer", doch haben beide Merkmale in der Gesamtbetrachtung nur durchschnittliche bzw. unterdurchschnittliche Bedeutung. Diese Ergebnisse bestätigen Studien, welche die Inhalts- und Entwicklungsaspekte der konkreten Tätigkeit als entscheidende Kriterien für die Wahl des Arbeitgebers sehen.[417]

Bei der Einschätzung, in welchen Branchen sich die Arbeitsanforderungen am besten verwirklichen lassen, gibt es einige Übereinstimmungen zwischen High Potentials und sonstigen Studenten. „Auto-, Luftfahrtindustrie", „Konsumgüterhersteller" und „Handel" genießen bei beiden Studentengruppen hohes Ansehen. Doch einigen Branchen gelingt es, sich stärker bei High Potentials zu positionieren und für diese attraktiv zu sein.

---

[415] Zu ähnlichen Ergebnissen kommt Wöhr, M. (2002), S. 216 ff.
[416] Vgl. Simon, H. et al. (1995), S. 103 ff., Süß, M. (1996), S. 171 ff., Grobe, E. (2003), S. 63 ff.
[417] Vgl. Nerdinger, F. W. (1994), S. 35 f., Kaschube, J. (1994), S. 197 ff., Wöhr, M. (2002), S. 218 ff.

So ziehen die Bereiche „Steuer-, Unternehmensberatung, Wirtschafts-prüfung", „Banken, Finanzen, Versicherung" und „Wissenschaft und Forschung" stärker High Potentials an als sonstige Studenten. Eine stärkere Anziehungskraft auf leistungsschwächere Studenten üben die Branchen „Touristik, Logistik, Transport", „Marketing-, Werbeagentur" und „Medienindustrie" aus.

Der **zweite Hypothesenbereich** bestätigte, dass drei Persönlichkeitstypen von High Potentials existieren, die sich bezüglich ihrer persönlichen Ziele unterscheiden. Die erste Gruppe wird als „Bindungsarme Selbstver-wirklicher" bezeichnet, da sie ein geringes Interesse an sozialen Be-ziehungen mit einem Streben nach persönlicher Entwicklung verbinden. Die zweite Gruppe der „Anspruchsvollen Allrounder" zeigt in sämtlichen fünf Zieldimensionen überdurchschnittliche Werte. Sie verfolgen beruf-liche und private Ziele gleichermaßen mit hoher Intensität. Die dritte Gruppe der „Konservativen Familienmenschen" legt großen Wert auf eine enge soziale Beziehung und hat keinen Bedarf an privatem Wandel und Abwechslung.

Die fünf wichtigsten Anforderungen dieser drei Gruppen decken sich fast vollständig mit den Ergebnissen aus dem ersten Hypothesenbereich. Insgesamt können sechs sehr bedeutende Anforderungskriterien heraus-gearbeitet werden. Diese sind Grundanforderungen, welche jeder Arbeitgeber erfüllen muss, unabhängig vom Leistungspotenzial oder den persönlichen Zielen der Bewerber. Vier der Kriterien stammen aus dem Bereich der Arbeitsinhalte („Gutes Betriebsklima", „Auslandseinsatz", „Weiterbildungsmöglichkeiten", „Freiräume für selbstständiges Arbeiten") und jeweils eines aus dem Bereich Kompensation/Lifestyle („Attraktive Gesamtvergütung") und dem Bereich Unternehmensimage („Interna-tionale Ausrichtung"). Auch die fünf wichtigsten Informationsquellen zeigen große Übereinstimmungen sowohl zwischen den drei Persön-lichkeitstypen als auch mit dem ersten Hypothesenbereich. Insgesamt ergeben sich sechs Informationsquellen, welche sämtliche Studenten zu den geeignetsten Kommunikationsmaßnahmen zählen. Drei Informations-quellen stammen aus dem Bereich der Entwicklungsmaßnahmen („Praktikum, Werkstudententätigkeit", „Seminar- oder Diplomarbeiten", „Praxisprojekte von Lehrstühlen") sowie jeweils eine Unterstützungs-maßnahme („Praktikantenförderprogramme"), eine Werbe-/Imagemaß-nahme („Internet-Seite des Unternehmens") und eine Maßnahme aus dem Bereich Kontakte zu Meinungsführern („Kommilitonen, Freunde, Bekannte"). Bei allen drei Persönlichkeitstypen gehören die Branchen „Steuer-, Unternehmensberatung, Wirtschaftsprüfung", „Auto-, Luft-

fahrtindustrie" und „Konsumgüterindustrie" zu den beliebtesten Betätigungsfeldern.

Neben diesen grundlegenden, gemeinsamen Anforderungskriterien,
Informationsquellen und Branchenpräferenzen setzen die drei Persönlich-
keitstypen aber noch individuelle Schwerpunkte. Für „Bindungsarme
Selbstverwirklicher" ist das gesellschaftliche und umweltpolitische
Engagement von Unternehmen nebensächlich. Um sich persönlich
weiterzuentwickeln, scheuen sie auch häufige Wohnortwechsel nicht. Bei
den Arbeitsinhalten legen sie geringeren Wert auf Teamarbeit und schätzen
Freiräume für selbstständiges Arbeiten. Dabei finden sie den Bereich
„Wissenschaft und Forschung" sehr attraktiv. Um eine Arbeitsstelle zu
finden, informieren und bewerben sie sich tendenziell früher und bei mehr
Arbeitgebern als die anderen beiden Persönlichkeitstypen.

Die „Anspruchsvollen Allrounder" betonen grundsätzlich sämtliche
Anforderungskriterien. Bei den Arbeitsinhalten zeigt sich ihre große
Bereitschaft zur Übernahme von Verantwortung und ihre Freude an der
Zusammenarbeit mit anderen. Im Bereich Kompensation/Lifestyle legen
sie Wert auf attraktive Zusatzleistungen, die neben dem Gehalt geboten
werden. Zudem sind ihnen im Bereich Unternehmensimage die
Zukunftsorientierung des Arbeitgebers sowie sein gesellschaftliches und
umweltpolitisches Engagement wichtig. Um sich über ihren zukünftigen
Arbeitgeber zu informieren, nutzen sie neben den grundlegenden
Informationsquellen auch sehr gerne Seminare und Sommerakademien.
Sehr beliebt sind bei ihnen die Bereiche „Handel", „Medienindustrie" und
„Marketing-, Werbeagentur". Gegenüber dem „Sozialen Bereich" und dem
Bereich „Kunst und Kultur" sind sie positiver eingestellt als die anderen
beiden Persönlichkeitstypen.

„Konservative Familienmenschen" wünschen sich wenige Wohnortwechsel und schätzen es, wenn Unternehmen gesellschaftliche Verantwortung übernehmen. Bei Unternehmen achten sie darauf, dass die Vereinbarkeit von Beruf und Privatleben gewährleistet ist. Zudem ist ihnen ein
gutes Betriebsklima wichtig. Spezifische Branchenpräferenzen haben sie
aber nicht herausgebildet.

Im **dritten Hypothesenbereich** wurden die geschlechtsspezifischen
Unterschiede der High Potentials untersucht. Wiederum herrschen große
Übereinstimmungen bei den fünf wichtigsten Anforderungskriterien und
Informationsquellen sowohl zwischen männlichen und weiblichen High
Potentials als auch zu den vorangegangenen Untersuchungen. Auch beim
Bewerbungsverhalten lassen sich keine Unterschiede feststellen.

Im Detail unterscheidet sich das Anforderungsprofil der weiblichen von dem Profil der männlichen High Potentials. Im Bereich der Arbeitsinhalte ist ein „Kooperativer Führungsstil" für weibliche High Potentials sehr viel wichtiger. Zudem legen sie im Bereich Kompensation/Lifestyle ein stärkeres Gewicht auf die Kriterien „Flexible Arbeitzeitgestaltung" und „Unternehmen ermöglicht es mir, meine Ziele zu verwirklichen". Diese Unterstützung bei der Verwirklichung von beruflichen und privaten Zielen ist das zweitwichtigste Merkmal für weibliche High Potentials und konnte knapp 10% der Antworten auf sich vereinen. Dies waren doppelt so viele Antworten wie bei den männlichen High Potentials, bei denen dieses Anforderungsmerkmal lediglich den zehnten Rang belegt. Dabei erwarten weibliche High Potentials ein niedrigeres Anfangsgehalt und eine geringere zeitliche Arbeitsbelastung als männliche High Potentials. Darin dürfte sich vor allem eine nüchterne Einschätzung der eigenen beruflichen Chancen aufgrund der Unterrepräsentierung von Frauen in Spitzenpositionen und den Schwierigkeiten bei der Vereinbarkeit von Familie und Beruf widerspiegeln.[418]

Bei den Branchenpräferenzen zeigen sich neben wenigen Gemeinsamkeiten auch zahlreiche Unterschiede zwischen männlichen und weiblichen High Potentials. Für alle High Potentials attraktiv sind die Bereiche „Wissenschaft und Forschung" sowie „Handel". Die beliebtesten Branchen für männliche High Potentials sind die Bereiche „Steuer-, Unternehmensberatung, Wirtschaftsprüfung" sowie „Auto-, Luftfahrtindustrie", während weibliche High Potentials vor allem bei „Konsumgüterherstellern" arbeiten möchten. „Konsumgüterhersteller" haben zusammen mit dem Bereich „Kunst und Kultur", der aber in der Gesamtbeurteilung eher unbedeutend ist, einen Imagevorteil bei weiblichen High Potentials. Bei weiblichen High Potentials unbeliebter als bei männlichen sind die Bereiche „Banken, Finanzen, Versicherung", „Telekommunikationsindustrie" sowie „Elektronikindustrie".

Der **vierte Hypothesenbereich** beschäftigte sich mit den Zusammenhängen zwischen Anforderungen und Kommunikationsmaßnahmen bei High Potentials. Dabei konnte lediglich die Bedeutung der Informationsquelle „Praktikum, Werkstudententätigkeit" für die Einschätzung der Arbeitsplatzgestaltung nachgewiesen werden. Für alle anderen Kommunikationsmaßnahmen konnten keine Zusammenhänge mit den Anforderungskriterien nachgewiesen werden.

---

[418] Vgl. Abele-Brehm, A./ Stief, M. (2004), S. 10 f., Abele, A. et al. (1999), S. 99 f.

6. Empfehlungen für die betriebliche Praxis und die weitere Forschung

6.1. Berücksichtigung der persönlichen Ziele der Bewerber

Damit der Einstieg in die berufliche Laufbahn erfolgreich gelingt, sollten nicht nur die Fähigkeiten des Bewerbers mit den Anforderungen der Stelle übereinstimmen. Auch seine Haltungen und Wertvorstellungen sollten dem entsprechen, was innerhalb der Kultur der Organisation als wichtig und wertvoll erachtet wird.[419] Da sich die drei High Potential-Persönlichkeitstypen – „Bindungsarme Selbstverwirklicher", „Anspruchsvolle Allrounder" und „Konservative Familienmenschen" - nicht in ihren Leistungskriterien unterscheiden, stehen ihre persönlichen Ziele im Zentrum der Auswahlentscheidung.

Eine Möglichkeit wäre, aus der heterogenen Zielgruppe der High Potentials nur den Persönlichkeitstyp anzusprechen und auszuwählen, dessen Zielvorstellungen bestmöglich zur jeweiligen Unternehmenskultur passen. Diese Selbstbegrenzung auf einen bestimmten High Potential-Cluster würde aber zu einer weiteren Reduzierung des ohnehin schon kleinen High Potential-Segments führen. Eine andere Möglichkeit wäre, verschiedene Persönlichkeitstypen anzusprechen und dann unter verstärktem Anpassungsdruck im Unternehmen zu sozialisieren und den vorherrschenden Strukturen anzugleichen. Dies würde aber zu Konflikten zwischen Mitarbeiter und Unternehmen führen, die sich in geringer Arbeitszufriedenheit und niedriger Verbundenheit mit dem Unternehmen ausdrücken.[420] Denn das Verfolgen und Festhalten an persönlichen Zielen ist immer auch ein Ausdruck des Strebens nach Selbstständigkeit und Autonomie der Mitarbeiter.[421] Beide Ansätze führen zudem zu einer homogenen Mitarbeiterschaft, in welcher das kreative Potenzial, welches für Innovationen nötig ist, verloren zu gehen droht.[422]

Deshalb sollte eine differenzierte Ansprache mehrerer High Potential-Persönlichkeitstypen mit einer Unternehmenskultur einhergehen, welche die unterschiedlichen persönlichen Ziele der Mitarbeiter berücksichtigt. Dies kann dadurch geschehen, dass den Mitarbeitern Freiräume bei der Wahl ihrer Ziele und der Wege zu diesen Zielen eingeräumt werden,

---

[419]   Vgl. Hungenberg, H. (1990), S. 10 ff., Rosenstiel, L. v. (2000), S. 132 ff., Lang-von Wins, T./ Rosenstiel, L. v. (2000), S. 74 f., Stauffer, D. (1998), S. 3 f.

[420]   Vgl. Lang, T. (1994), S. 217.

[421]   Vgl. Rosenstiel, L. v. et al. (1998), S. 208.

[422]   Vgl. Bowen, W./ Bok, D., Burkhart, G. (1999), S. 141, Gilmartin, R. V. (1999), S. 146, Ernst, H. (2003), S. 39 f.

solange die persönlichen Ziele den Gesamtinteressen des Unternehmens entsprechen. Dabei sollte frühzeitig, z.B. im Rahmen von Praktika, überprüft werden, inwieweit die persönlichen Ziele der High Potentials mit den Unternehmenszielen zusammenpassen. Spätestens im Vorstellungsgespräch sollte eine Auseinandersetzung mit den persönlichen Zielen der zukünftigen Mitarbeiter stattfinden. Deshalb sollte das Vorstellungsgespräch nicht nur über die zukünftige Tätigkeit und wichtige Unternehmensangelegenheiten informieren, sondern auch bewusst die Ziele des Bewerbers hinterfragen. Auch spätere Entwicklungs- und Unterstützungsmaßnahmen im Unternehmen sollten unter Berücksichtigung der persönlichen Ziele der Mitarbeiter erfolgen. Die Verwirklichung der persönlichen Ziele mit Hilfe des Unternehmens kann die Zufriedenheit der Mitarbeiter erhöhen und ihre Fluktuation senken. Die Untersuchung hat gezeigt, dass die Verwirklichung der persönlichen Ziele ein wichtiges Anforderungskriterium im Allgemeinen und für weibliche High Potentials im Besonderen ist. Zudem stärkt die Erfahrung, dass persönliche Ziele auch erfolgreich umgesetzt werden können, das Kontrollbewusstsein und gibt Zuversicht, auch in Zukunft das zu erreichen, was man erreichen möchte.[423]

6.2. Realistische Vermittlung der Arbeitsinhalte

Eine Zusammenfassung der einzelnen Untersuchungen zeigt, dass eine realistische Vermittlung der Arbeitsinhalte für High Potentials im Mittelpunkt steht (vgl. Abbildung 33).

---

[423] Vgl. Lang, T. (1994), S. 217, Rosenstiel, L. v. et al. (1998), S. 208.

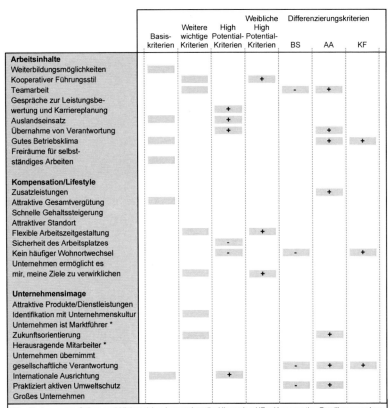

Abbildung 33   Zusammenfassung des Anforderungsprofils

Als „Basiskriterien" wurden die Anforderungen abgetragen, welche übereinstimmend von High Potentials und sonstigen Studenten als die wichtigsten Kriterien angegeben wurden. Als „Weitere wichtige Kriterien" wurden alle Kriterien abgetragen, die von High Potentials und sonstigen Studenten mit mehr als vier Punkten als sehr wichtig beurteilt wurden. Beide Kriterien zusammen ergeben das Anforderungsprofil eines Wunscharbeitgebers unabhängig vom Leistungspotenzial der Befragten. In den weiteren Spalten folgen die Beurteilungen von High Potentials allgemein, von weiblichen High Potentials und den drei Persönlichkeitstypen hinsichtlich bestimmter, relevanter Kriterien, die für diese Gruppen wichtiger oder unwichtiger sind.

Es wird deutlich, dass für High Potentials sämtliche Kriterien aus dem Bereich Arbeitsinhalte bedeutend sind. Dies eröffnet Chancen für unbekanntere Unternehmen, deren Unternehmensimage nicht mit den bekannten Arbeitgebermarken konkurrieren kann. Denn Bewerber beschränken ihre Arbeitgebersuche nicht auf die wenigen großen Unternehmen mit bekannten Marken.[424] Unternehmen sollten deshalb realistisch über die zukünftige Tätigkeit und ihre inhaltliche Ausgestaltung informieren. Damit unterstützen sie die Selbstselektion der Bewerber und erhöhen die Zielgenauigkeit ihrer Auswahlbemühungen. Zudem lenken Unternehmen durch eine offene Kommunikation über die Vor- und Nachteile der Tätigkeit die Ambitionen und Initiativen der Bewerber in eine sachgerechte Richtung und vermeiden Enttäuschungen beim Berufsstart.[425]

Da die drei Persönlichkeitstypen unterschiedliche Schwerpunkte bei den Anforderungskriterien setzen, interessieren und eignen sie sich auch für verschiedene Einsatzfelder. Die „Bindungsarmen Selbstverwirklicher", welche weniger Wert auf Teamarbeit legen und gerne mobil sind, eignen sich als fachliche Experten, die bei schwierigen Themen zu Rate gezogen werden, und dafür auch vor Ort anwesend sind. Die „Anspruchsvollen Allrounder", die gerne Verantwortung übernehmen und mit anderen zusammenarbeiten, sollten im Rahmen von Projektarbeit eingesetzt werden. Dies ermöglicht ihnen eine schnelle Übernahme von Teilaufgaben und eröffnet ihnen vielfältige Entwicklungsmöglichkeiten. Die „Konservativen Familienmenschen" eignen sich vor allem für Unternehmen, die auf eine langfristige Mitarbeiterbindung Wert legen. Zuverlässig erledigen sie die ihnen übertragenen Aufgaben ohne durch Allüren oder besondere Wünsche hervorzustechen.

Die Betonung der Arbeitsinhalte sollte Unternehmen aber nicht zu einer Vernachlässigung des Bereichs Kompensation/Lifestyle verführen. Für High Potentials ist eine „Attraktive Gesamtvergütung", die sich deutlich vom Gehalt von sonstigen Studenten abhebt, eine Selbstverständlichkeit. Weitere wichtige Punkte, speziell auch für weibliche High Potentials, sind eine „Flexible Arbeitszeitgestaltung" und die Unterstützung des Unternehmens bei der Verwirklichung persönlicher Ziele.

---

[424]   Vgl. Nerdinger, F. W. (1994), S. 26.
[425]   Vgl. Rosenstiel, L. v. et al. (1998), S. 207, Süß, M. (1996), S. 204 f.

6.3. Nutzung der Branchenpräferenzen der High Potentials

Unternehmen sollten bei der Auswahl und Ansprache von High Potentials deren unterschiedliche Branchenpräferenzen nutzen (vgl. Abbildung 34).

	Allgemein beliebte Branchen	High Potential- Präferenzen	Weibliche High Potential- Präferenzen	Differenzierungskriterien BS	AA	KF
Steuer-, Unternehmensberatung, Wirtschaftsprüfung		+	-			
Auto-, Luftfahrtindustrie	■		-			
Konsumgüterhersteller	■		+			
Wissenschaft und Forschung		+		+		
Handel	■				+	
Banken, Finanzen, Versicherung		+	-			
Touristik, Logistik, Transport		-				
Medienindustrie		-			+	-
Telekommunikationsindustrie			-			
Marketing-, Werbeagentur		-			+	-
Chemische, Pharmazeutische Industrie						
Elektronikindustrie			-			
Sozialer Bereich				-	+	
Kunst und Kultur		+			+	
IT, Software				+		-
Öffentlicher Dienst						
Maschinenbau						
Bauindustrie						

BS = Bindungsarme Selbstverwirklicher; AA = Anspruchsvolle Allrounder; KF = Konservative Familienmenschen.

Abbildung 34   Zusammenfassung der Branchenpräferenzen

Deutlich zeigt sich, dass die sechs Branchen - „Steuer-, Unternehmensberatung, Wirtschaftsprüfung", „Auto-, Luftfahrtindustrie", „Konsumgüterhersteller", „Wissenschaft und Forschung", „Handel" und „Banken, Finanzen, Versicherung" - sehr beliebt bei männlichen High Potentials und sonstigen Studenten sind. Eine solche Positionierung erleichtert die Ansprache von High Potentials im Rahmen des Hochschulmarketings.

Die meisten sonstigen Branchen müssen nicht nur mit einer geringeren allgemeinen Beliebtheit, sondern auch mit Imagenachteilen bei High Potentials kämpfen. Dadurch droht eine Differenzierung zugunsten der leistungsschwächeren Studenten stattzufinden. Unternehmen dieser Branchen sollten versuchen, das eigene Unternehmensimage vom durchschnittlichen Branchenimage zu entkoppeln. Dabei sollten vor allem die internationale Ausrichtung des Unternehmens, seine Zukunfts-orientierung und seine Unternehmenskultur herausgearbeitet werden. Des Weiteren sollten sie sich gezielt jenen High Potentials-Gruppen zuwenden, welche die Branche attraktiv finden. „Bindungsarme Selbstverwirklicher" schätzen z.B. die „IT, Software"-Branche. Der Bereich „Kunst und Kultur" dagegen ist beliebt bei „Anspruchsvollen Allroundern" und weiblichen High Potentials.

Gerade die Branchenpräferenzen von weiblichen High Potentials unterscheiden sich teilweise signifikant von den Einschätzungen der männlichen High Potentials. Aufgrund der geringen Anzahl von High Potentials können es sich Unternehmen nicht leisten, knapp 50% der Zielgruppe aufgrund geringerer Branchenpräferenzen nicht zu erreichen. Um Wachstumshindernisse aufgrund eines Mangels an qualifiziertem Personal zu verhindern, sollten sich Unternehmen gezielt um weibliche High Potentials bemühen. Dies umfasst sowohl spezielle Veranstaltungen für Frauen im Rahmen des Hochschulmarketings als auch die weitere Förderung und soziale Unterstützung von weiblichen High Potentials im Unternehmen. Spätestens in der Phase der Familiengründung ist eine Unterstützung von Frauen erforderlich.[426] Denn Frauen stehen weit stärker als Männer vor der Entscheidung zwischen Familie oder Karriere. Zudem sind Kinder stärker für Frauen als für Männer eine Erschwernis im Berufsalltag.[427]

6.4. Rechtzeitige Information durch Entwicklungs- und Unterstützungs-maßnahmen

Die Ansprache von High Potentials und sonstigen Studenten erfolgt durch ein einheitliches Set an Maßnahmen (vgl. Abbildung 35).

---

[426]   Beispielsweise kümmern sich Unternehmensberatungen verstärkt um die Vereinbarkeit von Familie und Beruf. Deshalb bieten sie Krippenplätze sowie flexible Arbeitszeitmodelle an. Vgl. Koschik, A. (2005), S. 43.

[427]   Vgl. Abele, A. (2002), S. 115, Rosenstiel, L. v. et al. (1998), S. 210.

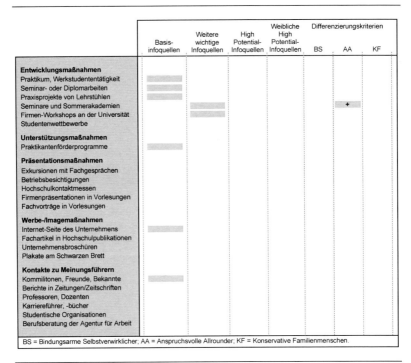

	Basis-infoquellen	Weitere wichtige Infoquellen	High Potential-Infoquellen	Weibliche High Potential-Infoquellen	Differenzierungskriterien		
					BS	AA	KF
Entwicklungsmaßnahmen							
Praktikum, Werkstudententätigkeit	▨						
Seminar- oder Diplomarbeiten	▨						
Praxisprojekte von Lehrstühlen	▨						
Seminare und Sommerakademien			▨			+	
Firmen-Workshops an der Universität			▨				
Studentenwettbewerbe							
Unterstützungsmaßnahmen							
Praktikantenförderprogramme	▨						
Präsentationsmaßnahmen							
Exkursionen mit Fachgesprächen							
Betriebsbesichtigungen							
Hochschulkontaktmessen							
Firmenpräsentationen in Vorlesungen							
Fachvorträge in Vorlesungen							
Werbe-/Imagemaßnahmen							
Internet-Seite des Unternehmens	▨						
Fachartikel in Hochschulpublikationen							
Unternehmensbroschüren							
Plakate am Schwarzen Brett							
Kontakte zu Meinungsführern							
Kommilitonen, Freunde, Bekannte	▨						
Berichte in Zeitungen/Zeitschriften							
Professoren, Dozenten							
Karriereführer, -bücher							
Studentische Organisationen							
Berufsberatung der Agentur für Arbeit							

BS = Bindungsarme Selbstverwirklicher; AA = Anspruchsvolle Allrounder; KF = Konservative Familienmenschen.

Abbildung 35   Zusammenfassung der Informationsquellen

High Potentials und sonstige Studenten informieren sich durch die gleichen Informationsquellen über ihren zukünftigen Arbeitgeber. Zu den bevorzugten Informationsquellen gehören neben der „Internet-Seite des Unternehmens" und den „Kommilitonen, Freunden, Bekannten" vor allem Entwicklungs- und Unterstützungsmaßnahmen. Dies hat für Unternehmen den Vorteil, dass sie sich auf wenige Instrumente im Hochschulmarketing fokussieren können und sich nicht in zahllosen, hektischen Aktivitäten verstricken müssen. Der Nachteil ist, dass mittels der angebotenen Maßnahmen keine Differenzierung zwischen High Potentials und sonstigen Studenten vorgenommen wird, da die Kommunikations-maßnahmen bei beiden Gruppen gleich beliebt sind. Unternehmen müssen deshalb ein verstärktes Augenmerk auf die Auswahl der Teilnehmer an Entwicklungs- und Unterstützungsmaßnahmen legen. Dabei eignen sich Praktika und Werkstudententätigkeiten aus Sicht der Studenten am besten, um einen realistischen Eindruck vom zukünftigen Arbeitgeber und der Arbeitsplatzgestaltung zu erhalten. Deshalb sollten Unternehmen Praktika so gestalten, dass sie eine möglichst große Ähnlichkeit zur späteren

Berufstätigkeit aufweisen.[428] Für Unternehmen bieten diese die Möglichkeit, potenzielle Bewerber intensiv kennenzulernen und besonders interessante Studenten zu identifizieren.[429] Deshalb sollten die Leistungen der Praktikanten und Teilnehmer an Entwicklungs- und Unterstützungsmaßnahmen am Schluss kritisch bewertet werden, um zu entscheiden, ob der Kontakt aufrechterhalten und eventuell vertieft wird oder nicht.[430]

Dabei sollte die Kontaktanbahnung mit den High Potentials aktiv durch das Unternehmen geschehen und möglichst frühzeitig vorgenommen werden. Dies ist vor allem bei Unternehmen notwendig, deren Branchen von High Potentials nicht besonders geschätzt werden. Diese Unternehmen können nicht damit rechnen, dass High Potentials von sich aus Kontakt mit ihnen aufnehmen.[431]

6.5. Ansatzpunkte für die weitere Forschung

Die empirischen Befunde dieser Arbeit dienen nicht nur dazu, Empfehlungen für die Praxis zu geben, sondern sie werfen oftmals auch neue Fragen auf. Die Studie betrachtet lediglich eine bestimmte biographische Phase, nämlich die der Stellensuche und –wahl. Für weitere Untersuchungen gibt es grundsätzlich zwei Ansatzpunkte. Entweder eine Querschnittbetrachtung dieser Phase, in welche weitere Hochschulen und Studienfächer mit einbezogen werden, oder eine Längsschnittbetrachtung, in welcher die folgenden Phasen der Einarbeitung und weiteren Entwicklung der High Potentials untersucht werden. Daraus lassen sich beispielsweise folgende Forschungsfragen ableiten:

In welchem Umfang kommen die festgestellten drei Persönlichkeitstypen an anderen Hochschulen bzw. in anderen Studienfächern vor?

Der Vergleich der Verteilung der Persönlichkeitstypen an der FAU und der HHL lässt vermuten, dass die drei Persönlichkeitstypen an verschiedenen Hochschulen in unterschiedlichem Umfang vorkommen. Zudem wäre zu untersuchen, welche Faktoren diese Unterschiede erklären können. Dabei wäre die unterschiedliche Zulassungspraxis der Hochschulen ein möglicher Ansatzpunkt. Des Weiteren zeigen Studien, dass die Anforderungen an Arbeitgeber in Abhängigkeit vom Studienfach sehr stark schwanken.[432]

---

[428]   Vgl. Wöhr, M. (2002), S. 256 ff.
[429]   Vgl. Steinmetz, F. (1997), S. 49.
[430]   Vgl. Süß, M. (1996), S. 198 f.
[431]   Vgl. Süß, M. (1996), S. 262.
[432]   Vgl. Simon, H. et al. (1995), S. 74 ff.

Möglicherweise lassen sich diese verschiedenen Anforderungen auf Unterschiede in den persönlichen Zielen der Studenten zurückführen.[433]

Wie planmäßig ist der Berufseinstieg beim ersten Arbeitgeber erfolgt?

Im Rahmen dieser Frage könnten die verschiedenen Modelle der Arbeitsplatzwahl überprüft werden.[434] Dabei wäre zu prüfen, ob die Vorstellung einer rationalen und planmäßigen Arbeitsplatzwahl empirisch bestätigt werden kann. Des Weiteren könnte untersucht werden, welche Anforderungen die Bewerber beim Berufseinstieg verwirklichen konnten, und wo Kompromisse gemacht wurden.

Sind die identifizierten High Potentials später tatsächlich im Beruf erfolgreicher als die sonstigen Studenten?

Mit dieser Frage soll geklärt werden, ob die erarbeiteten High Potential-Kriterien wirklich in der Lage sind, Personen zu identifizieren, welche im späteren Berufsleben nach subjektiven und objektiven Kriterien erfolgreicher sind als die sonstigen Studenten.

Wie verändern sich die persönlichen Ziele im weiteren Verlauf?

Neben der Beschreibung von Veränderungen der persönlichen Ziele ist bei dieser Frage zu klären, auf welche Einflüsse diese Veränderungen zurückzuführen sind. Hat Sozialisationsdruck innerhalb der Unternehmen zu einer Anpassung der Ziele geführt? Konnten High Potentials ihre persönlichen Ziele besser verfolgen als sonstige Studenten?

In Verbindung mit dieser Untersuchung tragen die Forschungsfragen dazu bei, das Konzept eines differenzierten Hochschulmarketings noch fokussierter auf die Zielgruppe der High Potentials abzustimmen.

---

[433] Beispielsweise konnte das Konzept der Fachkulturen Unterschiede in den Einstellungen der Studenten verschiedener Studiengänge nachweisen. Vgl. Windolf, P. (1994), S. 43 ff., Armingeon, K. (2001), S. 6 ff.

[434] Vgl. Simon, H. et al. (1995), S. 55 ff., Süß, M. (1996), S. 73 ff., Power, D./ Aldag, R. J. (1985), S. 48 ff.

Anhang: Fragebogen zum Hochschulmarketing

Friedrich-Alexander-Universität Erlangen-Nürnberg

Prof. Dr. Harald Hungenberg

Lehrstuhl für Unternehmensführung
Betriebswirtschaftliches Institut
Lange Gasse 20
90403 Nürnberg

Bei der Beantwortung der folgenden Fragen ist Ihre persönliche Meinung entscheidend. Bitte beantworten Sie alle Fragen vollständig und in der vorgegebenen Reihenfolge. Bei den meisten Fragen sind die Antwortmöglichkeiten gegeben. Hier einfach per Mausklick ankreuzen. *Bitte nur ein Kreuz je Frage, wenn nicht anders erwähnt.* Falls Sie eine Frage nicht genau beantworten können, wählen Sie bitte diejenige Antwortkategorie, die aus Ihrer Sicht am ehesten zutrifft.

Die Beantwortung des Fragebogens wird ca. 15 Minuten dauern. Wenn Sie wollen, können Sie am Ende des Fragebogens Ihren Namen und Ihre Anschrift vermerken und nehmen als Dankeschön für Ihre Mithilfe an einer **Verlosung von 5 mal 2 Kinogutscheinen** für das Cinecitta in Nürnberg teil.

A. Persönliche Ziele

(1) Dieser Abschnitt enthält 20 Aussagen, welche sich zur Beschreibung ihrer persönlichen Ziele eignen könnten. Lesen Sie bitte jede Aussage aufmerksam durch und überlegen Sie, ob dieses Ziel für Sie bedeutsam ist oder nicht. Zur Bewertung steht Ihnen eine fünffach abgestufte Skala von 5 (sehr wichtig) bis 1 (nicht wichtig) zur Verfügung. Bitte beachten Sie dabei, dass die folgenden Aussagen absichtlich global gehalten sind.

Ich möchte ...	Sehr wichtig 5	4	3	2	Nicht wichtig 1
Mich für andere einsetzen	☐	☐	☐	☐	☐
Gute Karrierechancen haben	☐	☐	☐	☐	☐
Neue Ideen entwickeln, kreativ sein	☐	☐	☐	☐	☐
Viel mit anderen Menschen unternehmen	☐	☐	☐	☐	☐
Eine Arbeit, die gut mit familiären/privaten Bindungen vereinbar ist	☐	☐	☐	☐	☐
Hohes berufliches Ansehen haben	☐	☐	☐	☐	☐
Das Leben in vollen Zügen genießen	☐	☐	☐	☐	☐
Für das Wohl anderer Menschen sorgen	☐	☐	☐	☐	☐
Viel Geld verdienen	☐	☐	☐	☐	☐
Schwierige/herausfordernde Aufgaben bearbeiten	☐	☐	☐	☐	☐
Zuneigung und Liebe geben	☐	☐	☐	☐	☐
Einen großen Bekanntenkreis haben	☐	☐	☐	☐	☐
Hohes Sozialprestige erringen	☐	☐	☐	☐	☐
Meine Fähigkeiten weiterentwickeln	☐	☐	☐	☐	☐
Uneigennützig handeln	☐	☐	☐	☐	☐
Eine Arbeit, die zu Innovationen beiträgt	☐	☐	☐	☐	☐
Ein aufregendes/abwechslungsreiches Leben führen	☐	☐	☐	☐	☐
Öffentliche Anerkennung erringen	☐	☐	☐	☐	☐
Zuneigung und Liebe erhalten	☐	☐	☐	☐	☐
Meinen geistigen Horizont erweitern	☐	☐	☐	☐	☐

B. Anforderungen an zukünftige Arbeitgeber

(2)   Wenn Sie jetzt die folgenden Anforderungskriterien betrachten, wie wichtig sind diese für Sie bei der
        Auswahl Ihres zukünftigen Arbeitgebers? Beurteilen Sie die Kriterien bitte mit 5 (sehr wichtig) bis
        1 (nicht wichtig).

	Sehr wichtig 5	4	3	2	Nicht wichtig 1
Arbeitsinhalte					
1. Vielfältige Weiterbildungsmöglich-keiten	☐	☐	☐	☐	☐
2. Kooperativer Führungsstil	☐	☐	☐	☐	☐
3. Teamarbeit	☐	☐	☐	☐	☐
4. Regelmäßige Gespräche zur Leistungsbewertung und weiteren Karriereplanung	☐	☐	☐	☐	☐
5. Möglichkeit, im Ausland zu arbeiten	☐	☐	☐	☐	☐
6. Schnelle Übernahme von Verant-wortung	☐	☐	☐	☐	☐
7. Gutes Betriebsklima	☐	☐	☐	☐	☐
8. Freiräume für selbstständiges Arbeiten	☐	☐	☐	☐	☐
Kompensation/Lifestyle					
9. Zusatzleistungen (Firmenwagen, Sozialleistungen etc.)	☐	☐	☐	☐	☐
10. Attraktive Gesamtvergütung (fixes Grundgehalt inkl. variabler Boni)	☐	☐	☐	☐	☐
11. Schnelle Gehaltssteigerung	☐	☐	☐	☐	☐
12. Attraktiver Standort des Unternehmens	☐	☐	☐	☐	☐
13. Flexible Arbeitszeitgestaltung	☐	☐	☐	☐	☐
14. Sicherheit des Arbeitsplatzes	☐	☐	☐	☐	☐
15. Kein häufiger Wohnortwechsel	☐	☐	☐	☐	☐
16. Unternehmen ermöglicht es mir, meine Ziele zu verwirklichen	☐	☐	☐	☐	☐
Unternehmensimage					
17. Unternehmen führt attraktive Produkte/Dienstleistungen	☐	☐	☐	☐	☐
18. Identifikation mit der Unternehmenskultur	☐	☐	☐	☐	☐
19. Unternehmen ist Marktführer	☐	☐	☐	☐	☐
20. Zukunftsorientierung des Unternehmens	☐	☐	☐	☐	☐
21. Mitarbeiter des Unternehmens gelten als herausragend	☐	☐	☐	☐	☐
22. Unternehmen übernimmt gesellschaftliche Verantwortung	☐	☐	☐	☐	☐
23. Internationale Ausrichtung des Unternehmens	☐	☐	☐	☐	☐
24. Unternehmen praktiziert aktiven Umweltschutz	☐	☐	☐	☐	☐
25. Großes Unternehmen	☐	☐	☐	☐	☐

(3)   Bitte betrachten Sie noch einmal die soeben bewerteten Anforderungskriterien. Welche sind für Sie
        die fünf wichtigsten Anforderungskriterien bei der Auswahl Ihres zukünftigen Arbeitgebers? Bitte ge-
        ben Sie die jeweilige Nummer an:

Nr. _____ , Nr. _____ , Nr. _____ , Nr. _____ , Nr. _____ .

(4)   Wie hoch ist das Anfangsgehalt, das Sie bei Ihrer ersten Anstellung nach dem Studium erwarten?

_____ Euro (Bruttojahreseinkommen)

(5)   Mit welcher zeitlichen Arbeitsbelastung rechnen Sie bei Ihrem Berufseintritt?

_____ Stunden/Woche

(6)   Wie gerne würden Sie nach Abschluss Ihres Studiums in den folgenden Betätigungsfeldern arbeiten? Bitte antworten Sie mit 5 (möchte ich sehr gerne arbeiten) bis 1 (möchte ich nicht gerne arbeiten).

	Sehr gerne 5	4	3	2	Nicht gerne 1
Industriesektor					
Chemische, Pharmazeutische Industrie	☐	☐	☐	☐	☐
Auto-, Luftfahrtindustrie	☐	☐	☐	☐	☐
Medienindustrie	☐	☐	☐	☐	☐
IT, Software	☐	☐	☐	☐	☐
Telekommunikationsindustrie	☐	☐	☐	☐	☐
Konsumgüterhersteller	☐	☐	☐	☐	☐
Maschinenbau	☐	☐	☐	☐	☐
Bauindustrie	☐	☐	☐	☐	☐
Touristik, Logistik, Transport	☐	☐	☐	☐	☐
Elektronikindustrie	☐	☐	☐	☐	☐
Dienstleistungssektor					
Banken, Finanzen, Versicherung	☐	☐	☐	☐	☐
Handel	☐	☐	☐	☐	☐
Steuer-, Unternehmensberatung, Wirtschaftsprüfung	☐	☐	☐	☐	☐
Marketing-, Werbeagentur	☐	☐	☐	☐	☐
Sozialer Bereich	☐	☐	☐	☐	☐
Weitere Sektoren					
Öffentlicher Dienst	☐	☐	☐	☐	☐
Wissenschaft und Forschung	☐	☐	☐	☐	☐
Kunst und Kultur	☐	☐	☐	☐	☐

C. Informationsquellen und Bewerbungsverhalten

(7)   Haben Sie bereits begonnen, sich **konkret** über mögliche zukünftige Arbeitgeber zu informieren?

☐ **Ja**
Falls „ja", wann haben Sie damit begonnen?

☐ **Nein**
Falls „nein", wann planen Sie sich zu informieren?

☐ Vor dem Studium
☐ Während des Grundstudiums
☐ Sofort nach dem Vordiplom
☐ Etwa 2 - 3 Semester vor Studienabschluss
☐ Unmittelbar vor Studienabschluss

☐ Etwa 2 - 3 Semester vor Studienabschluss
☐ Unmittelbar vor Studienabschluss
☐ Erst nach Studienabschluss

Falls „nein", bitte weiter mit Frage (9)

(8)   Wie umfassend haben Sie sich über mögliche zukünftige Arbeitgeber informiert?

Sehr umfassend   nicht umfassend
☐   ☐   ☐   ☐   ☐

(9) Es gibt verschiedene Wege, sich konkrete Informationen über mögliche zukünftige Arbeitgeber zu beschaffen. Bitte bewerten Sie die folgenden Informationsquellen mit 5 (sehr geeignet) bis 1 (nicht geeignet).

	Sehr geeignet 5	4	3	2	Nicht geeignet 1
1. Berufsberatung der Agentur für Arbeit	☐	☐	☐	☐	☐
2. Internet-Seite des Unternehmens	☐	☐	☐	☐	☐
3. Berichte in Zeitungen und Zeitschriften	☐	☐	☐	☐	☐
4. Betriebsbesichtigungen	☐	☐	☐	☐	☐
5. Hochschulkontaktmessen	☐	☐	☐	☐	☐
6. Unternehmensbroschüren	☐	☐	☐	☐	☐
7. Seminar- oder Diplomarbeiten in Zusammenarbeit mit Unternehmen	☐	☐	☐	☐	☐
8. Praktikum, Werkstudententätigkeit	☐	☐	☐	☐	☐
9. Studentische Organisationen (z.B. Aiesec, MTP)	☐	☐	☐	☐	☐
10. Fachvorträge von Firmenvertretern in Vorlesungen	☐	☐	☐	☐	☐
11. Plakate am Schwarzen Brett	☐	☐	☐	☐	☐
12. Exkursionen mit Fachgesprächen	☐	☐	☐	☐	☐
13. Kommilitonen, Freunde, Bekannte	☐	☐	☐	☐	☐
14. Firmen-Workshops an der Universität (z.B. Fallstudienseminare)	☐	☐	☐	☐	☐
15. Firmenpräsentationen in Vorlesungen	☐	☐	☐	☐	☐
16. Fachartikel in Hochschulpublikationen	☐	☐	☐	☐	☐
17. Studentenwettbewerbe (z.B. Business-Plan Wettbewerbe)	☐	☐	☐	☐	☐
18. Karriereführer, -bücher	☐	☐	☐	☐	☐
19. Professoren, Dozenten	☐	☐	☐	☐	☐
20. Praktikantenförderprogramme von Unternehmen	☐	☐	☐	☐	☐
21. Praxisprojekte von Lehrstühlen in Zusammenarbeit mit Unternehmen	☐	☐	☐	☐	☐
22. Seminare und Sommerakademien von Unternehmen	☐	☐	☐	☐	☐

(10) Bitte betrachten Sie noch einmal die soeben bewerteten Informationsquellen. Welche sind für Sie die fünf geeignetsten Informationsquellen, um sich über Ihren möglichen zukünftigen Arbeitgeber zu informieren? Bitte geben Sie die jeweilige Nummer an:

Nr. _____ , Nr. _____ , Nr. _____ , Nr. _____ , Nr. _____.

(11) Ab dem wievielten Monat vor dem (voraussichtlichen) Abschluss Ihres Studiums haben Sie sich bei Ihrem zukünftigen Arbeitgeber beworben bzw. werden Sie sich bewerben?

☐ Ca. _____ Monate vor dem Abschluss des Studiums
☐ Erst nach Studienabschluss

(12) Bei wie vielen Unternehmen haben Sie sich für den Berufseinstieg beworben bzw. planen Sie sich zu bewerben?

_____ **potenzielle zukünftige Arbeitgeber (Anzahl)**

D. Fragen zur Person

(13)	Wie alt sind Sie?

_____ **Jahre**

(14)	Ihr Geschlecht?

☐ Männlich   ☐ Weiblich

(15)	Ihr Studiengang?

☐ Betriebswirtschaftslehre   ☐ Volkswirtschaftslehre   ☐ Wirtschaftinformatik
☐ Internationale BWL   ☐ Internationale VWL   ☐ Wirtschaftspädagogik
☐ Sozialwissenschaft   ☐ Sonstiger Studiengang: _____

(16)	In welchem Fachsemester befinden Sie sich?

Im _____ **Fachsemester**

(17)	(Voraussichtliche) Anzahl der verbleibenden Fachsemester bis zum Abschluss des Studiums?

_____ **Fachsemester**

(18)	Voraussichtliche bzw. angestrebte Abschlussnote im Examen?

_____ **(geschätzter Durchschnitt)**

(19)	Ich habe das Vordiplom mit folgender Note abgeschlossen:

_____ **(Durchschnitt)**

(20)	Ich habe das Abitur mit folgender Note bestanden:

_____ **(Durchschnitt)**

(21)	Über welche Praxiserfahrungen verfügen Sie (ohne Wehr- und Zivildienst)?

☐ Praktika (min. 4 Wochen) mit Berufsbezug;   Anzahl: _____ Gesamtdauer in Monaten: _____
☐ Studienbegleitende Tätigkeit
   (Hiwi, Werkstudent, Teilzeitkraft);   Dauer in Monaten: _____ Wochenstunden: _____
☐ Kfm. Berufsausbildung, Lehre
☐ Keine

(22)	Haben Sie Auslandserfahrung (mind. 2 Monate)?

☐ Auslandspraktikum
☐ Auslandsstudium
☐ Sonstige: _____
☐ Nein

(23)	Üben bzw. übten Sie ehrenamtliche Funktionen aus?

☐ Ja   ☐ Nein

(24)	Haben Sie schon einmal ein Stipendium oder einen Preis für besondere Hochschulleistungen erhalten?

☐ Ja   ☐ Nein

(25)	Ich sehe mich als High-Potential.

Stimme voll zu   Stimme nicht zu
☐   ☐   ☐   ☐   ☐

Herzlichen Dank für Ihre Mühe. Sie haben uns sehr geholfen.

5

Literaturverzeichnis

Abele, A. (2002): Ein Modell und empirische Befunde zur beruflichen Laufbahnentwicklung unter besonderer Berücksichtigung des Geschlechtsvergleichs, in: Psychologische Rundschau, Nr. 3 (53. Jg.), S. 109 - 118.

Abele, A./ Andrä, M. S./ Schute, M. (1999): Wer hat nach dem Hochschulexamen schnell eine Stelle? Erste Ergebnisse der Erlanger Längsschnittstudie (BELA-E), in: Zeitschrift f. Arbeits- und Organisationspsychologie, Nr. 2 (43. Jg.), S. 95 - 101.

Abele, A./ Stief, M./ Krüsken, J. (2002): Persönliche Ziele von Mathematikern beim Berufseinstieg, in: Zeitschrift für Pädagogische Psychologie, Nr. 3/4 (16. Jg.), S. 193 - 205.

Abele-Brehm, A./ Stief, M. (2004): Die Prognose des Berufserfolgs von Hochschulabsolventinnen und -absolventen, in: Zeitschrift f. Arbeits- und Organisationspsychologie, Nr. 1 (48. Jg.), S. 4 - 16.

Ahlers, F. (1994): Strategische Nachwuchskräfterekrutierung über Hochschulkontakte, München: 1994.

Althoff, K. (1986): Zur Aussagekraft von Schulzeugnissen im Rahmen der Eignungsdiagnostik, in: Zeitschrift f. Arbeits- und Organisationspsychologie, (30. Jg.), S. 77 - 85.

Armingeon, K. (2001): Fachkulturen, soziale Lage und politische Einstellungen der Studierenden der Universität Bern, 2001.

Arnold, U. (1975): Betriebliche Personalbeschaffung, Berlin: 1975.

Atkinson, J. W. (1978): Motivational determinants of intellectual performance and cumulative achievement, in: Atkinson, J. W./ Rynor, J. O. (1978): Personality, motivation, and achievement, Washington: 1978, S. 221 - 242.

Axelrod, B./ Handfield-Jones, H./ Welsh, T. (2001): War for Talent, Part Two, in: The McKinsey Quarterly, Nr. 2, S. 9 - 11.

Backhaus, K./ Erichson, B./ Plinke, W./ Weiber, R. (2000): Multivariate Analysemethoden, 9. Aufl., Berlin: 2000.

Bagozzi, R. P. (1975): Marketing as Exchange, in: Journal of Marketing, Nr. 10, S. 32 - 39.

Baldus, M./ Holling, H. (1989): Personalmarketing, in: Greif, S. (1989): Arbeits- und Organisationspsycholgie, München: 1989, S. 379 - 385.

Bandura, A. (1997): Self-efficacy: The exercise of control, New York: 1997.

Bankhofer, U./ Hilbert, A./ Osterroht, A. v./ Zapf, H. (1994): Der Berufseinstieg für Wirtschafts- und Sozialwissenschaftler - eine empirische Untersuchung, Arbeitspapier zur mathematischen Wirtschaftsforschung Heft 118, Universität Augsburg, Augsburg: 1994.

Barnard, C. I. (1938): The Functions of the Executive, Cambridge, Mass.: 1938.

Barney, J. (1991): Firm Resources and Sustained Competitive Advantage, in: Journal of Management, Nr. 1 (17. Jg.), S. 88 - 120.

Bartscher, T./ Fritsch, S. (1992): Personalmarketing, in: Gaugler, E./ Weber, W. (1992): Handwörterbuch des Personalwesens, 2. Aufl., Stuttgart: 1992, S. 1747 - 1758.

Bauer, H. H./ Teufer, S. (2000): Das Image bestimmt häufig die Wahl des ersten Arbeitgebers, FAZ v. 24.01.2000, S. 34

BBDO Consulting (2004): Point of View 6: Employer Branding - Positionierung als attraktiver Arbeitgeber v. 07.07.2004, http://www.bbdo-consulting.de/de/home/bbdo_germany/bbdo_ consulting/publikationen/point_of_view.html

Berekoven, L./ Eckert, W./ Ellenrieder, P. (1999): Marktforschung, 8. Aufl., Wiesbaden: 1999.

Berger, R./ Geissler, J. (1968): Marketing in der Personalwirtschaft, in: Der Volkswirt, Nr. 11 (22. Jg.), S. 26 - 27.

Berger, R./ Salcher, E. F. (1973): Personalmarketing: Wird der Mensch vermarktet?, in: Plus, S. 21 - 27.

Berk, B. v. (1993): Hochschulkontakte, in: Strutz, H. (1993): Handbuch Personalmarketing, 2. Aufl., 1993, S. 214 - 222.

Berndt, R. (1996): Marketing 1: Käuferverhalten, Marktforschung und Marketing-Prognosen, 3. Aufl., Berlin: 1996.

Berry, L. L. (1981): The Employee as Customer, in: Journal of Retail Banking, Nr. 3, S. 33 - 40.

Berry, L. L. (1983): Relationship marketing, in: Berry, L. L./ Shostack, G. L./ Upah, G. D. (1983): Emerging perspectives on services marketing, Chicago: 1983, S. 25 - 28.

Berry, L. L. (1984): Services marketing is different, in: Lovelock, C. H. (1984): Services marketing, Englewood Cliffs: 1984, S. 29 - 37.

Berry, L. L./ Burke, M. C./ Hensel, J. S. (1976): Improving retailer Capability for effective consumerism response, in: Journal of Retailing, Nr. 3, S. 3 - 14 u. 94.

Beuscher, B./ Vinzent, M. (2004): Vom Blind Date zum nachhaltigen Personalmarketing, in: Personalführung, Nr. 5, S. 22 - 30.

Birker, K. (2002): Personalmarktforschung, in: Bröckermann, R./ Pepels, W. (2002): Personalmarketing, 2002, S. 16 - 30.

Bisani, F. (1983): Personalwesen, 3. Aufl., Wiesbaden: 1983.

Blackwell, R. D./ Miniard, P. W./ Engel, J. F. (2001): Consumer Behavior, 9. Aufl., Fort Worth: 2001.

Bleicher, K./ Hahn, B. (1995): Das Management-Potential - Dynamik-Faktor der Unternehmungsentwicklung, in: Krystek, U./ Link, J. (1995): Führungskräfte und Führungserfolg, Wiesbaden: 1995, S. 416 - 446.

Bleis, T. (1992): Personalmarketing, München: 1992.

Blumenstock, H. (1994): Personalmarketing in kleinen und mittleren Unternehmen, Wiesbaden: 1994.

Böck, R. (2000): Zielgerichtetes Personalmarketing für Auszubildende, in: Personalführung, Nr. 7, S. 38 - 45.

Böckenholt, I./ Homburg, C. (1990): Ansehen, Karriere oder Sicherheit?, in: ZfB, Nr. 11 (60. Jg.), S. 1159 - 1181.

Bodden, S./ Glucksman, M./ Lasky, P. (2000): The war for technical talent, in: The McKinsey Quarterly, Nr. 3, S. 14 - 15.

Bokranz, R./ Stein, S. (1989): Strategische Personalbeschaffung bei Hochschulabsolventen, in: Personal, Nr. 5 (41. Jg.), S. 176 - 180.

Bortz, J. (1993): Statistik für Sozialwissenschaftler, 4. Aufl., Berlin: 1993.

Bowen, W./ Bok, D., Burkhart, G. (1999): A Report Card on Diversity: Lessons for Business from Higher Education, in: Harvard Business Review, S. 139 - 149.

Boxall, P./ Steeneveld, M. (1999): Human Resource Strategy and Competitive Advantage: A Longitudinal Study of Engineering Consultancies, in: Journal of Management Studies, Nr. 4 (36. Jg.), S. 443 - 463.

Bröckermann, R./ Pepels, W. (2002): Personalmarketing an der Schnittstelle zwischen Absatz- und Personalwirtschaft, in: Bröckermann, R./ Pepels, W. (2002): Personalmarketing, Stuttgart: 2002, S. 1 - 15.

Bruhn, M. (1995): Internes Marketing, Wiesbaden: 1995.

Brunstein, J. C./ Maier, G. W. (1996): Persönliche Ziele: Ein Überblick zum Stand der Forschung, in: Psychologische Rundschau, (47. Jg.), S. 146 - 160.

Bühl, A./ Zöfel, P. (2005): SPSS 12 - Einführung in die moderne Datenanalyse unter Windows, 9. Aufl., München: 2005.

Burke, L. (1997): Developing High-Potential Employees in the New Business Reality, in: Business Horizon, Nr. 3/4, S. 18 - 24.

Cantor, N./ Zirkel, S. (1990): Personality, cognition, and purposive behavior, in: Pervin, L. A. (1990): Handbook of Personality: Theory and Research, New York: 1990, S. 135 - 164.

Cappelli, P. (2000): A Market-Driven Approach to Retaining Talent, in: Harvard Business Review, Nr. 1, S. 103 - 111.

Carden, S. D./ Mendonca, L. T./ Shavers, T. (2005): What global executives think about growth and risk, in: McKinsey Quarterly, Nr. 2, S. 17 - 25.

Cattell, R. B. (1980): Personality and learning theory. A system theory of motivation and structural learning, New York: 1980.

Cattell, R. B./ Eber, H. W./ Tatsuoka, M. (1970): Handbook for the sixteen personality factor questionnaire, Champaign: 1970.

Chambers, E. G./ Foulton, M./ Handfield-Jones, H./ et al. (1998): The War for Talent, in: The McKinsey Quarterly, Nr. 3, S. 44 - 58.

Christen, D./ Ferrario, C./ Roberts, J./ et al. (2002): High Potentials: Erfüllen Firmen ihre Erwartungen?, Solothurn: 2002.

Comelli, G. (1970): Der Arbeitsmarkt ist leergefegt, in: absatzwirtschaft, Nr. 1 (13. Jg.), S. 22.

Cyert, R. M./ March, J. G. (1992): A behavioral theory of the firm, 2. Aufl., Englewood Cliffs: 1992.

Dean, V. (2001): A call to arms in the war for talent, in: ABA Bankers News, Nr. 14 (9. Jg.), S. 7.

Deckstein, D. (2003): Bye, Potentials v. 08.01.2003, http://www.spiegel.de /unispiegel/jobundberuf/0,1518,225586,00.html

Derr, C. B./ Jones, C./ Toomey, E. L. (1988): Managing High-Potential Employees: Current Practices in Thirty-Three U.S.Corporations, in: Human Resource Management, Nr. 3 (27. Jg.), S. 273 - 290.

Dietmann, E. (1993): Personalmarketing. Ein Ansatz zielgruppenorientierter Personalpolitik, Wiesbaden: 1993.

Drumm, H. J. (1992): Personalwirtschaftslehre, Berlin: 1992.

Drumm, H. J. (1995): Personalwirtschaftslehre, 3. Aufl., Berlin: 1995.

Drumm, H. J. (2000): Personalwirtschaft, 4. Aufl., Berlin: 2000.

Dürr, V. (1998): Autogenes Training für Fortgeschrittene, Stuttgart: 1998.

Dyer, L./ Reeves, T. (1995): Human Resource Strategies and Firm Performance: What do we know and where do we need to go?, in: The International Journal of Human Resource Management, Nr. 3 (6. Jg.), S. 656 - 670.

Eberle, W./ Hartwich, E. (1995): Brennpunkt Führungspotential: Persönlichkeitseinschätzung als unternehmerische Aufgabe, Frankfurt a. M.: 1995.

Eckardstein, D. v./ Schnellinger, F. (1971): Personalmarketing im Einzelhandel, Berlin: 1971.

Eckardstein, D. v./ Schnellinger, F. (1975): Personalmarketing, in: Gaugler, E. (1975): Handwörterbuch des Personalwesens, Stuttgart: 1975, S. 1592 - 1599.

Eckardt, H. H./ Schuler, H. (1995): Berufseignungsdiagnostik, in: Jäger, R. S./ Petermann, F. (1995): Psychologische Diagnostik, 3. Aufl., München: 1995, S. 533 - 551.

Edinsel, K. (1994): Soziale Kompetenz und Berufserfolg, Berlin: 1994.

Eggers, B./ Ahlers, F. (1999): Schlüsselfaktoren eines erfolgreichen High-Potential-Personalmarketing, in: Thiele, A./ Eggers, B. (1999): Innovatives Personalmarketing für High-Potentials, Göttingen: 1999, S. 39 - 45.

Eggers, B./ Thiele, A./ Draeger, A. (1999): Top-Unternehmen und High-Potentials: Leitsätze eines erfolgreichen Personalmarketing, Göttingen: 1999.

Eichhorst, W./ Thode, E. (2002): Strategien gegen den Fachkräftemangel, Band 1: Internationaler Vergleich, Gütersloh: 2002.

Einsiedler, H. E. (1987): Welche Werthaltungen zeigen erfolgreiche Teamleiter?, in: DBW, (47. Jg.), S. 589 - 593.

Eisele, D./ Horender, U. (1999): Auf der Suche nach den High Potentials, in: Personalwirtschaft, Nr. 12 (26. Jg.), S. 27 - 34.

Emmons, R. A. (1986): Personal strivings: An approach to personality and subjective well-being, in: Jounal of Personality and Social Psychology, (51. Jg.), S. 1058 - 1068.

Ende, W. (1982): Theorien der Personalarbeit im Unternehmen, Königstein/Taunus: 1982.

Endres, G. L. (2000): Demographischer Wandel und betriebliche Altersstrukturen, in: Personalführung, Nr. 2, S. 48 - 53.

Engelbrech, G. (2002): Harte Zeiten für die Rekrutierung in Sicht, in: Personalführung, Nr. 10, S. 50 - 60.

Ernst, H. (2003): Unternehmenskultur und Innovationserfolg - Eine empirische Analyse, in: zfbf, (55. Jg.), S. 23 - 44.

Fahrenberg, J./ Hampel, R./ Selg, H. (1989): Das Freiburger Persönlichkeitsinventar FPI, Göttingen: 1989.

Farren, C. (2001): Motivation: The ongoing war for talent, in: Incentive, Nr. 9 (175. Jg.), S. 77.

Fischer, G. (1973): "Personal-Marketing" - ein weiteres überflüssiges Modewort, in: Personal, Nr. 6, S. 218 - 220.

Flegel, S. (2003): Die Arbeitssituation von Hochschulabsolventen, München: 2003.

Florida, R. (2005): Den USA droht eine Kreativitätskrise, in: Harvard Business manager, Nr. 1, S. 96 - 106.

Fornefeld, M. (1991): Ab dem Vordiplom läuft der Countdown, in: Personalwirtschaft, Nr. 5 (18. Jg.), S. 24 - 30.

Franke, N. (1999): High-Potentials, in: ZfB, Nr. 8 (69. Jg.), S. 889 - 911.

Franke, N. (2000): Personalmarketing zur Gewinnung von betriebswirtschaftlichem Führungsnachwuchs, in: Marketing ZFP, Nr. 1, S. 75 - 92.

Franke, R. (1997): Vom Leiden zum Heilen. Über das kreative Potential im Heilerberuf, Berlin: 1997.

Freimuth, J. (1987): Personalakquisition an Hochschulen, in: Personal, Nr. 4 (39. Jg.), S. 144 - 147.

Freter, H. (1983): Marktsegmentierung, Stuttgart: 1983.

Fricke, D. (2005): Premiumplatz für die Privaten, in: karriere, Nr. 5, S. 46 - 50.

Friedmann, J./ Hackenbroch, V./ Hipp, D./ et al. (2004): Wo studieren die Besten?, in: Der Spiegel, Nr. 48, S. 178 - 200.

Frieling, E./ Sonntag, K. (1999): Lehrbuch Arbeitspsychologie, 2. Aufl., Bern u.a.: 1999.

Friese, M./ Cierpka, R. (1996): Erfolg im Studium und Beruf, in: Fröböse, M./ Kaapke, A. (1996): Marketing als Schnittstellenwissenschaft und Transfertechnologie, Berlin: 1996, S. 353 - 373.

Fröhlich, W. (1987a): Personal-Marketing für die 90er Jahre, in: Personalwirtschaft, Nr. 12 (1444. Jg.), S. 527 - 534.

Fröhlich, W. (1987b): Strategisches Personal-Marketing, Düsseldorf: 1987b.

Fröhlich, W. (2003): Nachhaltiges Personalmarketing: Entwicklung einer Rahmenkonzeption mit praxistauglichem Benchmarking-Modell, in: Fröhlich, W. (2003): Nachhaltiges Personalmarketing, Frechen: 2003, S. 15 - 49.

Fuchs, J./ Schnur, P./ Zika, G. (2000): Von der Massenarbeitslosigkeit zum Fachkräftemangel, in: IAB Kurzbericht, Nr. 9, S. 1 - 5.

Fuchs, J./ Thon, M. (1999): Nach 2010 sinkt das Angebot an Arbeitskräften, in: IAB Kurzbericht, Nr. 4, S. 1 - 6.

Fuchs, J./ Thon, M. (2001): Wie viel Potenzial steckt in den heimischen Personalreserven?, in: IAB Kurzbericht, Nr. 15, S. 1 - 5.

Furnham, A. (1995): Personality at work, London: 1995.

Gaebler, J. K. C. (1997): Effizientes Personalmarketing: eine Analyse mit Hilfe von arbeitsmarkttheoretischen und verhaltenswissenschaftlichen Ansätzen, Egelsbach: 1997.

Gaugler, E. (1990): Personalmarketing und Unternehmensführung, in: Personalführung, Nr. 2, S. 77 - 78.

George, W. R. (1977): The retailing of services - a challenging future, in: Journal of Retailing, Nr. 3, S. 85 - 98.

Germis, C. (2004): Wo kommen die Kinder her?, Frankfurter Allgemeine Sonntagszeitung v. 7.11.2004, S. 38

Giesen, B. (1998): Personalmarketing - Gewinnung und Motivation von Fach- und Führungsnachwuchskräften, in: Thom, N./ Giesen, B. (1998): Entwicklungskonzepte und Personalmarketing für den Fach- und Führungsnachwuchs, 2. Aufl., Köln: 1998, S. 86 - 101.

Gilmartin, R. V. (1999): Diversity and competitive advantage at Merck, in: Harvard Business Review, S. 146.

Gmür, M. (2003): Die Ressource Personal und ihr Beitrag zum Unternehmenserfolg. Die personalwirtschaftliche Erfolgsfaktorenforschung 1985 - 2002, in: Martin, A. (2003): Personal als Resource, München: 2003, S. 21 - 52.

Gmür, M./ Martin, P./ Karczinski, D. (2002): Employer Branding - Schlüsselfunktion im strategischen Personalmarketing, in: Personal, Nr. 10, S. 12 - 16.

Goossens, F. (1973): Der große Bluff um "Personalmarketing", in: Personal, Nr. 2, S. 45.

Gough, H. G. (1984): A managerial potential scale for the California Psychological Inventory, in: Journal of Applied Psychology, (69. Jg.), S. S. 233 - 240.

Graumann, C. F./ Willig, R. (1983): Wert, Wertung, Werthaltung, in: Irle, M. (1983): Enzyklopädie der Psychologie, IV/1, Göttingen: 1983, S. 312 - 396.

Green, P. E./ Tull, D. S. (1982): Methoden und Techniken der Marketingforschung, Stuttgart: 1982.

Grobe, E. (2003): Corporate Attractiveness, HHL-Arbeitspapier Nr. 50, Handelshochschule Leipzig, Leipzig: 2003.

Grönig, R./ Schweihofer, T. (1990): Personalmarketing als mitarbeiterorientierte Personalpolitik, in: Personalführung, Nr. 2, S. 86 - 94.

Grönroos, C. (1981): Internal marketing - an integral part of marketing theory, in: Donnelly, J. H./ George, W. R. (1981): Marketing of services, Chicago: 1981, S. 236 - 238.

Groß, E. (2003): Waffenstillstand im War for Talents, in: Personal, Nr. 6, S. 42 - 45.

Groysberg, B./ Nanda, A./ Nohria, N. (2004): The risky business of hiring stars, in: Harvard Business Review, S. 92 - 100.

Guadagnoli, E./ Velicer, W. F. (1988): Relation of sample size to the stability of component patterns, in: Psychological Bulletin, (103. Jg.), S. 265 - 275.

Hadler, A. (1996): Weibliche Führungskräfte, in: Hummel, T. R./ Wagner, D. (1996): Differentielles Personalmarketing, Stuttgart: 1996, S. 159 - 186.

Hain, S. (2002): Schlagwort Employer Branding ... und was dahinter steckt ... v. 15.09.2004, http://www.wirth-partner.com/presse/Newsletter% 20unternehmensberatung%20udo%20wirth/200902.pdf

Hartmann, M. (2001): Karriere durch Leistung: Mythos oder Realität?, in: Personalführung, Nr. 11, S. 30 - 37.

Hartmann, M. (2002): Der Mythos von den Leistungseliten, Frankfurt: 2002.

Hatch, N. W./ Dyer, J. H. (2004): Human capital and learning as a source of sustainable competitive advantage, in: Strategic Management Journal, (25. Jg.), S. 1155 - 1178.

Hauer, G./ Schüller, A./ Strasmann, J. (2002): Kompetentes Human Resource Management, Wiesbaden: 2002.

Heckhausen, H. (1989): Motivation und Handeln, 2. Aufl., Berlin: 1989.

Hochstädter, D./ Kaiser, U. (1980): Varianz- und Kovarianzanalyse, Frankfurt: 1980.

Hollmann, H./ Reitzig, G. (1995): Referenzen und Dokumentenanalyse, in: Sarges, W. (1995): Management-Diagnostik, 2. Aufl., Göttingen: 1995, S. 463 - 469.

Höllmüller, M. (2002): Strategische Akquisition hochqualifizierter Nachwuchskräfte, Wiesbaden: 2002.

Holtbrügge, D. (2005): Personalmanagement, 2. Aufl., Berlin: 2005.

Holtbrügge, D./ Rygl, D. (2002): Arbeitgeberimage deutscher Großunternehmen, in: Personal, Nr. 10, S. 18 - 21.

Hörschgen, H./ Cierpka, R./ Friese, M./ Steinbach, R. (1993): Erfolg in Studium und Beruf, Stuttgart: 1993.

Hossiep, R. (1995): Berufseignungsdiagnostische Entscheidungen. Zur Bewährung eignungsdiagnostischer Ansätze, Göttingen: 1995.

Hossiep, R. (2000): Konsequenzen aus neueren Erkenntnisse zur Potentialbeurteilung, in: Rosenstiel, L. v./ Lang-von Wins, T. (2000): Perspektiven der Potentialbeurteilung, Göttingen: 2000, S. 75 - 105.

Hossiep, R./ Paschen, M./ Mühlhaus, O. (2000): Persönlichkeitstests im Personalmanagement, Göttingen: 2000.

Houston, J. (1999): Begeisterung für das Mögliche. Entdecken Sie Ihr inneres Potential., München: 1999.

Hummel, T. R./ Wagner, D. (1996): Differentielles Personalmarketing - Unternehmensinterne und unternehmensexterne Dimension, in: Hummel, T. R./ Wagner, D. (1996): Differentielles Personalmarketing, Stuttgart: 1996, S. 3 - 23.

Hungenberg, H. (1990): Planung eines Führungskräfteentwicklungssystems, Gießen: 1990.

Hungenberg, H. (2004): Strategisches Management im Unternehmen, 3. Aufl., Wiesbaden: 2004.

Hungenberg, H./ Wulf, T. (2005): Grundlagen der Unternehmensführung, 2. Aufl., Berlin: 2005.

Hunter, J. E./ Hunter, R. F. (1984): Validity and utility of alternative predictors of job performance, in: Psychological Bulletin, Nr. 1 (96. Jg.), S. 72 - 98.

Hunziker, P. (1973): Personalmarketing, Bern: 1973.

Hus, C. (2003): Wer Nachwuchs züchtet, verdient besser, Handelsblatt v. 19.12.2003, S. 1

Huselid, M. A. (1995): The Impact of Human Resource Management Practices on Turnover, Productivity, and Corporate Financial Performance, in: Academy of Management Journal, (39. Jg.), S. 635 - 672.

Inglehart, R. (1977): The silent revolution, Princeton: 1977.

Jäger, R. S. (1992): Biographische Daten, in: Jäger, R. S./ Petermann, F. (1992): Psychologische Diagnostik, Weinheim: 1992, S. 350 - 362.

Janssen, J./ Laatz, W. (2002): Statistische Datenanalyse mit SPSS für Windows, Eine anwendungsorientierte Einführung in das Basissystem und das Modul Exakte Tests, 4. Aufl., Hamburg: 2002.

Jenkins, S. R. (1994): Need for power and women`s careers over 14 years: Structural power, job satisfaction, and motive change, in: Journal of Personality and Social Psychology, (66. Jg.), S. 155 - 165.

John, J./ Österdickhoff, C. (2000): Personalmarketing - unbekannte Größe, in: HR Services, Nr. 2, S. 27 - 28.

Johnson, M. (2000): Kampf um die Besten, München: 2000.

Judge, T. A./ Bretz, R. D. J. (1992): Effects of work values on job choice decisions, in: Journal of Applied Psychology, (77. Jg.), S. 261 - 271.

Kallmann, A. (1979): Skalierung in der empirischen Forschung: das Problem ordinaler Daten, München: 1979.

Kaschube, J. (1994): Selbstselektion von Hochschulabsolventen. Wunsch und Realisierung, in: Rosenstiel, L. v./ Lang, T./ Sigl, E. (1994): Fach- und Führungsnachwuchs finden und fördern, Stuttgart: 1994, S. 188 - 201.

Kehr, H. M. (2001): Volition und Motivation: Zwischen impliziten Motiven und expliziten Zielen, in: Personalführung, Nr. 4, S. 20 - 28.

Kern, K./ Scheer, A. (1999): Das Unternehmen in der Probezeit - Neue Wege im Personalmarketing, in: Personalführung, Nr. 2, S. 64 - 71.

Kienbaum, C. I. (2000): High Potentials Studie 2000, Gummersbach: 2000.

Kienbaum, C. I. (2002): High Potentials Studie 2002, Gummersbach: 2002.

Kienbaum, C. I. (2003): Der Anspruch ist hoch - Erwartungen an Absolventen, Vortrag, Universität Karlsruhe, 2003.

Kinkel, A. (1998): Nachwuchs rekrutieren, in: consult, Nr. 3, S. 11 - 13.

Kirchgeorg, M./ Lorbeer, A. (2002): Anforderungen von Talenten an Unternehmen, HHL-Arbeitspapier Nr. 49, Handelshochschule Leipzig, Leipzig: 2002.

Kirsch, A. (1995): Strategien der Selektion und Sozialisation von Führungsnachwuchs, Wiesbaden: 1995.

Klages, H. (1984): Wertorientierungen im Wandel, Frankfurt: 1984.

Kleinbeck, U. (2004): Die Wirkung von Zielsetzungen auf die Leistung, in: Schuler, H. (2004): Beurteilung und Förderung beruflicher Leistung, 2. Aufl., Göttingen: 2004, S. 215 - 237.

Kluckhohn, C. (1951): Values and value-orientation in the theory of action: An exploration in definition and classification, in: Parsons, T./ Shils, E. A. (1951): Toward a theory of action, Cambridge: 1951, S. 388 - 433.

Köchling, A. (2000): Bewerberorientierte Personalauswahl: ein effektives Instrument des Personalmarketing, Frankfurt am Main: 2000.

Kolter, E. R. (1991): Strategisches Personalmarketing an Hochschulen, München: 1991.

Koschik, A. (2005): Mit Macht an die Spitze, in: karriere, Nr. 10, S. 40 - 44.

Kotler, P. (1972): A generic concept of marketing, in: Journal of Marketing, Nr. 4 (36. Jg.), S. 46 - 54.

Kotler, P./ Armstrong, G./ Saunders, J./ Wong, V. (2003): Grundlagen des Marketing, 3. Aufl., München: 2003.

Kotler, P./ Bliemel, F. (1995): Marketing-Management, Stuttgart: 1995.

Kotler, P./ Levy, S. J. (1969): Broadening the Concept of Marketing, in: Journal of Marketing, Nr. 1, S. 10 - 15.

Kotler, P./ Levy, S. J. (1985): Broadening the Concept of Marketing, in: Enis, B. M./ Cox, K. K. (1985): Marketing Classics, Massachusetts: 1985, S. 43 - 52.

Kotter, J. P. (1989): Erfolgsfaktor Führung: Führungskräfte gewinnen, halten und motivieren, Frankfurt: 1989.

Kratz, H.-J. (1998): Richtig loben und motivieren, Regensburg: 1998.

Kreklau, C. (1974a): Kritische Bestandsaufnahme von Beiträgen zu einem betriebswirtschaftlich fundierten Personalmarketing, in: Zeitschrift für betriebswirtschaftliche Forschung, (26. Jg.), S. 746 - 763.

Kreklau, C. (1974b): Personalmarketing, in: WiSt, Nr. 5, S. 241 - 242.

Krieg, H.-J./ Ehrlich, H. (1998): Personal, Stuttgart: 1998.

Kroeber-Riel, W./ Weinberg, P. (2003): Konsumentenverhalten, 8. Aufl., München: 2003.

Kromrey, H. (2002): Empirische Sozialforschung, 10. Aufl., Opladen: 2002.

Kühn, R. (1995): Marketing. Analyse und Strategie, 2. Aufl., Zürich: 1995.

Kuncel, N. R./ Hezlett, S. A./ Ones, D. S. (2001): A comprehensive meta-analysis of the predictive validity of the graduate record examinations: implications for graduate student selection and performance, in: Psychological Bulletin, Nr. 1 (127. Jg.), S. 162 - 181.

Kunz, G. (2004): Nachwuchs fürs Management, Wiesbaden: 2004.

Lado, A. A./ Wilson, M. C. (1994): Human Resource Systems and Sustained Competitive Advantage: A Competency-Based Perspective, in: Academy of Management Review, Nr. 4 (19. Jg.), S. 699 - 727.

Lang, T. (1994): Berufliche Selbstselektion von Hochschulabsolventen und ihre Folgen auf Einstellungen zur Arbeit, in: Rosenstiel, L. v./ Lang, T./ Sigl, E. (1994): Fach- und Führungsnachwuchs finden und fördern, Stuttgart: 1994, S. 202 - 220.

Lang-von Wins, T./ Rosenstiel, L. v. (2000): Potentialfeststellungsverfahren, in: Kleinmann, M./ Strauß, B. (2000): Potentialfeststellung und Personalentwicklung, 2. Aufl., Göttingen: 2000, S. 73 - 99.

Lauterburg, C. (1972): Personalmarketing und kein Ende, in: Blick durch die Wirtschaft, Nr. 234 (15. Jg.), S. 1.

Lieber, B. (1995): Personalimage, München: 1995.

Link, U. (1988): Strategische Konkurrenzanalyse im Konsumgüter-marketing, Idstein: 1988.

Lütgenbruch, U. (2001): Kampf um Talente: Führungskräfte finden, fördern, binden, München: 2001.

Lutje, F. (2002): Employer-Branding bei Siemens, in: Personalwirtschaft, Nr. 2, S. 19 - 22.

Maassen, O. (2003): Die AIR-Formel als ganzheitliches Personalmarketing-Konzept, in: Fröhlich, W. (2003): Nachhaltiges Personalmarketing, Frechen: 2003, S. 79 - 98.

MacDuffie, J. P. (1995): Human Resource Bundles and Manufacturing Performance: Organizational Logic and Flexible Production Systems in the World of Auto Industry, in: Industrial and Labor Relations Review, (48. Jg.), S. 195 - 221.

Maier, G. W. (1996): Persönliche Ziele im Unternehmen, München: 1996.

Maier, G. W./ Rappensberger, G./ von Rosenstiel, L./ et al. (1994): Berufliche Ziele und Werthaltungen des Führungsnachwuchses in den alten und neuen Bundesländern, in: Zeitschrift f. Arbeits- und Organisationspsychologie, Nr. 1 (38. Jg.), S. 4 - 12.

March, J. G./ Simon, H. (1958): Organizations, New York: 1958.

McClelland, D. C. (1987): Human motivation, New York: 1987.

Meffert, H. (1998): Marketing, 8. Aufl., Wiesbaden: 1998.

Meffert, H./ Wagner, H. (1992): Qualifikation und Ausbildung von Führungskräften, in: ZfP, Nr. 3, S. 352 - 365.

Meyer, W. (1988): Personalmarketing. Konzeption und empirische Untersuchung bei neuen großen deutschen Unternehmen., München: 1988.

Mikosch, B. (2004): Ein oder zwei Bewerbungen sind nicht genug, FAZ v. 12.06.2004, S. 58

Moll, M. (1992): Zielgruppenorientiertes Personalmarketing, München: 1992.

Moser, K. (1992): Personalmarketing, München: 1992.

Moser, K. (1993): Personalmarketing - Einführung und Überblick, in: Moser, K./ Stehle, W./ Schuler, H. (1993): Personalmarketing, Göttingen: 1993, S. 1 - 18.

Moser, K. (2000): Implementierung von Potentialanalyse- und Personalentwicklungsinstrumenten, in: Kleinmann, M./ Strauß, B. (2000): Potentialfeststellung und Personalentwicklung, 2. Aufl., Göttingen: 2000, S. 45 - 69.

Moser, K./ Zempel, J. (2000): Die Implementierung neuer Potentialanalyseverfahren in Organisationen, in: Rosenstiel, L. v./ Lang-von Wins, T. (2000): Perspektiven der Potentialbeurteilung, Göttingen: 2000, S. 181 - 200.

Mühlbauer, K. (1999): Messeauftritte als Instrument für das Personalmarketing, in: Personalführung, Nr. 10, S. 26 - 31.

Nachreiner, F./ Müller, G. F. (1995): Führungsmotivation, in: Sarges, W. (1995): Management-Diagnostik, 2. Aufl., Göttingen: 1995, S. 271 - 278.

Nawrocki, J. (2003): Drei Jahrzehnte Personalmarketing, in: Fröhlich, W. (2003): Nachhaltiges Personalmarketing, Frechen: 2003, S. 51 - 59.

Nerdinger, F. W. (1984): Stabilität, Zentralität und Verhaltensrelevanz von Werten, in: Problem und Entscheidung, (26. Jg.), S. 86 - 110.

Nerdinger, F. W. (1994): Selbstselektion von potentiellen Führungsnachwuchskräften, in: Rosenstiel, L. v./ Lang, T./ Sigl, E. (1994): Fach- und Führungsnachwuchs finden und fördern, Stuttgart: 1994, S. 20 - 38.

Nerdinger, F. W. (2001): Motivierung, in: Schuler, H. (2001): Lehrbuch der Personalpsychologie, Göttingen: 2001, S. 349 - 371.

Nieschlag, R./ Dichtl, E./ Hörschgen, H. (1997): Marketing, 18. Aufl., Berlin: 1997.

Nöcker, R. (2004): Die Jagd nach den Besten der Besten wird härter, FAZ v. 06.11.2004, S. 55

Nöcker, R. (2005): Der Goldfischteich braucht Pflege, FAZ v. 19.03.2005, S. 53

Norman, G. R./ Streiner, D. L. (1994): Biostatistics: The bare essentials, St. Louis: 1994.

o.V. (1992): Kontakte rechtzeitig herstellen, in: Personalwirtschaft, Nr. 5 (20. Jg.), S. 32.

o.V. (2004): "War for Talent" ist nicht vorbei: Bedarf an Top-Studenten steigt - professionelles Personalmarketing entscheidend v. 18.11.2004, www.mckinsey.de/presse/o41118_personalmarketing

o.V. (2005): Familienfreundlichkeit - Berater locken Frauen, in: karriere, Nr. 8, S. 42.

Overbeck, J.-F. (1968): Möglichkeiten der Marktforschung am Arbeitsmarkt und ihrer Auswertung zu einer Konzeption marktbezogener Personalpolitik, München: 1968.

Paul, H. (1987): Managementkapazität als kritischer Faktor der Unternehmensentwicklung, in: zfo, Nr. 5, S. 305 - 312.

Peters, T. J./ Waterman, R. H. (2000): Auf der Suche nach Spitzenleistungen, 8. Aufl., Landsberg am Lech: 2000.

Petersen, R. (2002): Biographie orientierte Personalauswahl im Kontext angewandter Eignungsdiagnostik, Kiel: 2002.

Pfeffer, J. (1994): Competitive advantage through people, Boston: 1994.

Pöhlmann, K./ Brunstein, J. C. (1997): GOALS: Ein Fragebogen zur Messung von Lebenszielen, in: Diagnostica, Nr. 1 (43. Jg.), S. 63 - 79.

Porst, R. (2000): Praxis der Umfrageforschung, Wiesbaden: 2000.

Power, D./ Aldag, R. J. (1985): Soelberg´s Job Research and Choice Model: A Clarification, Review and Critique, in: Academy of Management, Nr. 1 (10. Jg.), S. 48 - 58.

Price Waterhouse Coopers (2003): CEO Survey, 2003.

Raffée, H./ Wiedmann, K.-P. (1987): Marketing und Werte: Ergebnisse einer empirischen Untersuchung und Skizze von Marketingkonsequenzen, in: Belz, C. (1987): Realisierung des Marketing, Band 2, Savosa: 1987, S. 1187 - 1243.

Raffée, H./ Wiedmann, K.-P. (1989): Wertewandel und gesellschaftsorientiertes Marketing - Die Bewährungsprobe strategischer Unternehmensführung, in: Raffée, H./ Wiedmann, K.-P. (1989): Strategisches Marketing, 2. Aufl., Stuttgart: 1989, S. 552 - 611.

Rappensberger, G. (1996): Berufseinstieg und Integration von Führungsnachwuchskräften, München: 1996.

Rappensberger, G. (1998): Berufseinstieg unter geschlechtsspezifischer Perspektive, in: Rosenstiel, L. v./ Nerdinger, F. W./ Spieß, E. (1998): Von der Hochschule in den Beruf, Göttingen: 1998, S. 127 - 143.

Rappensberger, G./ Maier, G. W. (1998): Arbeitsbezogene Werthaltungen und berufliche Ziele beim Berufseinstieg: Ein Vergleich von potentiellen Führungsnachwuchskräften aus den alten und neuen Bundesländern, in: Rosenstiel, L. v./ Nerdinger, F. W./ Spieß, E. (1998): Von der Hochschule in den Beruf, Göttingen: 1998, S. 79 - 97.

Rastetter, D. (1996): Personalmarketing, Bewerberauswahl und Arbeitsplatzsuche, Stuttgart: 1996.

Rastetter, D. (1999): Bewerbungsunterlagenscreening, in: Zeitschrift für Arbeitswissenschaft, Nr. 25 (53. Jg.), S. 37 - 44.

Reich, F. (1995): Personalmarketing im Straßengütertransportgewerbe, Wiesbaden: 1995.

Reich, K.-H. (1989): Personalmarketing-Konzeption, in: Strutz, H. (1989): Handbuch Personalmarketing, 2. Aufl., 1989, S. 164 - 178.

Reich, K.-H. (1990): Für den Erfolg braucht man die Besten, in: Das Wirtschaftsstudium, Nr. 7 (19. Jg.), S. 398 - 400.

Reich, K.-H. (1992): Der Einsatz von Marketinginstrumenten im Personalbereich, in: Strutz, H. (1992): Strategien des Personalmarketing, Wiesbaden: 1992, S. 13 - 27.

Reich, K.-H. (1993): Personalmarketing-Konzeption, in: Strutz, H. (1993): Handbuch Personalmarketing, 2. Aufl., 1993, S. 164 - 178.

Reinberg, A./ Hummel, M. (2003): Steuert Deutschland auf einen massiven Fachkräftemangel zu?, in: Personalführung, Nr. 6, S. 38 - 50.

Richard, O. C./ Johnson, N. B. (2001): Strategic human resource management effectiveness and firm performance, in: The International Journal of Human Resource Management, Nr. 2 (12. Jg.), S. 299 - 310.

Ridder, H.-G. (1994): Personalmarketing: Der Mitarbeiter als Kunde?, in: Marktforschung & Management, (38. Jg.), S. 150 - 153.

Ridder, H.-G./ Conrad, P./ Schirmer, F./ Bruns, H.-J. (2001): Strategisches Personalmanagement, Landsberg/Lech: 2001.

Rippel, K. (1973): Personal-Marketing als Management-Funktion in modernen Unternehmen, in: Marktforscher, Nr. 2 (17. Jg.), S. 31 - 40.

Rippel, K. (1974): Grundlagen des Personalmarketing, Rinteln: 1974.

Rolfs, H. (2001): Berufliche Interessen, Göttingen: 2001.

Rosenstiel, L. v. (1995a): Werthaltungen, in: Sarges, W. (1995a): Management-Diagnostik, 2. Aufl., Göttingen: 1995a, S. 329 - 334.

Rosenstiel, L. v. (1995b): Wertorientierung im strategischen Personalmanagement, in: Scholz, C./ Djarrahzadeh, M. (1995b): Strategisches Personalmanagement, Stuttgart: 1995b, S. 201 - 216.

Rosenstiel, L. v. (2000): Grundlagen der Organisationspsychologie: Basiswissen und Anwendungshinweise, Stuttgart: 2000.

Rosenstiel, L. v. (2003): Bindung der Besten - Ein Beitrag zur mitarbeiterbezogenen strategischen Planung, in: Ringlstetter, M. J./ Henzler, H. A./ Mirow, M. (2003): Perspektiven der Unternehmensführung, Wiesbaden: 2003, S. 229 - 254.

Rosenstiel, L. v./ Nerdinger, F. W. (2000): Die Münchner Wertestudien - Bestandsaufnahme und (vorläufiges) Resümee, in: Psychologische Rundschau, Nr. 3 (51. Jg.), S. 146 - 157.

Rosenstiel, L. v./ Nerdinger, F. W./ Spieß, E. (1991): Was morgen alles anders läuft - Die neuen Spielregeln für Manager, Düsseldorf: 1991.

Rosenstiel, L. v./ Nerdinger, F. W./ Spieß, E./ Stengel, M. (1989): Führungsnachwuchs im Unternehmen, München: 1989.

Rosenstiel, L. v./ Spieß, E./ Maier, G. W. (1998): Wege des Handelns: Perspektiven für die Personal- und Organisationsentwicklung, in: Rosenstiel, L. v./ Nerdinger, F. W./ Spieß, E. (1998): Von der Hochschule in den Beruf, Göttingen: 1998, S. 201 - 214.

Roth, P. L./ BeVier, C. A./ Switzer, F. S./ Schippmann, J. S. (1996): Meta-analyzing the relationship between grades and job performance, in: Journal of Applied Psychology, (81. Jg.), S. 548 - 556.

Ruhleder, R. H. (1978): Personal-Marketing, in: Dummer, W. (1978): Personal-Enzyklopädie, Band 3, München: 1978, S. 145 - 148.

Rumpf, J. (2004): Umdenken lernen, in: Personal, Nr. 6, S. 10 - 13.

Rürup, B./ Sesselmeier, W. (1993): Die demographische Entwicklung Deutschlands: Risiken, Chancen, politische Optionen, in: Aus Politik und Zeitgeschichte, Nr. 44, S. 3 - 15.

Rynes, S. L./ Bretz, R. D. J./ Gerhart, B. (1991): The importance of recruitment in job choice: A different way of looking, in: Personnel Psychology, S. 487 - 521.

Sandberger, J.-U. (1992): Berufswahl und Berufsaussichten: Trends und Stabilitäten. Befunde aus dem Konstanzer Projekt "Entwicklungen der Studiensituation und studentische Orientierungen", in: Kaiser, M./ Görlitz, H. (1992): Bildung und Beruf im Umbruch: Zur Diskussion der Übergänge in die Hochschule und Beschäftigung im geeinten Deutschland, Nürnberg: 1992, S. 153 - 163.

Schanz, G. (1993): Personalwirtschaftslehre, 2. Aufl., München: 1993.

Scherm, E. (1990): Informatorische Grundlagen des Personalmarketing, Regensburger Diskussionsbeiträge zur Wirtschaftswissenschaft, Nr. 227, Universität Regensburg, Regensburg: 1990.

Schmidbauer, H. (1975): Personal-Marketing, Essen: 1975.

Schmidt, F. L./ Hunter, J. E. (2000): Meßbare Personmerkmale: Stabilität, Variabilität und Validität zur Vorhersage zukünftiger Berufsleistung und berufsbezogenen Lernens, in: Kleinmann, M./ Strauß, B. (2000): Potentialfeststellung und Personalentwicklung, 2. Aufl., Göttingen: 2000, S. 15 - 43.

Schmidt, F. L./ Hunter, J. E./ Outerbridge, A. N. (1986): The impact of job experience and ability on job knowledge, work sample performance, and supervisory ratings of job performance, in: Journal of Applied Psychology, Nr. 3 (71. Jg.), S. 432 - 439.

Schmidtke, C. (2002): Signalling im Personalmarketing, München: 2002.

Schmidtke, C./ Backes-Gellner, U. (2002): Personalmarketing - Stand der Entwicklung und Perspektiven, in: WiSt, Nr. 6, S. 321 - 327.

Schmutte, B. (2000): Der Wettbewerb um die High Potentials, in: Personalführung, Nr. 2 (Sonderausgabe), S. 28 - 33.

Schnell, R./ Hill, P./ Esser, E. (1999): Methoden der empirischen Sozialforschung, 9. Aufl., München: 1999.

Scholz, C. (1992): Personalmarketing: Wenn Mitarbeiter heftig umworben werden, in: Harvardmanager, Nr. 1 (14. Jg.), S. 94 - 105.

Scholz, C. (1993): Personalmanagement, 3. Aufl., München: 1993.

Scholz, C. (1994): Personalmanagement, 4. Aufl., München: 1994.

Scholz, C. (1995): Personalmarketing, in: Tietz, B. (1995): Handwörterbuch des Marketing, Stuttgart: 1995, S. 2004 - 2019.

Scholz, C. (1999): Personalmarketing für High-Potentials: Über den Umgang mit Goldfischen und Weihnachtskarpfen, in: Thiele, A./ Eggers, B. (1999): Innovatives Personalmarketing für High-Potentials, Göttingen: 1999, S. 27 - 38.

Scholz, C. (2000): Personalmanagement, 5. Aufl., München: 2000.

Schredl, K. (1972): Die Tageszeitung als Instrument des Personalmarketing, in: Werben und Verkaufen, Journal für Personalmarketing, S. 14 - 16.

Schubart, M. (1962): Diskussionsbeitrag auf der Arbeitstagung der Schmalenbach-Gesellschaft in Stuttgart am 1.6.1962, in: Zeitschrift für handelswissenschaftliche Forschung, (14. Jg.), S. 429 - 430.

Schuler, H. (1998): Psychologische Personalauswahl, 2. Aufl., Göttingen: 1998.

Schuler, H. (2000): Das Rätsel der Merkmals-Methoden-Effekte: Was ist "Potential" und wie läßt es sich messen?, in: Rosenstiel, L. v./ Lang-von Wins, T. (2000): Perspektiven der Potentialbeurteilung, Göttingen: 2000, S. 53 - 71.

Schuler, H. (2001): Noten und Studien- und Berufserfolg, in: Rost, D. H. (2001): Handwörterbuch Pädagogische Psychologie, 2. Aufl., Weinheim: 2001, S. 501 - 507.

Schuler, H./ Frier, D./ Kauffmann, M. (1993): Personalauswahl im europäischen Vergleich, Göttingen: 1993.

Schuler, H./ Frintrup, A. (2000): Kein Erfolg ohne Leistungsmotivation, in: Personalwirtschaft, Nr. 12, S. 73 - 77.

Schuler, H./ Marcus, B. (2001): Biographieorientierte Verfahren der Personalauswahl, in: Schuler, H. (2001): Lehrbuch der Personalpsychologie, Göttingen: 2001, S. 175 - 214.

Schulze, R./ Gürntke, K./ Ingelsperger, A. (2005): Employer Branding: Talente gewinnen, motivieren, binden, in: absatzwirtschaft, Nr. 1, S. 92 - 94.

Schwaab, M.-O. (1992): Erwartungen an einen Arbeitgeber, in: Moser, K. (1992): Personalmarketing, Stuttgart: 1992, S. 51 - 75.

Schwarze, J. (1993): Grundlagen der Statistik II, 5. Aufl., Berlin: 1993.

Schweizer, M. (2001): Employer Branding im Fokus der High Potentials von morgen, in: Alma, Nr. 3, S. 18 - 21.

Sebastian, K.-H. (1987): Der Wettbewerb um die Besten, in: Gablers Magazin, Nr. 8 (1. Jg.), S. 35 - 39.

Sebastian, K.-H./ Simon, H./ Tacke, G. (1988): Strategisches Personalmarketing: Was motiviert den Führungsnachwuchs? Empirische Ergebnisse und Implikationen, in: Personalführung, Nr. 12 (21. Jg.), S. 999 - 1004.

Seifert, K. H./ Bergmann, C. (1983): Deutschsprachige Adaption des Work Value Inventory von Super, in: Zeitschrift f. Arbeits- und Organisationspsychologie, (27. Jg.), S. 160 - 172.

Seiwert, L. (1985): Vom operativen zum strategischen Personalmarketing, in: Personalwirtschaft, Nr. 9 (12. Jg.), S. 348 - 353.

Silberer, G. (1983): Einstellungen und Werthaltungen, in: Irle, M. (1983): Enzyklopädie der Psychologie, Bd. 4: Marktpsychologie als Sozialwissenschaft, Göttingen: 1983, S. 533 - 625.

Silberer, G. (1991): Wertewandel und Werteorientierung in der Unternehmensführung, in: Marketing ZFP, Nr. 2 (13. Jg.), S. 77 - 85.

Simon, H. (1984): Die Attraktivität von Großunternehmen beim kaufmännischen Führungsnachwuchs, in: ZfB, (54. Jg.), S. 324 - 345.

Simon, H. (1988): Management strategischer Wettbewerbsvorteile, in: Simon, H. (1988): Wettbewerbsvorteile und Wettbewerbsfähigkeit, Stuttgart: 1988, S. 1 - 17.

Simon, H. (1996): Erfolgsstrategien unbekannter Weltmarktführer, in: Aus Politik und Zeitgeschichte, Nr. 23, S. 3 - 13.

Simon, H. (1997): Die heimlichen Gewinner: Die Erfolgsstrategien unbekannter Weltmarktführer, 4. Aufl., Frankfurt: 1997.

Simon, H./ Wiltinger, K./ Sebastian, K.-H./ et al. (1995): Effektives Personalmarketing: Strategien, Instrumente, Fallstudien, Wiesbaden: 1995.

Simon, H. A./ Smithburg, D. W./ Thompson, V. A. (1950): Public Administration, New York: 1950.

Söhnholz, D. (1986): Strategische Personal- und Kundenakquisition, in: Personal, Nr. 9 (38. Jg.), S. 364 - 366.

Stachon, D. (2002): Hochschulmarketing: Untersuchung des Personalmarketing-Instrumentariums von Firmen mit der Zielgruppe Hochschulabsolventen, Braunschweig: 2002.

Staehle, W. (1991): Management: eine verhaltenswissenschaftliche Perspektive, 6. Aufl., München: 1991.

Staffelbach, B. (1986): Personal-Marketing, in: Rühli, E./ Wehrli, H. P. (1986): Strategisches Marketing und Management, Bern: 1986, S. 124 - 143.

Staffelbach, B. (1995): Strategisches Personalmarketing (Überblick), in: Scholz, C./ Djarrahzadeh, M. (1995): Strategisches Personalmanagement, Stuttgart: 1995, S. 143 - 158.

Staude, J. (1989): Strategisches Personalmarketing, Stuttgart: 1989.

Stauffer, D. (1998): Cultural Fit: Why Hiring Good People is No Longer Good enough, in: Harvard Management Update, Nr. 3, S.

Stauss, B./ Schulze, H. S. (1990): Internes Marketing, in: Marketing ZFP, Nr. 3 (33. Jg.), S. 149 - 158.

Steinmetz, F. (1997): Erfolgsfaktoren der Akquisition von Führungsnachwuchskräften - eine empirische Untersuchung, Mainz: 1997.

Stelzer, J. (1990): Brutstätten für Überflieger. Wo sich karrierebewusste Einsteiger für den Aufstieg profilieren, in: Management Wissen, Nr. 7 (19. Jg.), S. 74 - 76.

Stickel, D. L. (1995): Marktsegmentierung als Personalmarketingstrategie, Bamberg: 1995.

Stief, M. (2001): Selbstwirksamkeitserwartungen, Ziele und Berufserfolg: eine Längsschnittstudie, Aachen: 2001.

Struß, N./ Thommen, J.-P. (2004): Fit machen für den demographischen Wandel, in: Personal, Nr. 6, S. 14 - 17.

Strutz, H. (1989): Einleitung, in: Strutz, H. (1989): Handbuch Personalmarketing, Wiesbaden: 1989, S. 1 - 14.

Strutz, H. (1992): Personalmarketing - Alter Wein in neuen Schläuchen?, in: Strutz, H. (1992): Strategien des Personalmarketing, Wiesbaden: 1992, S. 1 - 11.

Strutz, H. (1993a): Handbuch Personalmarketing, 2. Aufl., Wiesbaden: 1993a.

Strutz, H. (1993b): Ziele und Aufgaben des Personalmarketing, in: Strutz, H. (1993b): Handbuch Personalmarketing, 2. Aufl., Wiesbaden: 1993b, S. 1 - 16.

Strutz, H. (2003): Personalmarketing, in: Gaugler, E./ Oechsler, W. A./ Weber, W. (2003): Handwörterbuch des Personalwesens, 3. Aufl., 2003, S. 1592 - 1601.

Süß, M. (1996): Externes Personalmarketing für Unternehmen mit geringer Branchenattraktivität, München: 1996.

Tett, R. P./ Jackson, D. N./ Rothstein, M. (1991): Personality measures as predictors of job performance: a meta-analytic review, in: Personnel Psychology, (44. Jg.), S. 699 - 742.

Teufer, S. (1999): Die Bedeutung des Arbeitgeberimage bei der Arbeitgeberwahl, Wiesbaden: 1999.

Thiele, A./ Eggers, B. (1999): Innovatives Personalmarketing für High-Potentials, Göttingen: 1999.

Thom, N./ Friedli, V. (2003): Hochschulabsolventen gewinnen, fördern und erhalten, Bern: 2003.

Thom, N./ Zaugg, R. (1994): Personalmarketing - auch in rezessiven Zeiten?, in: io Management Zeitschrift, Nr. 4 (63. Jg.), S. 72 - 74.

Thom, N./ Zaugg, R. (1996): Personalmarketing und (stagnative) Unternehmensentwicklung, in: Hummel, T. R./ Wagner, D. (1996): Differentielles Personalmarketing, Stuttgart: 1996, S. 27 - 48.

Tochtermann, T./ Abend, J. (2003): "War for Talents" - Bedeutung und Ausrichtung des Talentmanagement, in: Hungenberg, H./ Meffert, J. (2003): Handbuch Strategisches Management, Wiesbaden: 2003, S. 887 - 897.

Topf, C. (1986): Öffentlichkeitsarbeit im Rahmen des Hochschulmarketing, Frankfurt: 1986.

Töpfer, A./ Poersch, M. (1989): Aufgabenfelder des betrieblichen Personalwesens für die 90er Jahre, Neuwied: 1989.

Trommsdorff, V. (2004): Konsumentenverhalten, 6. Aufl., Stuttgart: 2004.

Tulgan, B. (2002): Winning the talent wars, New York: 2002.

Ulbrich, M. (2004): Potentialanalyse und Entwicklungsprognose, Köln: 2004.

Viney, C./ Adamson, S./ Doherty, N. (1996): Paradoxes of Fast-Track Career Management, in: Personnel Review, Nr. 3 (26. Jg.), S. 174 - 186.

Vollmer, R. E. (1993): Personalimage, in: Strutz, H. (1993): Handbuch Personalmarketing, 2. Aufl., 1993, S. 179 - 204.

Wagner, P. (1984): Personalbeschaffung, Heidelberg: 1984.

Wangen-Goss, M. (1983): Marketing für Universitäten. Möglichkeiten und Grenzen der Übertragbarkeit des Marketing-Gedankens auf den universitären Bereich., Spardorf: 1983.

Weber, W./ Mayrhofer, W./ Nienhüser, W. (1997): Personalmarketing, in: Weber, W./ Mayrhofer, W./ Nienhüser, W. (1997): Taschenlexikon Personalwirtschaft, Stuttgart: 1997, S. 215.

Weerda, K. (2003): Persönliche Ziele, Berufserfolg und subjektives Wohlbefinden, Erlangen: 2003.

Weibler, J. (1996): Personalmarketing, in: Das Wirtschaftsstudium, Nr. 4, S. 305 - 310.

Weidemann, A./ Paschen, M. (2002): Dauerbrenner Potenzial, in: management & training, Nr. 3, S. 22 - 25.

Weinert, A. B. (1995): Persönlichkeitstests, in: Sarges, W. (1995): Management-Diagnostik, 2. Aufl., Göttingen: 1995, S. 531 - 540.

Welp, C. (2005): Uni cum laude, in: Wirtschaftswoche, Nr. 10, S. 70 - 87.

Werle, K. (2005): Die Kinder der Krise, in: manager magazin, Nr. 4 (35. Jg.), S. 114 - 131.

Weuster, A. (1994): Personalauswahl und Personalbeurteilung mit Arbeitszeugnissen, Göttingen: 1994.

Widmaier, S. (1991): Wertewandel bei Führungskräften und Führungsnachwuchs, Konstanz: 1991.

Wiedmann, K.-P./ Raffée, H. (1986): Gesellschaftsbezogene Werte, persönliche Lebenswerte, Lebens- und Konsumstile der Bundesbürger: Untersuchungsergebnisse der Studie Dialoge 2 und Skizze von Marketingkonsequenzen, Arbeitspapier Nr. 46, Universität Mannheim, Mannheim: 1986.

Wiegran, G. (1993): Transaktionskostentheorie und Personalmarketing: eine Untersuchung zur Kombination theoretischer Ansätze, Eichenau: 1993.

Williams, M. (2000): the war for talent, London: 2000.

Wiltinger, K. (1997): Personalmarketing auf Basis von Conjoint-Analysen, in: ZfB, Nr. 3 (Ergänzungsheft), S. 55 - 79.

Windolf, P. (1994): Selektion und Selbstselektion an deutschen Universitäten, in: von Rosenstiel, L. (1994): Fach- und Führungsnachwuchs finden und fördern, Stuttgart: 1994, S. 39 - 71.

Winsen, C. v. (1999): High Potentials, Regensburg: 1999.

Winter, D. G. (1988): The power motive in women and men, in: Jounal of Personality and Social Psychology, (54. Jg.), S. 510 - 519.

Wittenberg, R. (1998): Grundlagen computerunterstützter Datenanalyse, 2. Aufl., Stuttgart: 1998.

Wittmann, A./ Maier, G. W. (1998): Übergang von der Hochschule in den Beruf: Der Untersuchungsrahmen des Forschungsprojekts, in: Rosenstiel, L. v./ Nerdinger, F. W./ Spieß, E. (1998): Von der Hochschule in den Beruf, Göttingen: 1998, S. 25 - 40.

Wöhr, M. (2002): Bewerberverhalten im Personalmarketing: die nachhaltige Erschliessung externer Mitarbeiterpotentiale beim kaufmännischen Fach- und Führungsnachwuchs, Stuttgart: 2002.

Wolff, G./ Göschel, G. (1990): Erfolgsfaktor Führung, Frankfurt: 1990.

Wright, P. M./ McMahan, G. C. (1992): Theoretical perspectives for strategic human resource management, in: Journal of Management, Nr. 2 (18. Jg.), S. 295 - 320.

Wright, P. M./ McMahan, G. C./ McWilliams, A. (1994): Human resources and sustained competitive advantage: a resource-based perspective, in: International Journal of Human Resource Management, Nr. 2 (5. Jg.), S. 301 - 326.

Wulf, T./ Lackner, S. (2001): "Kampf um die Besten" - Implikationen für das Personalmanagement von Unternehmen, in: ZWF, Nr. 11 - 12 (96. Jg.), S. 585 - 588.

Wunderer, R. (1975): Personalwerbung, in: Gaugler, E. (1975): Handwörterbuch des Personalwesens, Stuttgart: 1975, S. 1689 - 1708.

Wunderer, R. (1991): Personalmarketing, in: Die Unternehmung, Nr. 2 (45. Jg.), S. 119 - 131.

Wunderer, R. (1999): Personalmarketing, in: Bruhn, M. (1999): Internes Marketing: Integration der Kunden- und Mitarbeiterorientierung, 2. Aufl., Wiesbaden: 1999, S. 115 - 132.

Zaugg, R. (1996): Integrierte Personalbedarfsforschung - Ausgewählte Gestaltungsempfehlungen zur Gewinnung ganzheitlicher Personalpotentiale, Bern: 1996.

Zaugg, R. J. (2002): Mit Profil am Arbeitsmarkt agieren, in: Personalwirtschaft, Nr. 2, S. 13 - 18.

Zehetner, K. (1994): Personalmarketing in mittelständischen Industriebetrieben, Graz: 1994.

Zimbardi, P. G. (1992): Psychologie, Berlin: 1992.

Zimmer, D. (1979): Personalmarketing. Neuere Entwicklungstendenzen im betrieblichen Personalwesen, in: Marketing ZFP, Nr. 4, S. 245 - 255.

Zopf, R./ Peters, R. (2002): Gesundheit. Das innere Potential entdecken und aktivieren., Scharnhorst: 2002.

Das Institut für
Unternehmungsplanung

Die Arbeit des Instituts für Unternehmungsplanung (IUP) wird von der Idee geleitet, betriebswirtschaftliche Forschung und unternehmerische Praxis eng miteinander zu verzahnen und gegenseitigen Austausch zu fördern. Zu diesem Zweck ist das Institut für Unternehmungsplanung insbesondere in vier Bereichen aktiv:

Forschung

Das Institut für Unternehmungsplanung unterstützt die Forschung auf dem Gebiet der Unternehmungsführung durch die finanzielle und ideelle Förderung von Forschungsvorhaben sowie durch die Herausgabe einer Schriften- und einer Arbeitspapierreihe zu aktuellen Themen der Unternehmungsführung.

Bildung

Das Institut für Unternehmungsplanung fördert die Verbreitung betriebswirtschaftlichen Wissens durch das Angebot qualitativ hochwertiger Programme der Managementweiterbildung zu verschiedenen Themenkomplexen der Unternehmungsführung.

Kooperation

Das Institut für Unternehmungsplanung fördert den Ausbau von Kooperationen zwischen betriebswirtschaftlicher Forschung und unternehmerischer Praxis in Form von praxisnahen Projekten, Konferenzen und Strategiegesprächen.

Kontakte

Das Institut für Unternehmungsplanung fördert Kontakte zwischen Studierenden und Wirtschaftspraxis durch die Betreuung von Praxisprojekten studentischer Teams, durch praxisnahe Diplomarbeiten sowie durch die Vermittlung von Praktika bei den Förderunternehmen

Wer steht für das IUP?

Zu den Förderern des Instituts für Unternehmungsplanung gehören
Führungskräfte der obersten Führungsebene großer und auch mittel-
ständischer Unternehmungen aus den unterschiedlichsten Zweigen der
Industrie, des Handels und der Dienstleistung. Außerdem wird das Institut
durch renommierte Hochschullehrer verschiedener Universitäten unterstützt. Diese Personen bilden Vorstand und Beirat des IUP.

Beide Gremien beraten die Wissenschaftliche Leitung des Instituts.

Die Wissenschaftliche Leitung des IUP

Prof. Dr. Harald Hungenberg ist Inhaber des Lehrstuhls für Unternehmensführung an der Friedrich-Alexander-Universität Erlangen-Nürnberg
und Gastprofessor an der ENPC in Paris. Er forscht, lehrt und ver-
öffentlicht vor allem auf den Gebieten des strategischen Managements, der
Unternehmungsplanung und der Organisation, seit vielen Jahren auch
gemeinsam mit Professor Hahn. Professor Hungenberg arbeitete mehrere
Jahre als Berater für McKinsey & Company, Inc. und ist heute weiterhin
als Berater für Unternehmen aus unterschiedlichen Branchen sowie
Referent in nationalen und internationalen Weiterbildungsprogrammen
tätig.

Prof. Dr.-Ing. Günther Seliger ist Leiter des Fachgebietes Montagetechnik
und Fabrikbetrieb der Technischen Universität Berlin. Nach dem Ruf an
die TU Berlin leitete er von 1988 bis 2003 den Programmbereich
Produktionsmanagement des Instituts für Management und Technologie
IMT Berlin. Von 1997 bis 1999 war er erster Vizepräsident der TU Berlin.
Seit 1995 ist er Sprecher des von der Deutschen Forschungsgemeinschaft
(DFG) geförderten Sonderforschungsbereiches „Demontagefabriken zur
Rückgewinnung von Ressourcen in Produkt- und Materialkreisläufen".
National und international wurden bisher etwa 100 Dissertationen betreut,
davon über 50 aus Forschungsprojekten des eigenen Fachgebiets. Seit 2003
wird der englischsprachige Fortbildungsstudiengang zum Master of Science
in Global Production Engineering für Studierende aus nicht europäischen
Ländern mit Abschluss als bachelor of engineering angeboten.

Kontaktadressen des IUP

Institut für Unternehmungsplanung Berlin

Ansprechpartner: Dipl.-Ing. Christian Landau, M.B.A., Dipl.-Ing. Martin Rahmel

Bereich Strategische Unternehmensführung - Sekr. H 92
Technische Universität Berlin
Straße des 17. Juni 135
D-10623 Berlin

Tel.: +49 – (0)30 – 314 22846
Fax: +49 – (0)30 – 314 79449
e-mail: berlin@iup-online.de

Institut für Unternehmungsplanung Nürnberg

Ansprechpartner: Andreas König, M.B.A., M.Mus.

Lehrstuhl für Unternehmensführung
Universität Erlangen-Nürnberg
Lange Gasse 20
D-90403 Nürnberg

Tel.: + 49 – (0)911 – 5302 314
Fax.: + 49 – (0)911 – 5302 474
e-mail: nuernberg@iup-online.de

Online im Internet

http://www.iup-online.de

Schriftenreihe des Instituts für Unternehmungsplanung

Band 1: Dr. Walter Klausmann,
         Entwicklung der Unternehmungsplanung, 1982.

Band 2: Dr. Kurt Wille,
         Kapazitätsermittlung in der Unternehmung, 1985.

Band 3: Prof. Dr. Erich Hölter,
         Computergestütztes Ertragssteuersimulationsmodell der
         deutschen internationalen Kapitalgesellschaft, 1985.

Band 4: Dr. Peter Nagel,
         Konstitutive Entscheidungen in Einzelhandels-
         unternehmungen, 1986.

Band 5: Dr. Bernd Nuhn,
         Eigen- und/oder Fremdforschung und –entwicklung als
         strategisches Entscheidungsproblem, 1987.

Band 6: Dr. Ulrich Gräb,
         Rechtsformwahl in Familienunternehmungen unter besonderer
         Berücksichtigung der Misch- und Sonderformen GmbH & Co.
         KG, Stiftung und Verein, 1989.

Band 7: Dr. Ralf Hermann,
         Joint Venture-Management, 1989.

Band 8: Prof. Dr. Harald Hungenberg,
         Planung eines Führungskräfteentwicklungssystems, 1990.

Band 9: Dr. Markus Schramm,
         Produkthaftung und Qualitätssicherung als Problemfeld der
         strategischen Führung einer Industrieunternehmung, 1990.

Band 10: Dr. Roland Alter,
         Integriertes Projektcontrolling, 1991.

Band 11: Dr. Marc Robert Bitzer,
         Zeitbasierte Wettbewerbsstrategien – Die Beschleunigung von
         Wertschöpfungsprozessen, 1992.

Band 12: Dr. Peter Straube,
         Integriertes Forschungs- und Entwicklungscontrolling. Ein
         ganzheitlicher Ansatz für Industrieunternehmungen mit
         zusammenbauender Produktion, 1992.

Band 13: Prof. Dr. Rolf Brühl,
         Controlling als Aufgabe der Unternehmensführung, 1992.

Band 14: Dr. Udo Zimmermann,
Planung von Service-Centern in Industriekonzernen unter
besonderer Berücksichtigung des Instandhaltungsbereiches, 1992.

Band 15: Prof. Dr. Lutz Kaufmann,
Planung von Abnehmer-Zulieferer-Kooperationen dargestellt als
strategische Führungsaufgabe aus Sicht der abnehmenden
Unternehmung, 1993.

Band 16: Dr. Michael Schneider,
Entwicklung des Controlling, 1993.

Band 17: Dr. Ekkehard Veser,
Unternehmungskultur, -identität, -image als interdependente
Problemfelder strategischer Unternehmungsführung, 1995.

Band 18: Dr. Alexander Christian Tourneau,
Organisation der Investitionsplanung in
Industriekonzernen, 1995.

Band 19: Prof. Dr. Thomas Hutzschenreuther,
Unternehmungswertorientierte Geschäftsfeldplanung, 1995.

Band 20: Dr. Andreas Bausch,
Planung von integrierten Geschäfts-, Funktions- und
Regionalstrategien im Industriekonzern, 1996.

Band 21: Dr. Christina Ulber,
Strategische Steuerung und Kontrolle, 1996.

Band 22: Dr. Wolfgang Klatt,
Target Costing und das betriebswirtschaftliche
Entscheidungsproblem Eigenfertigung und/oder Fremdbezug
von Vorprodukten in der Fertigung komplexer Produkte, 1997.

Band 23: Dr. Christian Baader,
Systematische Beteiligungsführung, 1997.

Band 24: Dr. Christian Rohm,
Prozessmanagement als Fokus im Unternehmungswandel, 1998.

Band 25: Dr. Werner Schmitz,
Konzeption und Einführung eines betriebswirtschaftlich-
technischen Frühwarnsystems, 1998.

Band 26: Dr. Michael Niklas,
Unternehmungswertorientiertes Controlling im internationalen
Industriekonzern, 1998.

Band 27: Dr. Martin Hintze,
Betreibermodelle bei bautechnischen und maschinellen

Anlagenprojekten – Beurteilung und Umsetzung aus
Auftraggeber- und Projektträgersicht, 1998.

Band 28: Dr. Andreas Buske,
Organisation der Auftragsabwicklung in
Industrieunternehmungen unter besonderer Berücksichtigung
eines Auftragsabwicklungszentrums, 1998.

Band 29: Prof. Dr. Dr. h.c. Dr.-Ing. E.h. Dietger Hahn, Dr. Andreas
Buske, Alexander Meyer, Kerstin Wilms,
Moderne Managementkonzepte unter besonderer
Berücksichtigung des Produktionsbereichs, 1999.

Band 30: Dr. Jens Schulz,
Strategische Plan- und Berichtssysteme – Konzeption und
Einführung aus sach- und verhaltensbezogener Sicht, 2000.

Band 31: Prof. Dr. Fabio Como,
Ungreifbares Vermögen und Unternehmensführung, 2000.

Band 32: Dr. Marion Henschel-Bätz,
Financial Engineering bei BOT (Build-Operate-Transfer)-
Modellen, 2000.

Band 33: Dr. Ingo Behrendt,
Umweltinformationssysteme als informationelle Basis
strategischer Planung, 2001.

Band 34: Carsten Hinne,
Gründe für das mögliche Auseinanderfallen zwischen Börsenwert
und unternehmungsintern ermitteltem Eigenkapitalwert, 2001.

Band 35: Dr. Alexander Mayer,
Strategische Flexibilität – ein integrativer Ansatz unter der
besonderen Berücksichtigung von Realoptionen, 2001.

Band 36: Dr. Christian Kluge,
Strategische Planung für virtuelle Unternehmungen –
Planungskonzept und Basisstrategien für
Partnerunternehmungen, Netzwerkpools und
Kooperationsprojekte, 2003.

Band 37: Dr. Gunnar Walter,
Bewertung junger innovativer Wachstumsunternehmungen unter
besonderer Berücksichtigung der Interessen von Venture Capital-
Gesellschaften – Einzelbewertungs-, Ertragswert-, Discounted
Cash-flow- und Multiplikatorverfahren sowie Realoptionsansatz
im Vergleich, 2003.

Band 38: Dr. Stephan Stubner,
Bedeutung und Erfolgsrelevanz der Managementunterstützung

deutscher Venture Capital Gesellschaften – Eine empirische
Untersuchung aus Sicht der Wachstumsunternehmen, 2004.

Band 39: Dr. Kerstin Willms,
Gestaltung eines integrierten strategischen Zielsystems im
internationalen Industriekonzern - unter besonderer
Berücksichtigung des Balanced Scorecard-Konzepts, 2004

Band 40: Dr. Jochen Stratmann,
Kerngeschäftsstrategien im internationalen Vergleich – kurz- und
langfristige Wertschöpfungspotentiale, 2005.

Band 41: Dr. Johannes Schiffer,
Planung von Management-Buy-outs, 2006.

Band 42: Dr. Carsten Petry,
Integrierte Planung, Steuerung und Kontrolle von Großprojekten
– Erstellung von Balanced-Scorecards unter besonderer
Berücksichtigung von Projekten der Bau- und
Anlagenbaubranche, 2006.

Band 43: Dr. Ingo Schamberger,
Differenziertes Hochschulmarketing für High Potentials, 2006.